公司治理

逻辑、力量和未来

牛建波◎著

CORPORATE GOVERNANCE

Logic, Power and the Future

清华大学出版社

北京

内 容 简 介

公司治理的逻辑何在？实践中如何彰显力量？未来又将面临哪些挑战？本书为您构建一个全面解析公司治理的知识框架体系。从战略统领的角度出发，本书深度剖析了公司治理的底层逻辑，并结合实践案例，揭示其在企业发展中的强大力量。本书不仅深刻揭示了治理与战略和管理的内在关系，更创新性地提出了公司治理新模式。此外还分析了独立董事制度的突破性变革方向、ESG(环境、社会、治理)转型、IRM(投资者关系管理)转型及 AI(人工智能)治理等前沿议题。提供全新视角和系统方法论，助力实现公司治理的经济价值和社会价值的共创。

无论您是企业高管、董事会成员、公司治理专业人士，还是商学院师生、投资者或政策制定者，本书都将为您提供深刻的洞察和实用的指导，助力您深入理解并实践公司治理现代化，真正发挥公司治理的力量和实现企业的健康可持续发展。

图书在版编目（CIP）数据

公司治理：逻辑、力量和未来 / 牛建波著.

北京 ：清华大学出版社，2024. 9. -- ISBN 978-7-302
-67388-0

　Ⅰ. F276.6

中国国家版本馆 CIP 数据核字第 2024YH4832 号

责任编辑：张　伟
封面设计：李召霞
责任校对：王荣静
责任印制：丛怀宇

出版发行：清华大学出版社
　　　　网　　　址：https://www.tup.com.cn，https://www.wqxuetang.com
　　　　地　　　址：北京清华大学学研大厦 A 座　　　邮　　　编：100084
　　　　社　总　机：010-83470000　　　　　　　　邮　　　购：010-62786544
　　　　投稿与读者服务：010-62776969，c-service@tup.tsinghua.edu.cn
　　　　质量反馈：010-62772015，zhiliang@tup.tsinghua.edu.cn
印　装　者：北京瑞禾彩色印刷有限公司
经　　　销：全国新华书店
开　　　本：170mm×240mm　　　印　张：15　　　　　字　　　数：248 千字
版　　　次：2024 年 9 月第 1 版　　　　　　　　　印　　　次：2024 年 9 月第 1 次印刷
定　　　价：79.00 元

产品编号：106238-01

在这个飞速变化的时代,公司治理成为决定企业可持续发展能力的关键要素,对推动全球经济稳健前行扮演着举足轻重的角色。笔者在公司治理和企业改革的领域里潜心学习和探索 20 余年,见证了众多企业在治理实践中的挑战与突破,也深刻认识到良好治理对于企业乃至整个社会的重要性。正是基于这份责任感和使命感,笔者把自己的一些思考成果整理出来,跟大家汇报和交流。

本书的编写初衷是为读者提供一个系统解析公司治理核心问题的视角,帮助大家理解治理背后的逻辑原理,掌握在实践中运用治理力量的方法,以及预见并应对未来治理的发展趋势。

本书通过三篇内容,对公司治理的逻辑、力量和未来进行了深入探讨,尝试为理解和实践公司治理现代化提供一些新颖的认识。

第一篇"公司治理的逻辑",该篇通过五章构建了公司治理的底层逻辑框架。从战略统领观的提出到员工参与治理的探讨,本篇展示了战略在公司治理中的核心地位,以及治理与管理如何围绕战略展开。此外,通过介绍新的公司治理模式和决策思维方式,本篇强调了理解公司治理复杂性的重要性,并提出了将员工视为治理关键组成部分的观点。

第二篇"公司治理的力量",分析了公司治理在推动企业高质量发展方面的作用。这一篇通过三章探讨了治理的智慧、独立董事制度的突破性变革和公司治理微观化趋势的挑战。本篇强调了治理智慧深刻影响着企业文化和价值观的塑造,并贯穿于价值创造过程的始终,同时探讨了如何有效应对公司治理微观化改革趋势的策略。

第三篇"公司治理的未来",通过四章勾勒出公司治理领域的未来发展轨迹。从 ESG 转型到 IRM 转型,再到分析 OpenAI 案例和探讨 AI 科学治理的新框架,本篇展现了公司治理从理论到实践的运用,并对新兴技术挑战的适应和转变进行了深入探讨。本篇最后尝试借助中国古代哲学与现代技术治理的结合,为构建更全面、更均衡的 AI 公司治理体系提供理论支撑。

整体而言,这三篇内容紧密相连,共同展现了公司治理的深层逻辑、实际力量和面向未来的发展方向。从理论探索到实际应用，从现有结构到新兴技术的挑战，本书不仅为读者提供了对公司治理全面的洞察，还为在这一领域的深入探索提供了重要的理论资源和实践依据。这不仅有助于推动公司的长期健康和可持续发展，还为应对快速变化的商业环境提供了宝贵的参考。

我们的目标读者群体广泛，包括但不限于企业的股东、高管与董事会成员、公司治理的专业人士、商学院的师生、对公司治理有兴趣的投资者与分析师、政策制定者等。我们期望本书能够成为这些读者的参考工具，助力大家在公司治理现代化的道路上取得更大的成功。

本书是笔者多年来在研究和实践中思考的部分成果，笔者真诚地希望它能够启发和激励更多的企业和个人重视并探索公司治理的力量。笔者也意识到书中可能存在一些疏漏，因此非常欢迎来自不同领域的读者和专家提供反馈和建议。笔者期待与读者们一起成长，为共同推动公司治理的现代化建设作出贡献。

感谢南开大学商学院学术专著出版基金、国家社会科学基金（23BGL016）、中国石油天然气集团有限公司（中油研 20240139）等资助本书出版。

牛建波

2024 年 2 月 10 日 于南开园

全书内容的思维导图

公司治理：逻辑、力量和未来

当航船在知识海洋破浪前行,思想之光波涛涌动,
治理之道,非一日之功,非一人之力。
技术繁荣下,文明蹒跚行,
在工具理性和价值理性之间,治理扮演平衡者角色。

星辰导航,战略掌舵,管理扬帆,
在智慧的海洋中,和谐舞动,勇往直前。
心中种子,在智慧雨露中茁壮成长,
理论与实践,交相辉映,越发深邃。

一步步坚定迈出,勇气如炬照亮前路,
每个决策铸就,智慧的印记,清晰鲜明。
老子哲言,为学日益,为道日损,
损之又损,达至无为。

在治理的简化中寻智,无为中悟道,
在淡然中悟真理,静谧里见活力。
未来如画卷,缓缓铺展,展示无限可能,
ESG 挑战,IRM 变革,AI 新纪元。

勇敢探索,迎接曙光,不畏挑战,
在治理的探索中,绘制你与团队的辉煌。
愿这本书,如夜海的灯塔,
照亮道路,指引方向。

第一篇

公司治理的逻辑

在本篇,笔者探索并阐释了公司治理的底层逻辑,以及如何通过厘清这些逻辑来提高公司治理的效率和有效性。

第一章"战略统领观:战略、治理和管理的正确关系"提出了一个新的视角,重新定义了战略、治理和管理之间的关系。通过这一视角,笔者强调了战略在公司治理中的核心地位,以及治理和管理如何围绕战略进行。这一观点为公司高管提供了清晰的指导,帮助他们理解如何更好地协调这三个方面以提高公司的整体效能。

接着,在第二章"第一性原理与公司治理"中,笔者运用第一性原理探讨了公司治理的本质,并构建了由科学决策(decision-making)、系统激励(encouragement)和高效监督(supervision)构成的公司治理功能的"DES模型"。这个模型不仅有助于深化对公司治理功能的理解,还为实现公司高质量发展提供了新的治理思路。

在第三章"公司治理的新模式:治理基础和治理功能"中,笔者提出了一种新的公司治理模式,强调把"公司健康"作为治理的核心目标,并把公司治理重塑为治理基础和治理功能。其中,治理基础涵盖公司最高层权力机构,如股权结构、党委(如有)和监事会(如有)等,还包括公司的使命、愿景和战略。而治理功能关乎公司价值创造和健康的维护,尤其强调董事会的中心地位,它对公司的长期发展和价值创造起到至关重要的作用。

在第四章"董事决策:思维模式与实践要领"中,阐述了董事需具备理性思维、辩证思维、系统思维和创新思维。理性思维帮助董事根据逻辑和证据作出合理决策,确保决策的质量和有效性。辩证思维则让董事从整体和发展角度看待问题,寻找最佳解决方案,应对复杂多变的商业环境。系统思维强调整体和相互关联的视角,结合长远和战略性思考,在复杂环境中作出明智决策。创新思维鼓励董事采纳新方法和整合资源,通过创新驱动的决策和领导力推动企业健康可持续发展。

最后，在第五章"员工参与治理：释放活力"中，笔者着重讨论了员工在治理过程中的关键作用、五种主要策略，以及实现员工有效参与治理的挑战及应对策略。作为企业的核心力量之一，员工直接接触市场和客户，是价值创造的重要源泉。他们对业务有深刻理解，并对市场趋势和客户需求具有敏感洞察。将员工的知识、经验和创意融入决策过程，能显著提升决策质量和效率，同时增强企业的创新力和市场竞争力。

总体而言，这五个章节从不同角度探讨了公司治理的核心逻辑，彼此紧密相连，共同构成了公司治理现代化的基石。通过这些章节的深入分析，笔者希望能够帮助大家更好地理解和实践公司治理，进而推动公司的长期健康和可持续发展。

关于公司战略、公司治理和公司管理之间的关系,本书提出了新的观点——战略统领观,重新定位了战略、治理和管理的相互关系。与流行观点(本书称为战略联结观,即公司战略是公司治理和管理的纽带)相比,战略统领观重新界定了公司治理、管理和战略之间的关系:公司治理应该服务于公司战略,公司管理应该服务于公司治理,同时公司治理还需要对公司战略进行评估和优化。战略统领观为公司高管提供了更加清晰和有效的指导,有助于提高公司的竞争力、创新力和决策效率,从而实现公司长期健康和可持续发展。[①]

当前公司治理和管理面临着一些普遍性的巨大挑战,其中包括公司治理有效性低、战略实施不力、缺乏协同性和缺乏创新与竞争力。

公司治理是指管理和监督公司的程序和机制,是确保公司合法、合规运营的重要保障。然而,当前许多企业面临公司治理的挑战和问题,其中最明显的是公司治理的有效性低。一些公司的治理不完善,缺乏有效的内部控制和监管机制,导致管理混乱、风险高企和不当行为频发。例如,一些公司的董事会缺乏多元化和独立性,监管不到位,导致管理层的过度自由和行为不端。此外,一些公司在内部控制和监管机制方面投入不足,导致公司面临财务风险、信息泄露

---

① 本章的部分内容曾发表于:牛建波.战略统领观:驱动公司长期发展的新理念和实践[J].董事会,2023(3):42-45.

等问题。这些问题不仅会损害公司的声誉和利益，而且会对公司员工、客户和其他利益相关者造成负面影响。因此，提高公司治理的有效性和透明度是一个重要的挑战和问题，需要不断加强监管和改进治理结构与程序。

二、战略实施不力

在现代商业环境下，战略制定和实施是企业成功的关键因素之一。然而，许多公司制定了优秀的战略规划，但却无法有效地实施。这可能是因为缺乏有效的管理手段和措施，如无法在公司内部有效地沟通、协作和落实战略等。此外，企业还存在一些其他的挑战和问题，如战略缺乏前瞻性、制定过于保守、缺乏资源和能力等，这些因素都会影响战略实施的有效性。

三、缺乏协同性

公司治理和管理中缺乏协同性已成为当前许多企业面临的一个严重问题。在许多组织中，不同的职能部门和团队之间往往存在独立的目标和利益，缺乏有效的沟通和合作机制。这会导致决策效率低下，资源浪费和业务目标难以达成。缺乏协同性的根本原因是公司治理和管理中的职权与责任划分不够明确，缺乏有效的协调机制。此外，公司内部的文化和价值观也会影响部门之间的合作和沟通。

四、缺乏创新和竞争力

当前，企业在全球化和数字化的背景下，面临激烈的市场竞争和日益复杂的业务环境，其中最大的挑战之一是缺乏创新和竞争力。一些企业缺乏创新意识和创新能力，缺乏灵活性和敏捷性，无法及时调整和适应市场变化和新技术发展，导致产品和服务缺乏差异化和创新性。此外，一些企业的管理方式也存在问题，如创新不足的管理模式、过于保守的企业文化、缺乏跨部门协作和知识共享等，这些因素都会制约企业的创新和竞争力。缺乏创新和竞争力不仅会导致企业失去市场份额和盈利能力，还会影响企业的长期发展。

第二节 治理与管理之间关系的主流观点：战略联结观

关于公司治理与管理之间关系的流行观点认为，这两者相互交织，公司战略是联结公司治理和公司管理的因素，笔者把这种观点称为战略联结观，如图1-1所示。

公司治理

公司战略

公司管理

公司战略是一种全面性的计划和决策,它包括公司愿景、目标、战略方向和行动计划等方面。在流行观点中,公司战略是联结公司治理和管理的因素。公司治理负责监督和指导公司的决策制定与执行,确保公司达到长期的经济、环境和社会目标,同时保护股东和利益相关者的利益。公司管理负责执行公司的决策和计划,包括具体的业务操作和人员管理等方面。公司战略是治理和管理的桥梁,它确保公司治理和管理的协同与一致性,保证公司决策制定和执行的有效性与效率,使公司能够在长期内实现可持续发展。

在流行观点中,公司治理和管理被视为相互交织的要素,这意味着它们被认为是紧密联系和相互依赖的。然而,这种观点在理论和实践中均存在一些重要缺陷。

(1)公司治理的目的是为管理团队提供监督和指导,确保公司以负责任和道德的方式运营,并保护股东和员工等利益相关者的利益。另外,管理层负责执行公司的战略并实现其运营目标。这两个职能是截然不同和独立的,重要的是在它们之间保持明确的划分,以确保治理结构有效、管理团队承担责任。

(2)公司治理和管理未能与公司整体战略保持一致。这可能导致目标错位,缺乏对关键优先事项的关注,以及无法有效分配资源来支持公司的长期目标。

(3)公司治理从属于管理,即被视为次要或辅助功能,这是一种在企业实践中广泛存在的观点。这种观点会导致公司经营缺乏问责制和透明度,以及无法及时发现和解决重要的治理问题。

(4)流行观点认为公司治理和管理可以结合在一个角色或部门中,这可能导致利益冲突并治理逻辑的扭曲。例如,如果一名高级管理人员同时负责治理和管理,他可能会将自己的利益置于公司或其利益相关者的利益之上。

第四节　探讨战略、治理和管理三者关系的原点

公司战略是一个企业在长期内为实现其使命和愿景而制订的行动计划。它是一个指导企业整体运营的长期规划,是企业为达成长期目标和利益而制定的一系列决策和行动的总和。

在公司中存在控股股东的情况下,控股股东通常持有公司的大部分股份,并拥有对公司的控制权,控股股东通常在公司战略的制定过程中拥有最大的影响力,公司战略主要是公司控股股东确立的公司使命和愿景的体现。控股股东在确定公司的发展战略时,通常会考虑公司的长期可持续发展。这意味着不仅要为客户提供满意的产品和服务,为股东们创造满意的回报,还要考虑环境和社会的发展,以承担企业的社会责任。这一战略追求可以推动公司在市场竞争中获得更好的地位,同时有助于保护公司的声誉和品牌形象,增强其可持续发展的能力。通过实现经济效益、社会效益和环境效益的平衡,公司可以获得更好的财务业绩和社会认可,从而获得更好的发展机会和竞争优势。此外,控股股东的长期视角和发展战略也有助于稳定公司的内部环境和管理体系,提高公司的运营效率和管理效果。

控股股东在对公司的发展战略进行初始的规划和设计之后,就会进行具体的治理设计,聘任董事和高管,搭建董事会,组建经理层团队。随后公司治理就会开始运行并发挥作用。董事会随后对公司战略进行评估和优化,并通过经理层具体实施公司战略。此后的公司运行才是大家在谈论战略、治理和管理三者之间关系时所涉及的阶段。

第五节　战略、治理和管理三者之间的新型关系:战略统领观

关于战略、治理和管理三者之间关系的科学定位是公司治理服务于公司战略,公司管理服务于公司治理,同时公司治理还担负着评估和优化公司战略的重要职责,我们把这种新型关系称为战略统领观,如图 1-2 所示。

(1)公司治理服务于公司战略。公司战略决定了公司治理的目标、结构和机制。公司治理是为了实现公司使命和愿景而设计的一系列规则、流程和制度

公司使命和愿景

公司治理

公司
战
略

公司管理

反馈
管理和控制

的实施，并使公司的管理与决策符合道德、法律和商业标准。它包括公司的权力配置、股权关系、董事会运作、公司管理制度等。

（2）公司管理服务于公司治理。公司治理（股东会和董事会）为公司设定方向和战略的总体框架，而公司管理层负责执行这一战略。公司管理是通过规划、组织、领导和控制等活动，协调和管理企业各项资源，以实现公司的战略。它包括公司的组织结构、业务流程、人力资源管理、财务管理等。

（3）公司治理需要对公司战略进行有效评估和适时优化。公司治理在设定公司战略方向和确保公司以符合其使命、价值观和长期目标的方式运营方面发挥重要作用。

按照战略统领观，公司治理通过确保公司的运营符合其使命和愿景来服务于公司战略。公司治理作为指导公司决策和行动的总体框架，确保它们符合公司的长期利益。反过来，公司管理层通过日常运营和实施治理结构制定的政策来为公司治理服务。通过建立清晰的层次结构，其中战略引领治理，管理服务于治理，公司可以作出更科学的决策，并避免因优先级冲突而经常出现的混乱。这种新观点有利于提高公司绩效、改进决策过程、增强问责制和增加透明度，并使公司的可持续发展得到更有力的保障。

一、提高公司财务绩效

这种新型关系的第一大好处是提高公司财务绩效。当公司清楚了解公司治理、管理和战略之间的关系时,它能够更好地协调和整合不同的决策和资源,从而实现更有效的资源配置和更明智的决策。这可以帮助公司实现更好的业绩和绩效,增强公司的竞争力和可持续发展能力。例如,一个清晰的战略方向可以帮助公司更好地分配资源和规划未来的发展方向,同时,一个有效的治理模式可以帮助公司更好地管理公司的风险和机会,提高决策的质量和效率。通过这种方式,公司能够实现更好的业绩和绩效,同时增强竞争力和提高市场地位,从而实现可持续发展的目标。

二、增加公司市场价值

公司战略、治理和管理三者之间的协同作用,能够有效地提升公司的市场价值和市场地位。良好的公司治理能够提高公司的透明度和信任度,从而增加股东和投资者的信任和忠诚度,促进股票市场健康发展。同时,优秀的公司管理和战略评估与反馈能够提高公司的经营效率和业务效益,增加公司的竞争优势和市场份额。有效的战略、治理和管理还能够增加公司的品牌价值和企业声誉,吸引更多的客户和投资者,提高公司的市场地位和价值。最终,这些因素的协同作用将提高公司的整体价值和市场地位,给股东和投资者带来更好的收益和回报。

三、加强问责制和提高透明度

这种新定位的另一个重要好处是加强问责制和提高透明度。通过将公司治理服务于公司战略,公司可以确保每个人都对公司目标负责,从而增强公司的问责制。公司治理可以通过监督和审查公司的决策,以确保它们与公司的战略目标一致。同时,公司管理可以负责监控和执行公司治理的规则和标准,以确保公司遵守法律和伦理标准。这种新定位还可以通过提高公司透明度,从而增强公司的问责制。公司可以通过公开财务报告、治理和管理实践报告、社会责任和可持续性报告等方式,向外界传递关于公司经营状况、战略方向和长期价值的信息。这些信息可以帮助外部利益相关者更好地了解公司,并对其决策和行动提出问题。同时,提高透明度,公司内部也可以更好地了解公司的运作情况,从而更好地了解公司的战略目标,并将其纳入自己的工作中。

在战略统领下的治理和管理可以提高公司的创新能力和竞争力,促进新产品和服务的开发和推出。有效的治理机制可以确保公司在制定和执行战略方面具有协同性和一致性,从而更好地鼓励员工的创造性思维和创新。公司管理实践可以帮助公司识别和解决业务和生产过程中的瓶颈和挑战,提高生产效率和效益。此外,公司通过投入更多的研发和创新资源,开发新产品和服务,更好地满足市场和客户需求,提高产品和服务的质量和创新性,从而增强公司的创新力和竞争优势。

当公司战略、治理和管理的角色和职责被清晰明确时,决策的制定和实施过程变得更加高效。公司治理和公司管理的主次定位可以加强公司内部的协作和沟通,减小和减少决策过程中的阻力和障碍,有助于决策更快地得出。公司战略的明确和贯彻可以使管理实践更加具有针对性,从而减小了决策方案的选择范围,加快了决策速度。

这种新定位下,战略、治理和管理三者之间的相互关系得到了明确,企业不仅要实现经济效益,还要承担起社会责任,有利于企业向可持续发展方向转型。通过制定和执行符合社会和环境责任的战略、治理政策和管理政策,企业可以加强对员工、消费者、投资者、社会和环境的尊重和关注,增强企业的社会形象和信誉,获得社会认可和支持。此外,企业社会责任的履行还可以促进社会和环境的可持续发展,与企业的长期利益和战略目标相符合,有助于企业建立可持续的竞争优势。因此,增加企业社会责任是这种新型关系定位下的一个重要好处,不仅有助于企业长期发展,还能够带来积极的社会影响。

第二章

第一性原理与公司治理

第一性原理是一种强大的思考工具,它要求我们深入理解问题的本质,推动我们以最根本的事实或法则进行决策分析。在公司治理中应用第一性原理,笔者在本章提出了以价值创造为目标的公司治理功能的 DES 模式,这个新的模式不仅可以帮助我们优化治理和决策,提升董事的履职能力和效果,还可以从根本上推动公司的创新和发展,切实促进公司高质量发展。同时,第一性原理能给投资者、证券市场和证券监管部门带来深远启示,使其从新的视角理解企业价值和市场规则,更有效地应对商业挑战,推动公司持续发展和价值创造。

第一节　第一性原理的内涵

第一性原理,这一强调从基本真理出发的分析和思考方式,在哲学、科学以及商业等领域均体现了其极其重要的价值。该理念起源于古希腊哲学家亚里士多德(Aristotle),近年来得到特斯拉和 SpaceX 的创始人埃隆·马斯克(Elon Musk)等科技领袖的深度推广和应用。

一、第一性原理的定义和来源

通常被称为基本原理或基础真理的第一性原理,是一种理论框架,其强调回归至最基本、最根本的事实或法则进行分析和决策。在哲学领域,亚里士多德在其作品中阐述了第一性原理的观念,提出所有知识都可以追溯至某些基本的、无法进一步简化的真理或法则。在科学领域,尤其是物理学中,第一性原理是被广泛采用的一种理论方法。它不依赖于经验,而是从最基本的物理定律出发,通过逻辑推理和数学计算来对现象进行解释与预测。举一个具体的例子,量子力学中的薛定谔方程就是一个基于第一性原理的理论模型。它以最基本的量子力学原理为出发点，预测电子在原子中的行为。

在现实生活和商业活动中，第一性原理被运用于挑战既有观念，催生新的思考和创新。例如，马斯克就是一位杰出的第一性原理应用者。在创建特斯拉电动汽车公司时，他挑战行业常识——电动汽车制造成本高昂，采用第一性原理，对电池单元的原料成本进行分析，发现了降低成本的可能，实现了大规模、低成本制造电动汽车的目标。

第一性原理的价值在于，它要求我们从根本上理解和质疑问题，而非盲目接受已有的观点和做法。这种思维方式能帮助我们洞察问题本质，找到真正有效的解决方案，进而在各种领域推动创新和进步。

应用第一性原理并不代表完全抛弃经验和传统。相反，它要求我们在尊重和理解传统的基础上，勇于质疑和创新，寻找更优秀的方法和解决方案。这需要我们具备敏锐的洞察力、深厚的知识储备，以及探索和创新的勇气。

在公司治理领域，第一性原理的应用亦展现出巨大的潜力。传统的公司治理模式往往强调规则和程序，但忽视了人的主观能动性和创新能力。而基于第一性原理的公司治理，要求我们深入理解公司的使命和价值，员工的需求和期望，市场的变化和挑战，从而构建更加公正、高效和创新的治理模式。

公司治理的核心理念在于在股东、管理层和其他利益相关者之间建立平衡关系，确保公司的决策与行为尽可能地实现公司目标与价值。这种平衡需要通过公平、透明、责任和效率等原则来实现，我们称之为公司治理原则。公平原则要求决策和行为对所有利益相关者公正无私；透明原则要求决策和行为能被所有利益相关者理解；责任原则要求公司和个人对其决策和行为负责；效率原则要求决策和行为能有效实现公司目标与价值。

基于第一性原理，公司治理的公平、透明、责任和效率原则得到深化解读。

表 2-1 总结了传统视角和第一性原理视角对这四个原则的解读的差异。公平原则强调权责匹配与利益均衡,特别是提升员工利益。透明原则除强调信息公开,还包含公司愿景、目标、业绩与治理的透明度。责任原则主张在追求经济效益时,兼顾对社会、环境及利益相关者的影响。效率原则强调经济效益、社会效益与环境效益的平衡,推动公司全方位、持续发展。这为公司治理现代化提供了新的思维导向。

表 2-1　传统视角和第一性原理视角对公司治理原则解读的比较

公司治理原则	传统解读	第一性原理解读
公平原则	权力与责任的均衡分配	更深入地突出了权责匹配和利益均衡的重要性,特别是提升员工利益
透明原则	信息公开和决策流程的公开	扩展至包含公司愿景、目标、业绩和公司治理的透明度,促使所有利益相关者对公司治理机制和运作方式有清晰的了解
责任原则	企业对股东的责任	深化和拓宽责任范围,鼓励企业在追求经济效益时,兼顾社会、环境及利益相关者的影响
效率原则	企业的经济效率	强调经济效益、社会效益与环境效益的平衡,推动公司全方位、持续发展

1. 公平原则

基于第一性原理,公平原则的内涵被赋予了更深、更广的解读。这不仅强调权利与义务的均衡分配,更进一步突出了公司治理中的权责匹配和利益均衡的重要性。公平原则首先是权责匹配的体现。权力与责任是相辅相成的两个元素,它们共同构成了公司治理的核心。随着公司管理层或董事会成员权力的增加,对公司及所有利益相关者的责任也必须同步加重。例如,企业有责任提供良好的工作环境、公平的薪资待遇、合理的工作时间,以及充足的发展机会,使员工感受到公平,这样员工才会全身心地投入工作,进一步推动公司发展。另外,公平原则强调实现各利益相关者的利益均衡。企业应在公司战略制定、重大投资决策、管理政策调整等过程中充分考虑员工等各利益相关者的意见和利益,防止在追求短期经济利益的过程中忽视或牺牲员工等其他利益相关者的利益。

2. 透明原则

在第一性原理的指导下,透明原则的维度被大幅扩展。除了对基础的信息公开和决策流程的公开,透明原则还涵盖公司愿景、目标、业绩和公司治理的透明度。公司必须明确公开其愿景,传递清晰的长期发展策略;对公司的短期目标和中期目标实行透明管理,以便所有利益相关者能够准确评估公司绩效。此外，公司业绩的透明度，包括财务报告和运营数据等信息，也需要进一步提高。在公司治理方面，透明度同样重要，公司治理结构、权力分配和决策流程等信息应被公开，让所有利益相关者对公司治理机制和运作方式有清晰的了解。这种深化和拓展的透明原则，不仅能提升公司治理效率、增强相关者信任、提高公司社会声誉，更有助于公司实现长期可持续的发展。

在第一性原理的启示下，责任原则的含义得到了深化和拓宽，引导我们回归企业本位，理解企业在追求经济效益过程中的综合责任。它鼓励我们认识到，在满足所有法规要求的前提下，企业具有自主决定承担社会责任形式和程度的权利。这种自主决定基于企业的使命和愿景，充分权衡和考虑其决策行为对社会与环境的影响，以及对所有利益相关者的影响。这种自主权使得企业可以更好地在追求经济效益的同时，实现与社会责任的深度协同，促进企业的健康和可持续发展。具体来说，这可能体现为公司采取更环保的生产方式、提供更优质的员工福利、更积极地参与社区建设、更全面地履行企业公民的职责等。

受第一性原理的启示，效率原则得以更深层次地诠释。这一原则不只着眼于公司的经济效率，同样强调公司的社会效益和可持续性。短期来看，具有效率的公司治理结构和决策机制有助于推动资源的最优配置，从而提高公司的经济性能。然而，长期视角下的效率原则还强调公司承担社会责任和对环境的尊重。此原则要求企业在追求经济效益的同时，同等重视社会效益和环境效益，以期实现公司的全方位、持续发展。比如，企业在追求经济效益的同时，也需要关注其对环境的影响、对员工福利的投入、对社区的贡献等。这种平衡多元利益的思维方式，不仅有利于提高公司的经济效率，也符合社会责任和环境友好的要求。这种理念不仅拓宽了我们对效率原则的理解，也为公司治理现代化提供了重要的思维导向。

公司治理模式是公司治理理念在实践中的具体展现，体现为公司治理的具体机制和程序。然而，当前的公司治理模式往往存在一定的局限性，这就需要我们运用第一性原理来进行挑战和改进。

一般来说，当前的公司治理模式过度依赖于规则和程序的执行，这种偏重可能导致对员工主观能动性和创新力的忽视。因此,公司决策和行为可能变得过于机械和死板,缺乏应对复杂多变环境所必需的灵活性和创新力。例如,过度固化的规则和程序可能会阻碍员工的创新思维,限制公司的适应力和应变能力。

此外,现行的治理模式常常存在过于内向的倾向,过分聚焦于公司内部治理,而忽视了公司与外部环境的交互和影响。这不仅使公司治理视野过窄,缺乏全局视角和长远考虑,还可能导致公司错过适应环境变化的机会,甚至可能因忽视潜在风险而产生不利影响。例如,过于内向的公司治理可能会忽视公司的社会责任,对社区和环境产生负面影响,进而损害公司的声誉和长期利益。

(二) 第一性原理的启示

第一性原理为我们提供了一个新的视角,以深入理解和改善当前的公司治理模式,其关键在于挑战现有模式的局限性,打破常规思维,并引导我们向更加灵活、创新和全局性的治理模式转型。

(1) 第一性原理对于人的主观能动性和创新能力给予了充分重视。它激励所有成员深度参与公司治理,借助他们的积极性和创新性,为公司治理注入新的活力。在这种理念的推动下,公司治理将不再是一种机械化的流程,而是形成一个每个成员都能够发挥其作用和价值的环境。

(2) 第一性原理强调公司与外部环境的互动作用,要求公司治理能够紧密关注并适应环境变化。这意味着公司需要持续审视和调整自身的治理模式,以更好地适应外部环境的变化,从而提升公司的适应力和生存能力。

(3) 第一性原理将关注点集中在公司最终目标和价值的实现上,将治理的视角从执行规则和流程转向寻求最优方案,以实现公司目标和价值。这种模式将公司治理与公司的战略目标紧密相连,从而提升了公司治理的效能。

总的来说,借助第一性原理的新视角,我们有可能构建一种符合公司治理理念、能够适应环境变化,并能最大化实现公司目标和价值的新型治理模式。这种模式将有助于公司在复杂多变的环境中保持竞争力,并推动公司持续发展。

第三节　基于第一性原理的公司治理优化

基于第一性原理对公司治理的分析,我们可以看出,为了真正发挥公司治理的价值创造作用,需要重新界定公司治理的功能。首先,科学决策挑战传统决策模式,倡导从基础事实出发,强调全员参与和过程的公正性。其次,系统激励重塑激励机制,满足员工内外动机需求,同时平衡短长期目标,确保公正性。最后,通过高效监督革新监督体系,关注公司内部风险控制和合规管理,同时注重员工参与,以提高透明度和公正性。因此,科学决策、系统激励和高效监督应该成为以价值创造为目标的公司治理的关键功能,笔者称之为"公司治理功能的 DES 模型"。表 2-2 概括了基于第一性原理的公司治理功能创新的主要内容和观点。

主 要 内 容	公司治理功能	传 统 解 读		第 一 性 原 理 的 解 读
决策模式的升级:全员参与决策	决策权分配	偏向高层管理者决策	科学决策	鼓励广大员工参与决策过程,强调从基础事实出发理解新问题本质,确保决策的公正性和透明性
激励机制的重塑:满足员工的内外激励需求	激励机制	偏重物质激励,易引发短视行为和公平性问题	系统激励	深度理解员工需求和动机,设计出能充分激发员工内在动机的激励机制,平衡短期和长期目标,确保公正性和公平性
监督体系的革新:构建公平透明的监督机制	监督体系	过于严格或形式化,不充分考虑员工的参与	高效监督	深入理解监督的本质和目的,注重公司内部风险控制和合规管理,鼓励员工参与,提高监督的有效性和公正性

决策模式是公司运营的核心环节,涉及公司的方向、策略和绩效。然而,在实际运营中,传统决策模式存在诸多挑战,这需要我们从第一性原理的角度进行分析和应对。

传统决策模式往往建立在已有的理论、假设和经验之上,这在稳定且规律明确的环境中可能有效。然而,在当今日益复杂和多变的商业环境中,这种决策模式面临严峻挑战。首先,传统决策模式依赖于现有的知识和经验,这可能导致决策者对新的、未知的问题应对不足。其次,传统决策模式通常由少数领导者或个别人士主导,这可能忽略了其他员工的视角和建议,降低了决策的质量和效率。最后,传统决策模式过于注重结果,而忽视了决策过程的重要性。

（二）科学决策

面临传统决策模式的诸多挑战，我们借助第一性原理，对决策模式进行深度优化，从而构建出基于科学原则的决策框架。

（1）传统决策模式常常受制于已有的知识和经验，对新的、未知的问题的应对往往显得力不从心。在这种情况下，基于第一性原理的科学决策模式则能够发挥其优势。它让我们从最基本的事实和规律出发，深入挖掘并理解问题的本质，从而找到并应用最有效的解决方案。通过这种方式，科学决策模式能够在处理新的、未知的问题时，显示出超越传统决策模式的力量。

（2）传统决策模式通常由少数领导者或个别人士主导，而科学决策模式则充分认识到每个员工的价值和贡献，强调全员参与。通过利用第一性原理，我们可以理解在决策过程中，其他员工的视角和建议也同样重要。这样的决策模式可以提高决策的质量和效率，同时也能激发员工的积极性和创造性，使他们更加主动地参与公司的运营和发展。

（3）相比传统决策模式过于注重结果，科学决策模式在重视结果的同时，也认识到决策过程的重要性。利用第一性原理，我们重新审视决策的目标和方式，不仅追求高质量的决策结果，也强调公正和透明的决策过程。这样既能确保决策的质量，又能提升公司治理的公平性和透明度，对于提升公司的整体运营效率和员工满意度具有深远意义。

二、激励机制的重塑：满足员工的内外激励需求

激励机制是公司治理的关键组成部分，影响员工的行为和态度，从而决定公司的绩效和发展。然而，传统的激励机制存在一些问题和局限性，需要我们从第一性原理的视角进行分析和优化。

（一）对现行激励机制的反思

现行的激励机制常以经济激励为主，旨在通过奖惩措施影响员工的行为。然而，这种激励机制也存在问题。首先，现行的激励机制可能忽视员工的内在动机。许多研究表明，员工的满意度和效率并不仅仅依赖于经济激励，而是与他们的职业发展、工作环境，以及对工作的热情和兴趣等因素紧密关联。其次，现行的激励机制可能诱导短视行为。过度依赖经济激励，可能导致员工过于关注短期目标，而忽视长期的发展和质量。最后，现行的激励机制可能引发公平性问题。如果激励机制的设计和执行不公平，可能引发员工的不满和反抗，从而影响组织的稳定和效率。

针对现行激励机制的问题，我们可以借鉴第一性原理，以系统激励为目标对激励制度和措施进行优化。

（1）激励机制忽视员工内在动机的问题，需通过第一性原理深入理解员工的需求和动机。这不仅包括经济需求，还涵盖职业发展、工作环境，以及工作热情和兴趣等非经济需求。理解了这些基础动机后，我们就能设计出一种能够全面触发员工内在动机的激励策略。

（2）为防止激励策略导致的短视行为，我们需要从第一性原理的角度重新定义激励的目标和方式。我们应该同时考虑短期目标和员工的长期发展以及组织的持续利益。设计激励策略时，应力求在短期目标和长期目标之间实现平衡。

（3）为了解决激励机制可能引发的公平性问题，我们需要利用第一性原理，从根源上理解公平的含义，并重新考虑激励的分配方式。我们应确保激励策略的设计和执行既公平，又能最大限度地激发员工的工作积极性。

三、监督体系的革新：构建公正高效的监督机制

公司的监督体系是其治理结构的关键组成部分，决定了公司决策过程的公正性和透明性，并对公司内部的风险控制起着至关重要的作用。然而，传统的监督体系由于受到历史习惯和文化背景的影响，存在一些问题，需要我们借助第一性原理进行优化和改进。

（一）利益与监督管理的优化

传统监督体系常常面临一系列挑战。首先，由于过度依赖规程和规定，这种体系可能在复杂多变的商业环境中显得适应性不足，影响公司的灵活决策。其次，传统监督体系可能过于强调过程，而忽视对结果的关注，从而可能阻碍公司实现其长期利益，也难以有效防范潜在风险。再次，传统监督可能忽视了公司内部风险控制和合规管理，这可能损害公司的公信力。最后，如果员工未能充分参与监督过程，可能会削弱监督的效果，并引发公平性问题。

（二）高效监督

面对传统监督体系的问题，我们可以借鉴第一性原理，以高效监督为目标对监督体系进行优化。

（1）从第一性原理的角度，我们需要深入理解监督的本质和目的。监督的本质在于保护公司的长期利益和防止潜在风险，而监督的目的在于推动公司健

康发展和价值创造。因此，监督应更加注重结果导向，关注公司治理的实际效果和价值创造。

（2）高效监督应关注公司内部风险控制和合规管理，以提高公司的透明度和公信力。监督者不仅要关注公司的经济效益，也需要考虑公司的社会责任和合规问题，确保公司的行为符合法律法规和社会道德。

（3）高效监督还需要注重员工的参与。从第一性原理的角度看，员工是公司的重要利益相关者，他们对公司的了解和对公司价值观的认同使他们成为公司内部监督的重要力量。因此，公司治理过程中应鼓励员工参与，以提高监督的有效性和公正性。

第四节　第一性原理对投资者和证券市场的启示

投资者和证券市场是企业发展的重要外部因素，其对企业的认识和理解直接影响企业的资本运作和市场表现。第一性原理作为一种新的思维方式，对投资者和证券市场的影响显而易见。

一、投资者角度：重新理解企业价值

投资者对企业价值的认知，直接决定了其投资决策的方向。传统上，投资者往往主要关注企业的财务表现和市场表现，如利润能力、市场份额等关键指标。然而，这种评估方法可能会忽视企业的内在价值，如治理智慧、创新能力和员工满意度等。尽管这些内在因素在短期内可能不会直接反映在企业的财务表现上，但对企业的长期发展具有至关重要的影响。

借助第一性原理这种深度思考方式，我们被提醒要从最基本的事实和目标出发，重新审视企业价值。在这个框架下，企业的价值不仅包括其财务表现和市场表现，而且包括其治理智慧、创新能力、员工满意度等内在价值。

（1）企业的治理智慧，体现了企业决策效率和公平性，它是支持企业长期发展的基石。第一性原理强调权责匹配、公平和透明原则，这对于提升企业治理效能、确保企业高质量发展具有至关重要的意义。

（2）企业的创新能力，体现了企业对市场变化的适应性，它是企业获取竞争优势的关键。第一性原理倡导我们从最基本的原理出发，挑战现有的思维定式，这对于激发企业创新活力、推动企业商业模式创新有着积极作用。

（3）员工满意度反映了企业的人力资源优势，是企业实现其业务目标的关键。第一性原理强调从员工的基本需求出发，设计符合员工期望的激励机制，

这对于提升员工的满意度和忠诚度,提高企业的人力资源效率具有重要意义。

证券市场作为价值发现和交易的重要舞台,其所扮演的角色至关重要。第一性原理为投资者提供了一种新的思考工具和决策框架,帮助他们更精准地识别市场中被低估的价值,从而提升投资决策的质量和效果。

从企业价值评估角度看,第一性原理引导投资者深度关注企业的战略、竞争地位、创新能力以及治理结构等核心因素,而非只是财务指标。这将帮助投资者更全面、深入地洞察企业的内在价值,从而发现市场忽视的价值点。

从市场行为角度看,第一性原理鼓励投资者避免简单的从众行为,而是基于独立、理性的思考来进行投资决策。深度思考市场趋势、风险和机会,将使投资者更精准地把握投资时机,发现市场忽视的投资机会。

从行业和宏观经济角度看,第一性原理能帮助投资者理解和预测行业发展趋势和宏观经济环境,从而更好地预测企业的未来表现和价值。这将有助于投资者发现具有长期增长潜力的企业,优化资本的配置。

第三章

公司治理的新模式： 治理基础和治理功能

在传统公司治理模式面临挑战的背景下，本章提出了一种全新的公司治理模式，着重于"公司健康"这一核心目标。正如人体健康是追求梦想的基石，健康也是公司实现其愿景和长远目标的关键。该新模式由治理基础和治理功能两部分构成。其中，治理基础涵盖公司最高层权力机构，如股权结构和监事会等，以及公司的使命、愿景和战略。而治理功能关乎公司价值创造和健康的维护，尤其强调董事会的中心地位，它对公司的长期发展和价值创造起到至关重要的作用。

与此同时，本章阐述了新旧公司治理模式的差异。新模式更加注重公司的使命、愿景和社会责任，强调企业的整体利益和长期发展，而不仅是短期经济利益。它在战略、价值创造、与外部利益相关者的关系、社会责任、信息披露和治理实践等多个方面均展现出其独特的优势。随着现代企业制度改革的全面深化，这一新模式为我们提供了一个更为系统、全面和前瞻性的治理视角逻辑和框架体系。

第一节　公司治理新模式的构成

一、公司治理新模式的目标

在传统的公司治理模式中，公司价值最大化一直是治理目标的核心。然而，对于公司价值最大化的定义存在多种解读和实践上的困扰，如股东价值最大化、公司市值最大化、利益相关者利益最大化等。例如，卡普兰和马克西莫维奇（Kaplan and Maksimovic，2012）认为，股东价值最大化的目标可能会导致公司的短期主义和风险规避行为；斯托特(Stout，2012)则批评了股东优先原则的合理性，强调了公司在社会中的角色和责任；弗里曼等(Freeman et al.，2010)则提出了利益相关者理论，强调了公司应该关注和平衡所有利益相关者的利益。这些不同的观点都在探讨如何更好地实现公司治理的目标，反映了对传统治理模式的反思和质疑。然而，这些目标的具体测量方式往往存在一定的片面性或操作上的困难，这些问题已经在本书前面的内容中详细阐述过，包括股东价值最大化的片面性和利益相关者价值最大化的实践性困扰。

一般而言，公司价值最大化是指通过合理的企业财务经营，采用最优的财务政策，考虑资金的时间价值和风险与报酬的关系，在保证公司长期稳定发展的基础上，使公司总价值达到最大(Fama and Jensen，1983)。其基本思想是将公司长期稳定发展置于首位，并强调在公司价值增长中需要考虑各方利益关系。然而，该目标存在一些局限性，首先，公司价值最大化的目标虽然给出了明确的经营方向，但对于公司价值的估计方法主要侧重与财务相关的指标，且需要对企业自身发展状况和行业运行规律等作出假设，并对财务会计方面的信息依赖较强；其次，该目标没有回答如何在企业价值最大化目标下有效权衡各利益相关方的利益，从而使公司的实际经营可能陷入利益相关者利益最大化所面临的相同困境——在不同时间点如何有效平衡不同利益相关者的利益(Jones，1995)。因此，需要探索新的公司治理模式，以更好地实现公司治理的目标。

为了解决已有治理模式的弊病，本研究提出了一种新的公司治理模式，并重新定义了公司治理的目标——公司健康，类似于人体健康的概念。人体健康是追求梦想和实现自我价值的重要基础和保障，同样，公司健康是实现公司愿景的重要基础和保障。虽然不同的公司愿景可能对应不同的商业模式，从而在健康指标上表现出差异，但对于公司的健康运营而言，存在一些共性的特征和规律。因此，公司治理新模式是以公司健康为目标重新构建的治理逻辑和治理框架。

一、公司治理新模式的构成：治理基础和治理功能

公司治理新模式是公司治理的一种新的理念和方法，它包括公司治理基础和公司治理功能两个主要部分。公司治理新模式的成功实施需要在公司治理基础和公司治理功能两个方面实现协同和统一，才能实现公司健康的可持续发展。公司治理新模式是全面深化改革的一个重要方向，可以为企业的治理现代化提供坚实的理论基础和实践指引，如图 3-1 所示。

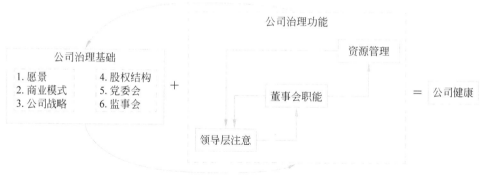

图 3-1　公司治理新模式的内容框架

其中,治理基础包括公司最高层权力机构的设置和运作,如股权结构、党委会和监事会等。这些因素在公司决策和运营中起着至关重要的作用,它们决定了公司的使命、愿景和发展战略,进而确定了公司的发展方向和目标。公司治理基础是公司治理的基础性因素,它对于公司治理的有效性和效率至关重要。

治理功能是指领导公司价值创造和维护公司健康的职能,它是公司治理的核心。治理功能的组织核心是董事会,董事会通过公司领导层注意、董事会职能和资源管理对公司价值的创造进行指引和控制,实现和保持公司的健康。董事会是公司治理功能的重要组成部分,它在公司战略和经营决策中发挥关键作用,对于公司的长期发展和价值创造具有重要意义。

第二节　公司治理新模式之治理基础

公司治理基础涵盖了公司最高层权力机构的设置和运作方式,对于确定公司的发展方向和目标,以及确保公司治理的效果和效率至关重要。在重构和优化公司治理基础时,必须平衡股东利益,确保治理结构的合理性,并明确公司的使命、愿景和发展战略。唯有建立健全的公司治理基础,才能有效发挥公司治理功能的作用,为实现公司治理的目标提供坚实支撑,加速公司治理现代化的建设。

(1)股权结构是公司治理基础的重要组成部分,其对公司治理的有效性有着直接的影响。股权结构决定了公司所有权和控制权的分配方式,直接关系到公司的决策制定和实施。股权结构不仅影响公司内部治理的运作,也会对公司外部的利益相关者产生重要的影响(Jensen and Meckling,1976)。例如,股权集中度较高的公司往往更容易受到股东利益冲突和内部腐败问题的困扰,需要在股权结构的设置和运作中考虑到股东权利的保护和保障利益相关者利益的平衡(La Porta et al.,1999)。同时,股权激励机制也是股权结构的重要组成部分,可以有效激发管理层的积极性和责任心,促进公司治理的有效性(Bhagat and Bolton,2019)。

(2)党委会和监事会等治理结构的设置也是公司治理基础的重要组成部分。党委会作为党组织在企业中的组织形式,在公司决策和运营中发挥重要作用(强舸,2019),它能够为企业提供思想政治保障,推动企业发展和经营管理工作。监事会则是公司治理的重要机构之一,它的主要职责是对公司的经营管理情况进行监督和检查,保护股东利益,维护公司治理的有效性和公正性。

(3)公司的使命、愿景和发展战略的确定对公司治理基础也至关重要。有研究指出,公司的使命和愿景能够激发员工的工作热情和归属感,推动企业的创新和发展,从而提高公司的绩效和竞争力。例如,巴特克斯(Bartkus)等在2000年的研究表明,公司的使命和愿景对公司绩效有显著的正向影响。同样,达曼普尔(Damanpour)和施耐德(Schneider)在2006年的研究也发现,公司的使命和愿景与企业绩效存在显著的正相关关系。此外,公司发展战略的确定也是公司治理的重要组成部分。公司战略是企业在市场环境和竞争对手等外部因素的影响下,根据自身资源和能力制订的长期发展计划。公司的战略创新对公司绩效具有重要意义(Schlegelmilch et al.,2003),而战略创新的实现需要公司管理层在治理上有良好的决策能力和实施能力。有效的公司治理需要对公司战略进行评估和优化,以确保公司能够在市场竞争中保持竞争优势和长期盈利能力。在公司治理基础中,使命、愿景和发展战略相互作用,共同决定了公司的发展方向和目标。使命和愿景是公司治理基础的价值导向和目标导向,发展战略则是公司治理基础的实施路径和手段。在公司治理中,应该注重使命、愿景和发展战略的制定和落实,加强各方面的沟通和协调,确保公司的治理基础具有明确的价值取向和发展方向,为公司的长期发展提供有力的保障。

值得注意的是,不同公司的股权结构、治理结构和发展战略等因素对公司治理基础有重要影响。例如,上市公司和非上市公司在股权结构方面的差异很大,上市公司的股权结构通常更加复杂,存在大股东和小股东、内部人和外部人等不同的利益相关者。在治理结构方面,不同公司有不同的监管机制和决策流程,有些公司会设立党委会、监事会等机构,有些则不会。在发展战略方面,不同公司根据自身的资源、竞争环境和市场需求等因素,选择不同的发展战略,有的公司强调快速增长,有的则注重稳健发展。因此,不同公司的治理基础构建应因公司而异,而不能一概而论。公司应根据自身情况,制定适合自己的治理结构和发展战略,以实现公司长期发展的目标。同时,公司治理基础也应不断优化和改进,以适应不断变化的市场环境和公司内部的发展需求。

第三节　公司治理新模式之治理功能

在新的公司治理模式下,治理功能是指领导公司价值创造,并维护公司健康的能力。董事会作为公司治理的核心,通过管理其关注点、职能和资源,引导和控制公司的价值创造过程,从而实现并持续维护公司的健康状态。总体而言,公司治理的功能主要分为董事会的回顾和预见两类。董事会的回顾功能是指对公司过去的经营绩效和决策的评估与反思,以便更好地了解公司的优势和劣势。而董事会的预见功能则是指根据公司的愿景、战略和市场趋势,预测和规划未来的发展方向与目标,以便及时采取行动并作出正确的决策。董事会的回顾和预见两大功能互为补充,有助于确保公司可持续发展并提升公司治理现代化水平。

(1)回顾。董事会的回顾功能是对公司过去的表现进行总结分析。这一功能需要董事会分析公司在一段时间内的经营结果,判断结果的质量,并对公司整体和各个重要业务领域作出评估,如公司的市场地位、创新能力和财务状况等方面。此外,董事会还需要关注公司经营现状是否符合治理基础所确定的发展方向,关注所确定公司战略的执行情况,以及关注公司既定目标的达成情况。为了提高董事会回顾功能的履行效果和效率,可以采用公司治理目标的CGO模型来构建一个专门的分析框架。该模型可以帮助董事会更全面地分析公司过去的表现,从而为制定更优秀的公司治理策略提供指导。

(2)预见。与回顾功能相比,董事会的预见功能是对公司未来可能的变化过程及大致结果进行评估与预测,并根据具体情况及时优化和动态调整治理层面的决策、激励与监督制度,以确保公司的资源识别、资源组合以及资源的获取与剥离符合公司的发展战略,促进公司健康发展。具体而言,公司治理的预见功能主要包括以下三个方面。

第一,作为公司治理的核心,董事会需要对公司的健康状况进行全面的关注和监测。这包括对公司当前和过去的健康状况的判断,以及对未来潜在的健康状况进行预测。在进行这方面的工作时,董事会需要审查经营计划、人力资源开发计划和员工培训计划的预算,以确保公司的资源有助于公司愿景的达成和维持。同时,董事会还需要避免那些受到疯狂追捧的错误观点和自作聪明思想造成的时间浪费与资源分散。这是因为这些错误观点和自作聪明思想在实践中往往难以验证,导致公司浪费宝贵的时间和资源。因此,董事会需要保持清醒的头脑,审慎地评估各种计划和决策,并确保公司资源合理利用,以推动公司持续、健康发展。

第二，在公司治理中，价值创造是非常重要的目标。董事会需要确保公司的各个部门在执行决策机制、激励机制和监督机制时能够有效地促进价值创造。在不稳定的经济环境下，董事会需要采取预测性、预防性措施，以确保公司应对外部环境的变化，并朝着既定的方向和目标奋力前进。同时，董事会需要审视公司价值创造的决策机制、激励机制和监督机制的有效性，以确保这些机制能够在未来的环境下继续有效地促进价值创造。董事会需要确保公司的决策机制能够适应不断变化的市场需求和技术发展趋势。这包括确保公司能够及时制订新的战略计划，对风险和机遇作出正确的判断，并调整公司的组织结构和资源分配以支持价值创造。此外，董事会还需要审视公司的激励机制，以确保公司的激励机制能够吸引和留住高素质人才，并激励他们为公司的成功作出贡献。最后，董事会还需要审视公司的监督机制，以确保公司遵守法规和道德准则，并及时发现和纠正不当行为。

第三，在指引和监督公司的资源管理方面，董事会需要关注公司的战略与计划，包括经营战略、公司架构和制度、公司文化等，并积极参与决策，拥有最终决策权或决策建议权。从执行与实施层面来看，董事会还应该检查经理层的工作情况，确保汇报信息和工作内容的重要性，并给予适当的反馈和支持。此外，董事会还需要注意公司基础设施条件的变化趋势和突变情况，确保基础设施数量和水平与公司发展需要相适应。例如，如果公司计划扩大业务规模，董事会需要确保基础设施能够支持这一计划的实施，如生产设备、物流网络、员工培训计划等。在不断变化的市场环境中，董事会需要保持敏锐的洞察力，以及预测和预防的能力，确保公司在不断变化的环境中稳健发展。

在当今复杂不确定的时代，公司面临各种不可预测的风险和危机。因此，作为公司治理功能组织核心的董事会必须认真发挥回顾功能和预见功能，以确保公司在任何极端和突发情况下都能够为客户创造价值，并成为一家具有韧性和活力的健康组织。

第四节　公司治理新模式与传统模式的比较

在公司治理绩效低、公司丑闻屡现的时代，已有很多企业走在了公司治理模式变革的前沿。例如，华为技术有限公司坚持以客户为中心、以奋斗者为本、以价值为导向，通过充分识别企业危机，不断激发企业活力；海尔集团公司强调"激发个人创造力"，实施"自主经营体"和"创客机制"，打破原有金字塔式的官僚组织,采取事业部制,企业内部组成多个创新团队,打破与最终用户之间的壁垒,将整个企业变成一个可循环成长进步的生态系统。

公司治理新模式就是在回顾公司治理模式的发展历程、总结已有公司治理模式困境的基础上,尝试为公司治理的进一步改革提供一个新的思路。因此,公司治理新模式不仅是对已有公司治理模式的延续和发展,更是为突破已有公司治理困境提出的一个创新性解决思路。下文将具体阐述公司治理新旧模式之间的明显差异。

一、新旧治理模式比较的七个维度

为了便于读者轻松了解公司治理新模式与已有公司治理模式的不同之处,现从七个维度对公司治理新模式与传统模式进行比较分析。这七个维度包括:①治理目标与原则;②战略与价值创造;③董事会与治理文化;④对外部利益相关者的关系与影响;⑤社会责任与环境保护;⑥信息披露与沟通;⑦治理实践与自主性。公司治理新模式与传统模式的比较项目如表 3-1 所示。

表 3-1　公司治理新模式与传统模式的比较项目

序号	维　度	包含的比较项目
1	治理目标与原则	治理原点、治理目标、治理职能、治理根基
2	战略与价值创造	公司健康、价值创造的路线图、公司治理与战略的关系、公司治理与管理的关系
3	董事会与治理文化	董事履职重点、视野范围、利益核心、治理文化、董事的胜任力
4	对外部利益相关者的关系与影响	客户的地位、媒体对公司影响、机构投资者对公司的影响、投资者关系管理的目的、投资者关系管理的难度
5	社会责任与环境保护	对企业社会责任的态度、环境保护策略
6	信息披露与沟通	信息披露的目的、信息披露的时间导向
7	治理实践与自主性	对公司业务的政策、对经理层的影响、治理的自主性、对公司治理实践的指导性

治理目标与原则为公司治理提供了基本框架。战略与价值创造则关注公司治理如何为实现公司战略目标提供支持。董事会与治理文化关注公司治理的核心组织和价值观。对外部利益相关者的关系与影响则强调公司治理在维护各方利益方面的作用。社会责任与环境保护体现了公司治理在现代企业中应承担的社会和环境责任。信息披露与沟通关注公司治理在提高透明度和有效沟通方面的作用。治理实践与自主性则着重于公司治理在实际运作中的有效性和灵活性。

(1)治理目标与原则。这个指标涵盖公司治理的基本出发点和目标,为整个公司治理体系提供了方向和原则。治理职能和治理根基决定了治理体系的核心内容和基本框架。

（2）战略与价值创造。公司治理需要与公司的战略和管理紧密结合，共同推动企业实现价值创造。这个指标关注公司治理如何与战略发展相辅相成，以及如何在管理层面实现公司战略目标。

（3）董事会与治理文化。董事会作为公司治理的关键组织，需要关注其履职重点、视野范围、利益核心和治理文化等方面。董事的胜任力直接影响公司治理的有效性。治理文化则体现了公司治理在实践过程中的价值观和行为规范。

（4）对外部利益相关者的关系与影响。公司治理需要关注外部利益相关者（如客户、媒体、投资者等）的需求和利益，并通过投资者关系管理等手段维护公司与这些利益相关者的关系。这个指标关注公司治理如何平衡和满足外部利益相关者的利益。

（5）社会责任与环境保护。作为现代企业的基本要求，公司治理需要关注企业的社会责任和环境保护。这个指标关注公司治理如何在实践中践行社会责任，以及如何制定和执行环境保护策略。

（6）信息披露与沟通。透明度和信息披露是公司治理的重要内容。这个指标关注公司治理如何实现有效的信息披露，以及如何与各利益相关者进行沟通。信息披露的目的和时间导向决定了信息披露的效果和公司治理的可信度。

（7）治理实践与自主性。这个指标关注公司治理在实践中如何平衡自主性与强制性要求，以及如何在业务决策和经理层管理中实现治理的有效性。通过对公司治理实践的指导，可以提高公司治理的实践水平和成效。

通过这七个综合指标可以系统揭示公司治理新模式和传统模式之间的差异。新模式更注重价值创造、战略与管理的融合、社会责任和环境保护，以及与外部利益相关者的沟通和关系维护。相较于传统模式，新模式更具现代化特征，能够更好地满足企业发展的需求。

现对公司治理新模式与传统模式进行全面对比。新模式注重企业使命、愿景和社会责任，强调整体利益和长远发展。在战略与价值创造、董事会与治理文化、对外部利益相关者的关系与影响、社会责任与环境保护、信息披露与沟通以及治理实践与自主性等方面，新模式均表现出优势。相比之下，传统模式主要关注短期经济利益，治理实践较为形式化。新模式在多个方面优于传统模式,有助于企业实现可持续发展和长远竞争优势。在未来公司治理实践中,新模式将更具指导性和针对性,有望提高公司治理效果。表 3-2 概括了两种模式在 26 个方面的具体差异。

表 3-2 公司治理新模式与传统治理模式的差异

序号	对公司治理新模式的释义→	公司治理新模式	比较项目	传统治理模式	←对传统治理模式的释义
1	企业运营所服务的目标,通常体现在精神而非物质方面。 "愿景"是一个企业的灵魂,是企业文化的主体,它是贯穿于企业的每个角落以及企业的每个环节的一种组织精神。 建立愿景有助于企业以此为基础制订战略计划,并且为企业提供确立目标的参照标准。把建立一个成功的愿景,作为其制订战略计划过程的一个重要的组成部分。 商业模式是一个由客户价值、企业资源和能力、盈利方式构成的三维立体模式,是综合考虑公司愿景和商业逻辑的智慧成果	愿景和商业模式	治理原点	利润和 ESG	一方面,通过向顾客出售产品、服务,创造利润,为出资人提供投资回报。 利润是创立和运营公司的主要目的。 另一方面,在 ESG 的压力下,需要表现出对 ESG 各个方面的关注和重视。 这两种出发点导致治理理论上的重点模糊,治理实践上的游移不定,管理上的冲突目标,资源配置上的低效
2	以公司健康为治理目标,类比人体的健康,为公司愿景的实现提供机体保障	公司健康	治理目标	单个群体利益最大化或多个群体的利益平衡	股东价值最大化,或者,公司在为股东创造价值的同时也要积极承担社会、环境等方面的责任
3	以价值创造为核心,为公司设计顶层制度,通过决策、激励和监督制度为公司的董事和高管等制定行为规则	价值创造、制度(决策、激励和监督)	治理职能	监督、制度(决策、激励和监督)	以监督为核心,为公司设计顶层制度,通过决策、激励和监督制度为公司的董事和高管等制定行为规则

序号	对公司治理新模式的释义→	公司治理新模式	比较项目	传统治理模式	←对传统治理模式的释义
4	客户是公司收入的唯一来源,不仅决定了公司的利润水平,更决定了公司的市场地位、创造能力和承担社会责任的能力	客户满意,客户信任	治理根基	利润增长、股东价值、盈利能力等	利润是公司治理的主要追求,该指标只能体现出公司新近的财务经营状况,对判断公司未来发展前景所提供的信息非常有限。 对股东价值的追求往往与股价紧密关联,而影响股价的因素纷繁复杂,并且常常过度偏离公司基本面
5	关注愿景与战略、市场地位、创新能力、生产力、财务状况和社会责任等六大维度	公司治理目标的CGO模型六大维度	公司健康	财务状况、市场价值、社会责任等	利润、股票价格、市值、环境保护和社会责任等
6	通过治理基础和治理功能两个模块,既确定公司顶层权力的配置和行使方式,又明确了董事会需要关注的重点、董事会的主要职能和资源管理的范畴,明确了公司治理创造价值的途径和方法	明确	价值创造的路线图	模糊	治理结构和治理机制的治理框架主要侧重于公司顶层决策、激励和监督制度的设计、议事规则的制度和监事会的泛泛监督,治理的价值主要体现为合规,尚不重视价值的创造
7	就像钱德勒提出的"组织结构服从于战略"一样,公司治理新模式下的治理基础和治理功能均以实现公司愿景和战略为目标; 当愿景或战略调整时,公司的治理也需要相应改变	治理服从于战略	公司治理与战略的关系	治理与战略相对独立	在越来越严密和细化的公司治理监管制度和文件的丛林中,合规逐步演化成为公司治理的主要目标; 公司战略与公司治理之间存在明显的距离和隔阂; 公司治理对于战略的实施和战略目标的实现贡献较小

续表

序号	对公司治理新模式的释义→	公司治理新模式	比较项目	传统治理模式	←对传统治理模式的释义
8	在重大决策需要股东会或董事会进行表决的情况下,借助公司治理健康指标,实现对经营的过程控制和结果管理,能够从公司整体层面对经营事项作出评判和管理	决定重大决策,指引和监督公司的经营	公司治理与管理的关系	重决策的制定,轻经营的过程控制和结果管理	股东会和董事会重视重大决策的制定,轻视对决策实施过程的动态监督和管理; 从决策本身对公司决策的执行状况进行评估,公司整体的评估薄弱
9	关注愿景与战略、市场地位、创新能力、生产力、财务状况和社会责任等六大维度,并根据自身、同行和环境的变化相机调整优化。 以公司愿景为治理方向,以公司健康为目标,关注公司健康指数,从公司整体视角审议议案	监测六大指标,并相机优化;制定决策、激励和监督政策;从整体视角审议议案	董事履职重点	制定决策、激励和监督政策; 从个体视角审议议案	制定和完善股东大会、董事会、监事会等治理主体的议事规则; 为公司高管制定激励和约束政策; 对提交董事会的每项议案逐项审议,主要关注议案自身的科学性、合理性和可行性
10	既铭记公司愿景,又关注公司健康状况,以公司的长期可持续发展为主,同时关注短期经营的效率和效果	长期为主,短期为辅	视野范围	短期为主,长期为辅	以利润和股价为主,兼顾环境保护和企业社会责任的承担,在治理视野的范围内,体现出短期为主、长期为辅的特征
11	以公司利益为核心,兼顾其他利益相关者的利益	公司	利益核心	一个或多个利益群体和环境保护	以股东利益为核心,兼顾其他利益相关者(如客户、供应商、销售商、社会等)的利益; 以多个利益群体的利益为核心,尽可能照顾到多方的利益

序号	对公司治理新模式的释义→	公司治理新模式	比较项目	传统治理模式	←对传统治理模式的释义
12	股东会和董事会只负责组织的长远战略和与组织长远利益有关的重大事情；大部分决策权下放给中下层，当部门之间发生争执时，主要由它们自己协调解决；向核心员工"分享所有权"或"分享剩余收益权"，启动他们内心的主动意识；员工不仅是"指令"的执行者，还是问题提出和解决的主动者。把更多的决策权下放给中下层，充分发挥中下层的积极性、主动性和创造性，组织充满活力	信任为主，监督为辅；自上而下的目标和自下而上的能动	治理文化	监督为主，信任为辅；自上而下的权力和自下而上的报告	自上而下的权力和自下而上的报告。大部分决策权掌握在公司的股东会和董事会手中，由它们负责配置资源，当部门之间发生矛盾时，主要是由它们进行协调。中下层员工的决策权限和范围小，主动性较弱，组织活力不足
13	构建了胜任董事工作的SELM模型，从义务、技能、行为和基础设施四个方面构建了做好董事工作所需要的自身条件和外部环境。为董事个人、董事会、出资人、投资者和监管机构提供了新的工作思路和参考工具	清晰	董事的胜任力	含混	《中华人民共和国公司法》《上市公司独立董事履职指引》，各公司的章程和董事会议事规则等法律、规定和文件中，均未对履行董事职责需要具备什么样的知识和技能作出说明
14	客户是公司收入的唯一来源，客户满意、客户信任是为投资者提供回报的必要条件，是达成公司愿景的前提条件，因此在新的公司治理模式下，客户处于核心地位	核心	客户的地位	服从于投资者	以回报投资者为第一目标，客户的满意和利益被置于附属位置。在传统的治理模式下，当投资者与客户的利益相冲突时，优先保障投资者的利益

续表

序号	对公司治理新模式的释义→	公司治理新模式	比较项目	传统治理模式	←对传统治理模式的释义
15	在公司愿景和战略的指导下,公司的决策和运营具有高度的计划性,并经过严谨的科学性论证,会关注媒体的声音,但是不会受其左右	较小	媒体对公司的影响	较大	公司不仅高度关注媒体的观点和评论,甚至主动迎合媒体的主张
16	在公司愿景和战略的指导下,公司的决策和运营具有高度的计划性,并经过严谨的科学性论证,会关注机构投资者的声音,并与其积极沟通和交流,但是不会受其左右	较小	机构投资者对公司的影响	较大	机构投资者凭借在资本、专业知识和人员上的优势,通过行业研究、公司研究、投资策略发布、实地调研、盈利预测等方式,对公司的治理和管理产生明显影响,甚至出现披露公司业绩迎合机构业绩预测的极端情况
17	不以所有投资者满意为投资者关系管理的目的,注重与认同公司愿景、发展战略的投资者的关系管理,重视公司长期价值的沟通和投资者回报	沟通价值、强调与特定类型投资者的关系管理	投资者关系管理的目的	尊重投资者、回报投资者、保护投资者	由于投资者对股价、ESG 等高度关注,公司的经营重点模糊,资源配置效率低,过多关注短期业绩,长期发展潜力受损
18	强调与特定类型投资者的公司长期价值的沟通,有利于公司从长计议,提高公司资源的配置效率和效果,给投资者带来可期和稳定的回报,投资者关系管理的难度变小,投资者满意度高	难度小	投资者关系管理的难度	难度大	不同类型投资者的需求存在明显差异,甚至相互矛盾,公司无法在某一个时间点上满足不同投资者的所有需求,投资者管理的难度大、效果差、满意度低
19	在公司治理的新模式中,社会责任是公司治理健康指标中的一个,承担社会责任被有机嵌入公司发展战略。企业承担社会责任服务于公司健康的总目标,是公司主动的战略性行为	主动性、战略性	对企业社会责任的态度	被动性、策略性	为了回应社会、媒体和部分投资者等对企业承担社会责任的呼吁,公司开始承担企业社会责任,但是主要表现为一种被动的策略性行为

序号	对公司治理新模式的释义→	公司治理新模式	比较项目	传统治理模式	←对传统治理模式的释义
20	通过创新技术、新材料、新工艺、低消耗等方法主动承担社会责任	以前端策略为主	环境保护策略	以末端策略为主	对于生产过程中排出的废物,在污染控制设施中进行的净化处理,譬如过滤、脱硫和分解等
21	披露公司愿景和战略信息,向公司外部积极披露公司治理的健康指标状况,让投资者充分地了解公司,吸收认同公司愿景和发展战略的投资者相伴而行、共筑未来	以传播价值为主	信息披露的目的	以合规为主	按照相关部门的规定和文件要求,按部就班地披露信息,合规是信息披露的主要目的
22	以传播价值为信息披露的目的,在披露公司过去经营信息的基础上,采用未来导向的主导策略,向投资者披露公司未来"向何处去""如何去"等方面的战略和策略性内容,披露的信息以未来为导向,战略性地披露未来发展的内容	未来导向	信息披露的时间导向	历史导向	以合规为信息披露的目的,按照相关规定,对内容进行披露,较少从公司愿景和发展战略角度考量,披露的信息以历史情况为主,较少涉及未来发展
23	借助公司治理健康指标,实现对公司业务的过程监控,但不会干预业务的展开和管理	关注而不干预	对公司业务的政策	不关注、不干预	对公司业务采取不关注、不干预的态度,由经理层相关人员自主管理
24	借助科学的决策思维方法,董事会议案审议过程不仅能够培育董事会的科学决策文化,而且敦促经理层在拟定议案和制定决策时也遵循科学的流程、采用科学的方法	治理提升管理的科学化	对经理层的影响	治理对管理的影响较小,甚至产生负面影响	董事会对议案的审议方法和程序因人而异、因公司而异,没有一套统一的基本方法可参考。同时,同一公司董事会在不同时期审议程序和方法也会有所改变。董事会的这种议事风格对经理层的科学决策和管理产生消极影响

续表

序号	对公司治理新模式的释义→	公司治理新模式	比较项目	传统治理模式	←对传统治理模式的释义
25	新的治理模式实现了从合规向公司健康的理念转换,把治理的强制性规定和要求纳入服务于公司愿景达成的自主性治理的麾下,在治理的底层逻辑上实现了为我所用的效果,把强制性治理与自主性治理都纳入为公司创造价值的同一个治理和决策逻辑	自主性治理为主,强制性治理为辅	治理的自主性	强制性治理为主,自主性治理为辅	以合规为主要目的的传统治理模式下,公司治理主要是按照监管要求,搭建治理组织,制定治理制度,召开股东会和董事会,依法按章履行相关职能。随着治理文件的日益丰富和不断升级,这些强制性的治理要求已经成为公司治理的主要内容,甚至让公司董事会疲于应付,自主性治理的动机薄弱,自主治理的行为更是微乎其微
26	治理功能模块为公司治理创造价值提供具体的路径和方法,董事会关注和监控公司治理的健康指标,通过决策、激励和监督三大功能,实现对公司资源的有效管理,保持公司的健康发展,达成公司的愿景	提供了明确的行动方向和路线	对公司治理实践的指导性	通用性、原则性的规定使公司治理形式化	"公司治理准则"与"公司治理最佳实践"在传统公司治理模式下的盛行和备受推崇,使全球公司治理模式的趋同化越来越严重,使公司治理实践的统一化越来越盛行,然后,治理为公司创造价值的途径、逻辑和效果越来越模糊,为治理而治理的形式化愈演愈烈

（一）治理目标与原则

公司治理新模式与传统模式在治理原点、目标、职能和根基方面存在显著差异。新模式更注重企业的使命、愿景和社会责任,强调整体利益和长远发展,以价值创造为核心。传统模式主要关注利润和ESG,以监督为核心。新模式以客户满意和信任为基础,倡导客户为核心的发展理念。相比之下,传统模式以追求短期经济利益为主要目标。新模式在价值观、目标导向、战略规划、组织文化和对社会和环境责任等方面有显著优势,有助于企业实现可持续发展和长远竞争优势。

本部分比较了公司治理新模式与传统模式在战略与价值创造方面的差异。新模式通过公司治理目标的 CGO 模型六大维度全面评估企业健康状况,强调创新能力、生产力、社会责任、愿景与战略等多方面因素。传统模式主要关注财务状况、市场价值等方面。新模式提供了明确的价值创造路径和方法,有利于实现公司健康和可持续发展。传统模式关注合规性,对价值创造的具体实施路径缺乏明确指导。新模式强调治理服从于战略,将公司愿景和战略作为治理的核心目标,有助于推动公司战略的实施和战略目标的实现。传统模式将治理与战略相对独立,主要关注合规性。在公司治理与管理的关系方面,新模式强调在制定重大决策的同时,关注指引和监督公司的经营。传统模式主要关注重大决策的制定,较少关注决策实施过程的动态监督和管理。

本部分主要讨论公司治理新模式与传统模式在董事履职重点、视野范围、利益核心、治理文化和董事胜任力五个方面的差异。新模式的董事更注重公司整体发展,关注愿景、战略、创新等六大维度,强调长期为主、短期为辅的原则,并将公司利益作为核心。治理文化上强调信任为主,监督为辅,鼓励员工主动性。新模式明确董事胜任力要求,有助于提升个人能力和公司治理水平。相比之下,传统模式的董事关注内部管理和具体事务,以短期为主、长期为辅,关注特定利益群体,治理文化以监督为主,信任为辅。传统模式对董事胜任力要求含混,可能导致董事能力不足以胜任职责。总体而言,新模式在多个方面优于传统模式,有助于公司健康和可持续发展。

公司治理新模式与传统模式在客户地位、媒体与机构投资者对公司影响、投资者关系管理的目的与难度方面存在显著差异。新模式以客户为核心,关注长期价值和特定类型投资者,提高客户满意度和企业竞争力。传统模式则可能忽视客户需求,过于关注短期业绩和股价表现。新模式在媒体和机构投资者对公司影响方面表现出较小的波动,有利于企业稳定发展;而传统模式易受外部影响,导致战略实施波动。在投资者关系管理方面,新模式降低了管理难度,提高了投资者满意度;传统模式则难以同时满足不同投资者的需求,投资者满意度较低。总体而言,新模式更有利于实现公司愿景、战略目标和可持续发展。

（五）社会责任与环境保护

公司治理新模式与传统模式在社会责任与环境保护方面也存在显著差异。新模式强调企业社会责任的主动性和战略性，将其融入发展战略，实现和谐共生，而传统模式在承担社会责任时表现为被动性和策略性。在环境保护策略方面，新模式注重前端策略，通过创新技术、新材料等减小对环境的影响，显示出较强的主动性；传统模式则侧重末端策略，主要对生产过程中产生的废物进行处理，表现为被动性。总之，新模式在社会责任与环境保护方面更具主动性、战略性和可持续性，有助于提升企业品牌形象、社会声誉和竞争优势。

（六）信息披露与沟通

公司治理新模式与传统模式在信息披露与沟通方面有显著差异。新模式注重传播价值，积极披露公司愿景、战略和治理健康状况，有助于建立稳定的投资者关系，促进可持续发展。传统模式以合规为主，可能无法充分传达公司价值观和发展战略。在时间导向上，新模式关注未来发展，有利于投资者了解公司潜力，对决策更有依据；传统模式以历史为主，可能忽略公司未来发展。总之，新模式在信息披露与沟通上更具前瞻性和价值导向，有助于提升企业品牌形象和市场竞争力。

（七）治理实践与自主性

本部分比较了公司治理新模式与传统模式在治理实践与自主性方面的差异。新模式强调关注业务发展，科学决策，以自主性治理为主，使公司治理更具针对性和有效性。传统模式则以合规为主，强调强制性治理，容易导致公司治理与业务发展脱节。新模式鼓励企业根据自身战略目标进行治理实践，从而实现公司资源的有效管理，保持公司的健康发展。相比之下，传统模式通常较为形式化，缺乏针对性，影响公司治理的实际效果。总之，新模式在治理实践与自主性方面具有更强的指导性和针对性，有助于提高公司治理效果。

董事在公司治理过程中需要具备理性、辩证、系统和创新的思维能力。理性思维能力有助于根据逻辑、证据和原理作出明智决策，提高决策质量；辩证思维能力让董事从整体和发展的角度解决问题，寻求最佳方案；系统思维能力强调整体和相互关联的角度，结合长期视角和战略性思考，在复杂环境中作出明智决策；创新思维能力促使董事鼓励创新，尝试新方法，整合资源，通过创新驱动的决策和领导力推动企业发展。综合这些思维能力，董事在公司治理过程中可以有效提升个人和董事会效率，领导企业实现健康发展。

理性思维能力是指在决策过程中，根据逻辑、证据和原理作出理性判断的能力。它包括逻辑分析与推理、客观评估和批判性思维以及决策过程中的理性抉择。理性思维能力对于董事在公司治理中的决策至关重要，有助于提高决策的质量和有效性。

逻辑分析与推理是理性思维的基础，要求董事在面对问题和决策时，能够运用逻辑方法和原则进行分析和推导。这需要董事具备扎实的逻辑知识和技能，能够识别和消除思维偏差，避免非理性的决策。例如，公司面临一项重大投资决策，董事需要根据市场分析、财务预测等信息，运用逻辑分析与推理方法，判断该投资项目是否符合公司的战略目标和风险承受能力。在这个过程中，董事需要识别潜在的思维偏差，如过度自信、群体思维等，以确保决策的理性和客观。

逻辑分析与推理的能力在企业决策过程中具有重要意义。一个生动的例子是 IBM(国际商用机器公司)的前任 CEO(首席执行官)路易斯·V. 郭士纳 (Louis V. Gerstner Jr.)在 20 世纪 90 年代初成功扭转了 IBM 的颓势。当时，IBM 面临严重的财务危机，市场份额急剧下滑。郭士纳凭借出色的逻辑分析与推理能力，识别出 IBM 的核心问题在于过于依赖硬件销售，忽视了服务和软件的市场需求。基于这一分析，他果断调整了 IBM 的战略方向，大力发展服务和软件业务，最终成功带领 IBM 走出困境。这个例子表明，逻辑分析与推理能力对于董事在企业决策中的作用是至关重要的。通过运用逻辑方法和原则，董事能够更准确地分析问题，避免受到非理性因素的干扰，从而作出明智的决策，推动企业实现持续发展。

二、客观评估和批判性思维：独立判断与问题解决

客观评估和批判性思维是理性思维的核心要素，要求董事在决策过程中，能够对信息和观点进行客观、全面的评估，从而作出更明智的判断。批判性思维涉及分析问题的不同方面，提出疑问和建议，以制订最佳解决方案。以公司的市场营销策略为例，董事需要对各种营销方法和手段进行客观评估与批判性思考，以确保所选策略符合公司的市场定位和品牌价值。这可能包括：对现有策略的有效性进行评估，比较不同的市场营销方法，以及审视潜在的市场风险和机遇。

客观评估和批判性思维在企业决策中具有重要价值。一个典型的例子是宝洁在 21 世纪 00 年代初期的市场营销策略。当时，宝洁面临激烈的市场竞争和营销成本的不断上升。公司董事会成员充分运用客观评估和批判性思维，发现传统的大规模广告投放策略已不再适应市场需求。他们认为，新的营销策略应更注重与消费者的互动和沟通。基于这一洞察，宝洁决定调整市场营销策略，大力发展数字营销和社交媒体推广。这一举措帮助宝洁在市场竞争中脱颖而出，提升了品牌知名度和市场份额。这个例子表明客观评估和批判性思维能力对于董事在企业决策中的重要性，有助于其发现问题、优化决策，从而推动企业持续发展。

三、决策过程的理性应用：有效平衡与选择

决策过程中的理性抉择是指在面对多种选择时，能够根据事实、证据和原则，作出最符合公司利益和战略目标的决策。这要求董事具备充分的信息收集

和分析能力,以及在权衡不同利益和风险时作出明智判断的能力。在决策过程中理性抉择时,董事需要考虑多种因素,如公司的长期战略目标、竞争环境、法规和政策要求以及公司内部的资源和能力等。此外,董事还需要关注公司的利益相关者,如股东、员工、客户和社会等,确保决策在满足公司利益时,兼顾这些利益相关者的需求。以公司的并购决策为例,董事在决策过程中需要对目标公司的价值和潜力进行全面评估,同时考虑并购对公司财务、市场和组织结构等方面的影响。在权衡不同的并购方案时,董事需要运用理性思维能力,综合分析各种利弊,作出最有利于公司的抉择。

一个实际案例是谷歌在 2006 年收购 YouTube。当时,谷歌面临多个潜在的收购目标,但公司董事会通过理性分析和抉择,最终决定收购 YouTube。这一决策考虑了多种因素,如市场潜力、竞争态势和公司战略目标等。谷歌的董事会还考虑了收购对利益相关者的影响,如用户体验和广告商利益等。这一理性抉择给谷歌带来了巨大的成功,使公司在在线视频市场中占据了领先地位。这个例子表明,董事在决策过程中的理性抉择能力对于公司的成功至关重要。通过全面、客观地分析信息,兼顾各种利益和风险,董事能够为公司作出最有利的决策,推动公司健康发展。

第 节 辩证思维能力,应对复杂问题的关键

辩证思维能力是指在分析和解决问题时,能够从整体和发展的角度把握事物的内在矛盾和规律,综合运用事物的对立统一原理、因果律和事物发展的阶段性原理等方法,以寻求最佳解决方案。对于董事来说,辩证思维能力在公司治理决策中具有重要意义。

一、识别问题的矛盾和根本原因,提升决策的有效性

识别问题的矛盾和根本原因是辩证思维能力的关键因素。在公司治理中,董事需要深入挖掘问题背后的矛盾,找出问题的根本原因,以便采取针对性的措施予以解决。在这一过程中,董事应积极运用辩证思维,关注事物的内在联系和发展趋势,避免过于简单化和僵化的思维方式。例如,面对企业的业绩下滑问题,董事需要辩证地分析影响业绩的内外部因素,如市场竞争、产品创新、组织结构、企业文化等,找出问题的矛盾和根本原因,从而制定有效的应对策略。

以诺基亚的典型案例为例,早在 21 世纪之初,诺基亚是全球最大的手机制造商,占据市场的领导地位。然而,随着苹果和安卓系统的崛起,诺基亚逐渐丧

失市场份额。在这一过程中,诺基亚的董事会需要识别问题的矛盾和根本原因。通过辩证思维分析,他们发现诺基亚在创新、市场趋势和企业文化等方面存在问题。识别这些问题后,诺基亚开始调整战略,重点关注创新、企业文化和市场趋势。然而,尽管诺基亚作出了一定的努力,但最终未能在智能手机市场取得成功。这个例子表明,识别问题的矛盾和根本原因是解决问题的关键,但执行策略和时机同样至关重要。

二、分析和平衡相关因素:全面把握问题本质

分析和平衡相互关联的因素是辩证思维能力的另一个重要方面。在公司治理决策中,董事需要充分考虑各种相互关联的因素,避免过于强调某一方面而忽略其他方面的影响。这要求董事具备辩证地处理事物之间的关系和矛盾的能力,以确保决策的合理性和有效性。例如,在制定企业的发展战略时,董事需要综合考虑市场需求、竞争对手、公司资源和能力、政策环境等多方面因素,从整体和发展的角度制定合适的战略方向和目标。

以特斯拉为例,该公司在电动汽车行业的领导地位可以归因于其成功地分析和平衡了多个相互关联的因素。首先,特斯拉通过对市场需求的深入了解,发现消费者越来越关注环保和可持续发展。此外,特斯拉还密切关注政策环境,因为许多国家开始实施碳排放限制政策,这对电动汽车市场的发展产生了积极影响。同时,特斯拉充分考虑了竞争对手和自身的资源和能力,不断推出创新产品和技术,以保持市场竞争优势。在这个过程中,特斯拉的董事会成功地平衡了多个相互关联的因素,包括市场需求、政策环境、竞争态势和公司能力。通过这种辩证思维,特斯拉制定了一个既符合市场需求又具有竞争力的发展战略,从而取得了显著的业绩。

三、变化与发展中决策应对:灵活应变

在变化与发展中作出决策是辩证思维能力的核心体现。在复杂的商业环境中,董事需要随时关注外部环境的变化和企业自身的发展,及时调整决策,以适应不断变化的市场和竞争态势。这要求董事具备在变化中把握事物规律、及时调整策略的辩证思维能力,确保企业在不断变化的环境中保持竞争力和发展活力。例如,在技术创新和市场变革的情况下,董事需要及时识别变化的趋势和机遇,根据企业的实际情况调整战略方向,实现企业可持续发展。这可能包括调整产品和服务的组合、投资新兴产业或技术、加强与合作伙伴的战略合作等。以IBM为例,这家公司成功地从一家硬件制造商转型为一家提供软件和

服务的科技巨头,这要归功于其董事会在面对市场变化时,及时调整战略方向,适应不断变化的市场和竞争环境。

辩证思维能力的培养是一项长期的任务,需要董事在实践中不断积累经验,增强对事物发展规律的把握能力。同时,企业董事可以借鉴经济学、管理学、心理学等多学科的理论和方法,加强对辩证思维能力的理论学习,提升决策质量和效果。在这个过程中,董事需要充分运用辩证思维,关注事物的内在联系和发展规律,避免片面和静止的思考。

系统思维能力是指董事在决策过程中能够从整体和相互关联的角度出发,结合长期视角和战略性思考,在复杂环境中作出明智决策的能力。系统思维能力有助于提高公司治理的有效性,促进企业可持续发展。

系统思维强调整体观念,要求董事在决策过程中关注各个部分之间的相互关联性。企业是一个复杂的系统,既包括内部各部门、员工、产品、服务等诸多因素,还包括外部的市场、客户、竞争对手等环境因素。系统思维要求董事在分析问题和制定策略时,充分考虑这些因素之间的互动关系,确保整体协调发展。例如,当企业面临产品线扩展的决策时,董事需要考虑产品线扩展对市场定位、研发、生产、销售等各个环节的影响,以及对竞争对手、供应链伙伴、客户等外部利益相关者的影响,确保决策的可行性和效果。

以苹果公司为例,其在推出新产品如 iPad 和 Apple Watch 时,不仅关注产品设计和功能的创新,还充分考虑这些新产品与现有产品线、应用生态系统、供应链等方面的协同效应和相互影响。首先,它注重构建一个完整的产品生态系统,包括硬件、软件和服务。iPhone、iPad、Mac 和 Apple Watch 等硬件产品与iOS、macOS 等软件系统相互支持,同时还有 iCloud、Apple Music、App Store等服务提供统一的用户体验。这种整体观念和相互关联性的设计让苹果的产品更具吸引力,提高用户黏性。其次,苹果公司高度重视供应链管理,与供应商建立紧密合作关系以确保产品的高质量和及时供应。同时,苹果公司还密切关注供应链的可持续性,推动供应商实现环保、社会责任等方面的改进。此外,苹果公司精心制定市场营销策略,将新产品与现有产品线、品牌形象等相互关联。通过大型发布会、广告宣传和门店体验等方式,展示产品的创新性和独特价值,吸引消费者关注。再次，苹果公司强调跨部门协同，鼓励设计、研发、生产、销售等部门之间的沟通与合作。这种协同工作方式有助于确保各个部门在新产品开发和推广过程中保持一致，提高整体效率。最后，苹果公司培育了一种以创新为核心的企业文化，鼓励员工不断尝试新方法和思路，挖掘潜在的市场机会。这种创新文化使得苹果公司不断推出具有颠覆性的产品和服务，保持市场竞争力。总之，苹果公司在多个方面展现了整体观念和相互关联性，包括产品生态系统、供应链管理、市场营销策略、跨部门协同和创新文化等。这些做法使得苹果能够在激烈的市场竞争中保持领先地位，实现可持续发展。

此外，系统思维能力还包括识别潜在的负面反馈循环和协同效应。例如，过度追求成本节约可能导致产品质量下降，进而影响企业声誉和客户满意度，最终导致销售和盈利下滑。

二、动态平衡与长期视角：战略规划

系统思维能力还要求董事具备动态平衡和长期视角。在公司治理决策中，董事需要关注企业的长期发展目标，避免过度关注短期业绩，确保在各种竞争压力和市场变化下实现可持续发展。

以亚马逊为例，其创始人贝索斯（Bezos）始终强调长期投资和客户满意度。尽管公司早期亏损严重，但贝索斯仍坚持投资基础设施、技术创新和市场拓展，最终实现了企业的持续发展和市场领导地位。其主要做法如下：第一，重视客户体验。亚马逊始终以客户为核心，不断优化购物体验和提升客户满意度。例如，亚马逊推出了"一键购买"功能、无缝退货政策和 Amazon Prime 会员服务等，以提高客户的购物体验和忠诚度。这种以客户为中心的理念使亚马逊在激烈的市场竞争中保持竞争优势。第二，加强投资基础设施建设。亚马逊早期投资大量资金建设自己的物流基础设施，如分布式仓储、配送中心和先进的物流系统。虽然这些投资导致短期亏损，但长远来看，这些基础设施给亚马逊带来了高效的运营和低成本。第三，增强技术创新。亚马逊不断进行技术创新，如开发自家的云计算服务 AWS（亚马逊网络服务）、推出智能音响 Echo 和 AI 助手 Alexa 等。这些创新成果不仅推动了亚马逊业务的多元化发展，还巩固了其在市场中的领导地位。第四，不断进行市场拓展。亚马逊通过收购、合作和自主发展等方式，不断进入新市场和领域。例如，亚马逊收购 Whole Foods Market，进军实体零售市场；推出 Amazon Go，探索无人零售新模式。这些举措使亚马逊能够持续扩大市场份额，提高企业价值。第五，鼓励内部创新。亚马逊鼓励员工提出新点子和尝试新方法。贝索斯曾表示："失败和创新是不可分割的双胞胎。"通过内部创新,亚马逊不断实现产品和服务的优化,给企业带来持续增长。

为了实现动态平衡与长期视角,董事需要具备敏锐的洞察力,关注外部环境的变化趋势,以便及时调整战略。此外,董事还需要具备跨学科知识,以便理解各种领域的发展趋势和影响因素,为企业制定适应性的战略。

三 复杂环境中的明智决策:应对挑战

系统思维能力有助于董事在复杂环境中作出明智决策。面对不确定性和变革,董事需要运用系统思维能力,全面分析内外部因素,把握企业发展的趋势和动态,为企业制定合适的战略和政策。

在复杂环境中,董事需要具备敏锐的洞察力,把握市场变化和竞争态势,识别企业面临的机遇和挑战。此外,董事还需要具备高度的适应性,根据外部环境的变化,及时调整企业的战略和政策,确保企业在不断变革中保持竞争优势。例如,在行业技术革新的情况下,董事应运用系统思维能力,全面分析技术变革对企业产品、服务、市场、竞争等方面的影响,制定相应的技术创新、人才培养、市场拓展等策略,确保企业在技术变革中抓住机遇,提升竞争力。

以诺基亚为例,其在智能手机市场崛起初期未能及时识别市场趋势和技术创新的重要性,导致市场份额严重下滑。相反,苹果公司在面临同样的技术革新挑战时,成功抓住机遇,推出了革命性的 iPhone 产品,从而占据了市场领导地位。

第四节 创新思维能力:引领企业发展的驱动力

创新思维能力是指董事在决策过程中能够鼓励创新,尝试新方法,运用跨界思维,整合资源,以及通过创新驱动的决策和领导力推动企业发展的能力。创新思维能力对于企业的持续竞争力和发展具有重要意义。

一 鼓励创新、尝试新方法:激活创造力

董事在决策过程中需要具备创新思维能力,鼓励企业在产品、服务、管理、市场等领域进行创新尝试。创新是企业发展的关键驱动力,能够给企业带来新的机遇和竞争优势。董事需要在决策过程中具备开放的心态,愿意尝试新方

法,创造有利于创新的环境和条件。例如,在企业面临市场竞争加剧的情况下,董事可以鼓励研发团队尝试新的技术和产品,以求在市场中脱颖而出。同时,董事可以通过制定激励政策,如发奖金、晋升等,激发员工的创新激情和积极性。

以谷歌为例,公司一直以创新著称,其管理层鼓励员工在工作时间内花费20%的时间从事自己感兴趣的项目。这种创新文化给公司带来了许多成功的产品,如 Gmail、Google Maps 和 Google AdSense 等。

此外,董事还需要具备敏锐的市场洞察力,以便发现潜在的市场机会和创新点。这将有助于企业及时调整战略方向,把握市场先机,给企业带来长期竞争优势。

二、跨界思维和整合资源：创新战略构建

创新思维能力要求董事具备跨界思维,能够在不同领域和行业之间进行知识和资源整合,促进企业创新和发展。跨界思维有助于董事发现新的商业模式和市场机会,提高企业的竞争力。例如,苹果公司在发展过程中成功地整合了消费电子、计算机、通信等多个领域的技术和资源,创造了 iPhone、iPad 等具有颠覆性创新的产品,从而使苹果成为全球最具价值的公司之一。

跨界思维对董事而言,意味着要打破传统思维模式,愿意从其他行业和领域汲取经验和灵感,以实现企业的战略目标。此外,董事还需要具备强大的资源整合能力,以便在企业内部和外部寻找到合适的合作伙伴,实现资源共享和优势互补。

以特斯拉为例,该公司在发展电动汽车时,不仅借鉴了汽车制造领域的经验,还整合了能源、环保等相关领域的技术和资源,为消费者提供绿色、可持续的交通解决方案。首先,在发展过程中,特斯拉不仅将自身定位为一家汽车制造商,而且将电动汽车、清洁能源和自动驾驶技术等多个领域融合在一起,形成了独特的商业模式。这种跨界思维使得特斯拉在电动汽车市场中具有显著的竞争优势,引领了行业的发展方向。其次,特斯拉在研发过程中积极整合不同领域的技术和资源。例如,通过与供应商、合作伙伴及研究机构的紧密合作,特斯拉在电池技术、驱动系统、充电基础设施等方面取得了突破性进展。这种整合资源的能力使得特斯拉能够迅速将最新技术应用于产品中,提高产品性能和市场竞争力。最后,特斯拉还将跨界思维应用于市场营销和品牌建设。例如,通过与太阳能公司 SolarCity 合作,特斯拉将太阳能板和家庭储能设备与电动汽车相结合,打造了一种全新的绿色生活方式。这种跨界思维不仅提高了特斯

拉产品的附加价值,还增强了品牌形象和吸引力。总之,特斯拉在跨界思维和整合资源方面的成功实践为其他企业提供了有益的借鉴。董事可以从特斯拉的案例中学习如何运用跨界思维和整合资源的能力,以促进企业创新和发展,实现可持续竞争优势。

创新思维能力对于董事的决策和领导力具有重要影响。在决策过程中,董事需要关注创新对企业战略目标和核心竞争力的影响,将创新作为推动企业发展的关键因素。同时,董事需要运用创新驱动的领导力,激发组织内部的创新活力,引导员工积极参与创新实践,促进企业在不断变化的市场环境中保持竞争优势。例如,谷歌公司的前 CEO 埃里克·施密特(Eric Emerson Schmidt)在领导期间,大力倡导创新文化,鼓励员工花费 20% 的工作时间从事个人感兴趣的项目。这一创新文化给谷歌带来了许多成功的产品和服务,如 Gmail、Google News 等,展示了创新驱动的决策和领导力在企业发展中的重要作用。

创新驱动的领导力要求董事具备对创新价值的敏锐洞察力,为企业营造一个支持创新和容错的氛围。这包括树立合适的激励机制,平衡风险和回报,以及建立有效的沟通渠道,以确保组织内部的信息流动和创意共享。

在实践中,创新驱动的决策和领导力可以帮助董事识别和把握市场中的变革机遇,从而使企业在激烈的竞争中立于不败之地。例如,宝洁公司在过去的几十年里,一直致力于创新,通过与外部合作伙伴的紧密合作,不断推出新产品,保持了企业在快速消费品行业的领导地位。

董事作为企业的重要决策者和领导者,他们的综合思维能力对企业的发展具有重要影响。在公司治理过程中,董事需要将理性思维、辩证思维、系统思维和创新思维等多种思维方式结合起来,以提升个人和组织效率,领导企业实现卓越发展。

董事在实际工作中需要运用多种思维模式,以应对不同的挑战和问题。例如,当面临复杂的战略问题时,董事需要运用理性思维对各种信息进行分析和评估,同时运用辩证思维找出问题的矛盾和根本原因。在此基础上,通过系统思维对企业的整体情况进行把握,为企业制定长远的战略规划。同时,董事还需要具备创新思维,勇于尝试新方法,以推动企业不断创新和发展。

以特斯拉为例,该公司的董事在面临电动汽车行业的挑战时,成功地运用了多种思维模式。首先,通过理性思维分析了市场需求、技术进步和政策支持等多方面的信息。其次,运用辩证思维识别了传统燃油汽车与电动汽车之间的矛盾,并找出了企业在新能源领域的突破点。再次,通过系统思维整合了企业的资源和能力,制定了全球战略和市场拓展计划。最后,运用创新思维推动了企业在产品设计、生产模式和销售渠道等方面的创新,使特斯拉成为全球电动汽车市场的领导者。

二、提升个人和组织效率：协同发展与共赢

董事通过运用综合思维能力,可以有效提升个人和组织的效率。例如,当面临团队协作问题时,董事可以运用系统思维和创新思维,调整团队结构和工作方式,以提高团队的协同效率。同时,董事还可以运用理性思维和辩证思维,对团队成员的工作进行客观评估,为他们提供有针对性的指导和建议,从而提高团队整体的工作效率。

以亚马逊为例,该公司在推进组织效率方面,采用了所谓的"两披萨团队"理念。这种理念强调团队规模的小型化和高度自治,以提高协同效率和创新能力。董事通过运用系统思维和创新思维,调整组织结构,使各个团队能够快速响应市场变化,保持敏捷和灵活。

此外,董事还可以通过运用理性思维和辩证思维,深入了解团队成员的需求和能力,为他们提供针对性的培训和发展机会。这种个性化的管理方式可以提高员工的工作满意度和绩效。

董事的综合思维能力对企业的卓越发展具有重要意义。运用综合思维能力,董事可以从多个维度分析企业所面临的问题和挑战,为企业制定合适的发展策略。同时,董事还可以通过运用创新思维和系统思维,推动企业不断创新,适应市场的变化和发展,从而实现企业的持续竞争优势。

以苹果公司为例,前任 CEO 史蒂夫·乔布斯(Steve Jobs)在公司发展过程中展现了卓越的综合思维能力。首先,他运用理性思维,深入了解市场需求,发现用户对个性化、简洁的消费电子产品的渴望。其次,乔布斯通过辩证思维,观察并分析竞争对手产品中的复杂性和用户界面不友好等问题,从而

找到了苹果产品的独特定位。再次,他借助系统思维,对苹果公司的组织结构和战略定位进行了重新规划和整合,使得公司更加高效和协调。最后,乔布斯凭借创新思维,引领苹果公司开发出一系列革命性的产品,如 iPod、iPhone 和 iPad 等。

正是由于乔布斯出色的综合思维能力,苹果公司得以在短短几年从一家濒临破产的公司迅速崛起成为全球最有价值的企业之一。这个例子说明了董事的综合思维能力在推动企业卓越发展过程中的关键作用。

第五章

员工参与治理：释放活力

随着全球化和技术的飞速发展，企业面临的经营环境日益复杂和不确定。在这种环境下，传统的公司治理模式，即主要依赖股东、董事会和高层管理团队进行决策，逐渐显现出其局限性。一方面，这种从上而下的决策模式可能忽略了企业内部的多样性和创新潜能；另一方面，由于高层管理者距离企业的前线较远，他们的决策可能并不总是最佳的，也可能未充分反映市场的实际需求和变化。

这种传统的公司治理结构在很多情况下已经无法满足企业快速响应市场变化、提高竞争力和创新能力的需求。更重要的是，随着社会对企业社会责任和可持续发展的关注度越来越高，单纯追求股东价值的公司治理模式也受到了越来越多的质疑。在这种背景下，如何改革和优化公司治理，使之更加高效、公正和可持续，成为学术界和企业界都关注的热点问题。

在寻找公司治理改革的新路径时，员工参与逐渐浮现为一个有潜力的创新方向。员工是企业的基石，他们直接面对市场，与客户互动，为企业创造价值。因此，他们不仅对企业的业务有深入的了解，而且对市场的变化和客户的需求有敏锐的洞察。如果能够有效地将员工的知识、经验和创意纳入公司的决策过程，不仅可以提高决策的质量和效率，还可以增强企业的创新能力和竞争力。

尽管员工参与治理具有巨大的潜在价值，但在实施过程中，企业可能会遇到多种障碍，如管理层的抵触、沟通障碍、文化障碍、资源限制和缺乏明确的参与结构和程序。本章对这些障碍进行了深入探讨，并提供了相应的应对策略。例如，通过管理层的培训和员工参与的试点项目来克服管理层的抵触，或通过多渠道的沟通机制和决策透明度来解决沟通障碍。本章内容的框架如图 5-1 所示。

可持续发展

业务质量提高　　高效运作

专业决策　　　　　　　　　企业文化
　　　　　　　　　　　　　正面塑造

确定参与层次　　　　四大价值　　　管理层的抵触

培训与教育　　　　　　　　　　　　　　沟通障碍

文化与价值观　　五大关键策略　　员工参与　　五大障碍　　　文化障碍
　　　　　　　　　　　　　　　治理　　　及对策

时间与资源管理　　　　　　　　　　　　　　　　资源限制

　　反馈与奖励机制　　　　　　　缺乏明确的参
　　　　　　　　　　　　　　　　与结构和程序

企业的高质量发展

第一节　员工在公司治理中的角色

在探讨员工在公司治理中的角色时，我们可以从三个不同的学科视角进行考察：经济学、心理学和法学。这些视角有利于我们对员工参与进行不同理解和深入洞察，有助于我们全面地认识其在公司治理中的价值。

一　经济学视角：从"买菜"到"做饭"的过程

在经济学的框架中，资源如何分配和使用以最大化效率与价值是核心议题。公司本质上就是一个综合了多种资源的组织体，旨在创造价值并为股东和其他利益相关者提供回报。员工作为生产过程中的关键因素，既是生产资源，又是价值创造者。

让我们用一个简单的比喻来进一步深化这个概念：一个公司的运作就像烹饪过程。你可以有顶级的食材和设备（即资源和资本），但如果没有合适的厨师（员工）和好的食谱（战略和治理结构），那么你烹饪的菜肴可能不会达到预期的效果。

现在，想象一下，这些厨师不仅按照食谱去做饭，而且参与整个烹饪过程，从选择食材（"买菜"）到调整食谱，以至于完美地烹饪出一道菜（"做饭"）。这样，不仅菜肴的质量更高，整个烹饪过程也更为高效。

从经济学角度看，员工参与治理意味着更好的资源配置和更高的生产效率。他们对市场和行业的直观了解，可以为公司提供宝贵的市场信息，以便更好地满足客户需求。例如，前线员工通常能够最早发现市场变化或客户偏好的变化，他们的反馈可以帮助公司更快地作出调整，避免不必要的成本。

此外，员工参与还能够激发公司的创新潜能。在日常操作中，员工会遇到各种问题，他们的实际经验和对问题的深入了解使他们能够给公司带来实用的解决方案。此外，员工的创意和建议可能会导致新产品的开发或服务的改进，这为公司提供了持续的竞争优势。

但员工参与不仅仅是对单一环节的改进。它是一个连续的、整体的过程，涉及与员工的持续沟通、培训和发展，以及确保他们有足够的资源和支持来为公司创造价值。因此，员工不仅仅是"买菜"和"做饭"的执行者，他们在整个"烹饪"过程中，都扮演着至关重要的角色。

二、心理学视角：心灵厨房

当我们探究员工在公司治理中的角色时，心理学提供了一个深刻而丰富的视角。经济学关注的是数字、效率和产出，而心理学则深入公司的"心灵厨房"，探讨那些影响公司文化、动机和员工满意度的要素。

公司不仅是一个经济实体，而且是一个社会组织。它由一群有血有肉的人组成，这些人每天都带着自己的情感、期望和梦想来上班。这意味着，公司内部的每一个决策、每一次互动，都可能影响员工的情感状态和工作动机。在这里，员工的参与和感受成为公司文化的核心部分。

员工的参与和他们在公司中的感受，与公司的文化和价值观紧密相关。一个鼓励开放沟通、尊重员工、重视团队合作的公司，往往能够培育出一种积极、协作和创新的文化。相反，一种高压、封闭、重视等级的公司文化，可能会导致员工抑郁、消极和抵触情绪。

这种"心灵价值"不是空泛的概念。研究显示，员工的工作满意度、承诺和归属感与公司的业绩有着直接的关联。员工的忠诚度和工作热情，反过来也可以给公司带来实际的经济回报，如更高的工作效率、更低的员工流失率、更强的团队合作和更佳的客户满意度。

更进一步地说，员工的心理健康和幸福感也与公司的长期成功息息相关。一个照顾员工心理健康的公司，可以更好地激发员工的创造力和潜力，促进团队之间的合作，最终带来长期的经济价值和社会价值。这种互相支持、鼓励创新的工作环境,不仅能够吸引和留住顶尖人才,更能够激发他们的工作激情,推动公司向更高的目标迈进。

从法学的视角出发,中国的法律体系为员工参与公司治理提供了坚实的基石。

《中华人民共和国公司法》为员工参与治理构筑了宏观的制度框架。此法规定的员工代表大会和监事会中的员工代表,为员工提供了一个明确的参与平台。这不仅保障了员工的基本权益,还为员工提供了与公司管理层直接对话的机会,实现了权利与责任的平衡。

另外,为了进一步明确员工和雇主之间的权益关系,《中华人民共和国劳动法》和《中华人民共和国劳动合同法》为员工在公司治理中的权益提供了具体的操作指导。这些法律不仅明确了员工与雇主之间的权益,还为员工提供了在出现权益争议时的法律依据和解决路径,强化了员工在公司治理中的地位。

近几年,政府对于员工参与公司治理的鼓励态度更为明确,出台了多项政策和指导意见。尤其是鼓励员工持股计划,这为员工提供了一个更加直接的参与渠道,使其不仅仅是公司的一名员工,还可以成为公司的小股东,与公司共担风险与分享收益,从而更加积极地参与公司的治理。

然而,虽然法律为员工参与公司治理提供了广阔的舞台,但在实际操作中仍然存在不少障碍。其中最为明显的就是部分企业对员工参与的态度冷淡,只是形式上遵循相关规定,而实际上并没有真正为员工提供参与的机会。这导致在某些企业中,员工与管理层之间存在明显的隔阂。

在众多公司治理的实践和探索中,员工日益被视为公司治理与业务之间的关键桥梁。正是通过员工的参与,公司治理的理念和实践得以真正融入日常业务,从而促进公司高质量地发展。

(1)员工是公司的内部利益相关者,他们在公司的各个层面和部门都有所涉及,从高层管理到基层执行,从研发到销售。他们深入参与公司的日常业务,对公司的内部流程、文化、挑战和机会有着深刻的了解。因此,员工能够将公司治理的决策和方针具体化,转化为实际的业务行动和实践。例如,公司治理中关于企业社会责任的决策可以通过员工在日常工作中的实践,如环保、社区服务等活动,得以实施和体现。

(2)员工直接面对市场,与客户、供应商、合作伙伴等外部利益相关者有着直接的互动。他们能够将外部的反馈和建议快速传达给公司,帮助公司调整治理策略和决策,以更好地适应外部环境的变化。此外,员工也是公司的代表和形象,他们的行为和态度直接影响公司的声誉和品牌。通过参与公司治理,员工可以更好地体现公司的价值观和文化,树立公司的正面形象。

二、为什么员工参与治理可以增强公司的竞争优势

员工参与治理不仅可以提高公司的治理质量,还可以给公司带来明显的竞争优势。这主要体现在以下几个方面。

(1)员工参与治理可以提高公司的决策效率和质量。传统的公司治理模式往往集中在少数高层管理者手中,决策过程可能受到信息不对称、局限性偏见等问题的影响。而员工参与治理模式鼓励员工广泛参与,这意味着决策过程可以汇集更多的信息和观点,从而作出更为全面和合理的决策。

(2)员工参与治理可以增强公司的创新能力。员工是公司的知识和技能的主要承载者,他们在日常工作中积累了大量的经验和见解。通过参与公司治理,员工可以给公司带来新的思路和方案,促进公司的技术、产品和服务的创新。

(3)员工参与治理可以提高公司的员工满意度和忠诚度。员工感受到自己被重视,可以参与公司的重要决策,这无疑会增强他们对公司的认同感和归属感。高度的员工满意度和忠诚度可以给公司带来更高的员工效率、更低的离职率,以及更强的团队凝聚力。

第三节　员工参与治理的实际价值与意义

在企业的运营中,员工参与可以比作调味料对食物的作用,不仅可以增强食物的口感,还可以提高烹饪的水平。同样地,员工参与不仅可以提高公司治理的质量,还可以促进公司业务高效运作。

一、"调味料"使"汤"更专业

员工参与治理可以给公司带来更为专业的决策和运营。在日常工作中,员

工累积了大量的经验和专业知识。他们对公司的内部流程、业务状况、市场环境等有着深刻的了解。通过员工的参与,公司可以利用这些知识和经验,制定更为合理和专业的政策和策略。例如,研发部门的员工可以给公司带来最新的技术趋势和市场需求,帮助公司调整技术路线和研发方向。销售部门的员工可以为公司提供市场的实时反馈和建议,帮助公司优化销售策略和提高市场份额。

员工参与治理可以促进公司高效运作。员工是公司的内部利益相关者,他们对公司的流程和机制有着深刻的认识。通过员工的建议和反馈,公司可以及时发现和解决运作中的问题和瓶颈,提高运作的效率和效果。例如,生产部门的员工可以给公司提供生产流程的优化建议,帮助公司提高生产效率和降低生产成本。客服部门的员工可以为公司提供客户服务的改进方案,帮助公司提高客户满意度和忠诚度。

员工参与治理可以提高公司的业务质量。员工直接面对市场,他们对客户的需求和期望有着深刻的了解。通过员工的参与,公司可以更好地满足客户的需求,提供更为优质的产品和服务。例如,设计部门的员工可以为公司带来最新的设计趋势和理念,帮助公司提高产品的设计水平和市场竞争力。市场部门的员工可以为公司提供市场的最新动态和竞争对手的策略,帮助公司制定更有针对性的市场策略。

员工参与治理还可以为公司塑造和传承正面的企业文化。员工是公司文化的传承者和推广者,他们的行为和态度直接影响公司的声誉和品牌。通过参与公司治理,员工可以更好地体现公司的价值观和文化,为公司树立正面的形象。例如,员工可以通过参与社区服务、环保活动等社会责任项目,传递公司的正面形象和社会责任理念。员工还可以通过参与内部培训和分享会,传承公司的经验和知识,促进公司文化的传承和发展。

员工在公司治理中的参与不仅可以促进决策的民主化,还可以帮助企业更好地调动员工的积极性,进而提高公司的竞争力和可持续发展能力。然而,如何使员工有效参与治理,需要公司采取一系列关键策略。

一、区分参与层次

员工参与治理的形式和程度应当根据他们的职能和地位来区分。不是所有的决策都需要所有员工参与。例如,战略决策往往需要高层管理团队来拟定和实施,而某些与日常运营相关的决策,如产品设计或服务流程的改进,则更适合基层员工参与。为此,企业应当根据不同的决策内容,建立不同的参与机制,确保每一位员工都能在适当的层次和领域发挥自己的专长。

二、培训与教育

员工参与公司治理,不仅仅是一个简单的决策过程。它需要员工具备一定的知识和技能。这就要求企业为员工提供必要的培训和教育。通过培训,员工可以更深入地了解公司的战略目标、运营管理和市场环境,从而更好地为公司的发展提出建议和提供支持。此外,培训还可以帮助员工提高他们的决策能力和团队合作能力,使他们更好地融入公司治理的过程。

三、时间与资源管理

员工参与治理需要时间和精力,这就要求企业进行合理的时间与资源管理。企业应当确保员工在完成自己的主要工作任务的同时,还有足够的时间和精力来参与公司治理。这可能需要企业对员工的工作量进行调整,或者为员工提供更灵活的工作时间。此外,企业还应当为员工参与治理提供必要的资源支持,如会议场地、资料和工具等。

四、培养与维护合适的文化与价值观

员工参与治理,需要一种支持和鼓励员工积极参与的企业文化。这种文化应当强调团队合作、公开透明和持续创新。只有在这样的文化氛围下,员工才能够真正地发挥他们的潜能,为公司的发展作出更大的贡献。此外,企业还应当明确自己的价值观,并确保员工的参与与企业的价值观相一致。

五、反馈与奖励机制的建立

为了激励员工积极参与公司治理,企业应当建立一种清晰、及时的反馈机制。这种机制应当能够为员工提供关于他们参与的效果和价值的反馈。同时,企业还应当为员工的出色表现提供奖励。这种奖励既可以是物质的,如奖金或晋升机会,也可以是精神的,如表彰或荣誉称号。

这五大关键策略之间存在互补和相互支持的关系,共同构建一个高效、有序和积极的员工参与公司治理的框架。具体的关系可以描述如下。

(1)确定员工的参与层次:这是初始步骤,为后续策略铺路。首先要明确哪些决策层面需要员工参与,哪些不需要。例如,战略决策可能只适合高层管理人员,而日常运营的细节可能需要基层员工的声音。

(2)培训与教育:一旦确定员工的参与层次,接下来就是确保他们拥有参与决策所需的知识和技能。这不仅包括业务知识,还包括决策技巧、团队协作技巧等。

(3)文化与价值观的培养与维护:培训与教育为员工提供了工具,但要确保他们真正使用这些工具,就需要创建一个鼓励员工参与的文化环境。在这样的环境中,员工感受到他们的声音受到尊重,并被认为是公司成功的关键。

(4)时间与资源管理:鼓励员工参与决策不仅仅是给他们工具和创造文化,还需要确保他们有时间和资源来实际参与。这可能意味着重新分配工作职责或调整工作流程,确保员工可以真正地为决策作出贡献。

(5)反馈与奖励机制的建立:员工参与的动力部分来源于他们看到自己的建议被采纳并产生积极结果。因此,需要一个机制来及时反馈员工关于他们建议的实施情况,并对那些作出积极贡献的员工给予奖励。

第五节　员工参与治理的主要实施障碍及对策

在企业中实现员工参与治理是一项充满挑战的任务,尽管它的潜在价值是巨大的。然而,在推进这一目标的过程中,企业往往会遇到许多障碍。以下将对这些障碍进行深入探讨,并提供相应的应对策略。

一、管理层的抵触

管理层的抵触,无疑是许多企业在推进员工参与治理时首先要面对的问题。在传统的企业文化中,决策权往往集中在高层管理者手中,他们可能会对分权持怀疑态度,担心失去控制。为解决这一问题,关键是改变其观念。这可以通过对管理层进行专门的培训来实现,让他们了解员工参与治理的多种益处,如增强员工的归属感、提高决策效率等。此外,企业还可以在部分部门先行实施员工参与治理的试点项目，这样，当管理层看到实际成效时，他们可能会更加愿意推广这一模式。

二、沟通障碍

沟通障碍，也是阻碍员工参与的一个主要因素。在大型组织中，信息的传递可能会受到阻碍，导致员工对决策过程和结果的理解出现偏差。要克服这一障碍，建议建立有效、多渠道的沟通机制，如定期的员工大会、在线反馈平台、团队讨论等。同时，组织决策的透明度对于员工参与至关重要，这可以确保员工明白他们的意见和建议是如何被采纳并反映在最终决策中的。

三、文化障碍

文化障碍，是一个更为根本的问题。在某些企业中，封闭和保守的文化可能会阻碍员工表达他们的意见和想法。为解决这一问题，企业需要深入地反思其现有的企业文化，创造一种鼓励开放、创新和多样性的新文化。这样的文化不仅要求员工参与，而且要求领导者作出改变，他们需要成为改革的倡导者和实践者。

四、资源限制

资源限制，特别是在预算和时间上，常常被视为推进员工参与的障碍。为应对这一问题，企业需要进行资源的合理分配，确保为员工参与治理提供足够的支持。这可能涉及对预算的重新分配，或者调整员工的工作日程，以确保他们有时间和精力参与治理。

五、缺乏明确的参与结构和程序

缺乏明确的参与结构和程序，可能会让员工感到困惑。要解决这一问题，组织应制定明确的参与指导方针和流程，以指导员工如何参与和为企业提供反馈。此外，建立员工代表机构，如员工委员会，可以确保员工的声音在决策中被充分听到。

总而言之，虽然推进员工参与治理存在众多障碍，但只要企业采取正确的策略并为此付出努力，就可以逐步实现这一目标。员工参与不仅能给企业带来更好的决策效果，还能提高员工的满意度和凝聚力，从而给企业带来高质量的发展。

公司治理的力量

在本篇，笔者致力于解析公司治理如何发挥其强大的力量，以及这一力量在推动企业高质量发展方面的关键作用。

在第六章"治理智慧：企业高质量发展的关键"中，笔者提出了"治理智慧"的概念，强调治理智慧不仅关乎制度和流程，而且关乎对企业长远发展的关注、战略性思考和创新方法的综合运用。笔者阐述了如何通过提高员工满意度和忠诚度来实现企业长期、可持续发展，以及如何根据治理智慧为企业设定明确的高质量发展目标和方向。这一章强调了治理智慧对于塑造健康企业价值观和鼓励员工参与公司治理的重要性。

第七章"独立董事制度的突破性变革"探讨了独立董事制度的演变和优化，突出了"通才型独董"概念的重大意义。在独立董事制度发展 20 多年后，从初期的"花瓶独董""明星独董"转变为"专才型独董"，社会对独立董事的期望也由名气转向专业能力。然而，这种转变产生了制度悖论和发展困境。为解决这一问题，本章提出"通才型独董"模式。在这种模式下，独立董事不仅要掌握董事会议题的理论和方法，还要进行科学评估，而具体的数据分析等论证工作由经理层、中介机构等相关人员负责。

在第八章"公司治理微观化：新潮流、新挑战及其应对策略"中，笔者深入探讨了公司治理改革的微观化趋势以及由此带来的挑战和应对策略。这一章关注如何在细节化的治理改革中保持对公司治理原则和目标的坚守，强调了领导层态度、公司文化塑造以及员工责任感在公司治理改革微观化过程中的关键作用。通过这一章，笔者试图为读者提供一套富有创新性的有效策略和建议，以帮助公司治理主体有效应对微观化趋势，避免陷入公司治理形式化、空心化的改革误区，推动企业健康和可持续发展。

整体而言，这三章内容紧密相连，从治理智慧的提出到独立董事制度的深化,再到治理微观化的战略应对,共同构建了一个关于公司治理力量发挥的较为全面的框架。这一篇不仅为读者揭示了公司治理在现代企业中的关键作用,而且提供了理解和应对治理中的新挑战和新趋势的关键思路和策略。通过这样的论述,笔者希望其能激发读者对公司治理深层次理解的兴趣,并鼓励大家在实践中积极探索和应用这些治理智慧和策略。

第六章

治理智慧：企业高质量发展的关键

本部分提出了公司治理智慧的观点，即治理智慧是指在组织治理中，综合运用治理意识(关注企业的长远发展和价值观)、治理思维(强调战略性思考和创新方法)和治理能力(注重将治理理念转化为实际行动的能力)的能力和智慧，然后在科学界定企业高质量发展内涵的基础上，为企业的高质量发展设计明确的目标、方向和行动路线。

（1）探讨了企业高质量发展的内涵。高质量发展不仅局限于财务指标，而且应关注员工福祉、个人成长和企业价值观的实现。通过提高员工满意度和忠诚度，企业能够实现长远、可持续的发展。

（2）根据治理智慧为企业高质量发展设计目标、方向和行动路线。目标上，关注员工福祉与成长，塑造健康的企业价值观；方向上，在全球化背景下借鉴国际先进经验，提升公司治理水平，鼓励员工参与公司治理过程；行动上，关注员工需求与福祉，提供良好的工作环境和发展机会，重视员工福利和职业发展，创造公平、公正的竞争环境以及良好的工作氛围。①

第一节　高质量发展的理论基础和内涵

一、高质量发展的理论基础

高质量发展，这一新的发展理念在全球范围内产生了深远影响，特别是对

---

① 本章的部分内容曾发表于：牛建波.浅谈治理智慧如何推动企业高质量发展[N/OL].上海证券报，2023-05-06. https://paper.cnstock.com/html/2023-05/06/content_1762466.htm. 在发表首日，新华社客户端转载文章的阅读量超过 100 万人次。

企业来说,这不仅是一种发展策略,而且是面对全球化竞争挑战的必然选择。高质量发展,从广义上讲,是指企业在实现经济效益的同时,也注重环境效益和社会效益,实现经济、环境和社会的三重效益。而在狭义上,它是指企业通过技术创新、产品优化、管理改进等方式,提升其产品或服务的质量,从而提高企业的竞争力和市场份额。为理解企业高质量发展的理论基础,我们将从可持续发展理论、竞争优势理论和资源基础理论这三个角度出发,深入解析其内涵和应用。

（一）可持续发展理论

可持续发展理论,由迪利克(Dyllick)和霍克茨(Hockerts)在 2002 年提出,在理解企业的高质量发展方面具有重要的理论意义。该理论对经济发展的价值取向提出了全新的思考,它强调在追求经济效益的同时,企业还需充分考虑社会责任和环境可持续性,力图实现经济、社会、环境三方面的平衡,这种平衡即高质量发展的基本内涵。

在传统的经济发展模式下,企业往往过度侧重于对经济效益的追求,忽视了社会责任和环境保护的重要性。然而,在全球化背景下,这种忽视不仅会对社会和环境产生负面影响,也会给企业自身的长期发展带来风险。反之,如果企业能够在经济效益、社会责任和环境保护之间找到平衡,那么它就有可能实现真正的高质量发展。

在 21 世纪的全球化背景下,可持续发展理论具有更为重要的指导意义。首先,由于全球化带来的社会问题和环境问题越来越突出,企业必须面对这些问题,才能在全球竞争中保持竞争力。其次,随着消费者和社会对企业社会责任的关注度提高,企业的社会形象和社会责任成为影响消费者购买决策的重要因素。在这种情况下,将社会公益和环保等多元化元素融入企业核心战略,已经成为企业取得竞争优势的重要方式。

因此,可持续发展理论为企业的高质量发展提供了一个道德和伦理的框架,它使企业能够从更全面、更长远的角度来考虑自身的发展。在这个框架下,企业的发展不再只是单纯的经济增长,而是要在经济、社会、环境三个方面都取得进步。这样的发展才是高质量的,才是真正的可持续发展。

（二）竞争优势理论

波特(Porter)的竞争优势理论是企业战略管理的重要理论,这一理论对企业高质量发展意义深远。竞争优势理论主张企业通过差异化战略或成本领先战略来获得竞争优势,其中的差异化战略是通过提升产品或服务的质量来实现的。在此背景下,高质量的产品或服务成为企业获得持续竞争优势的重要工具。

对于企业来说,质量不仅是产品或服务的内在属性,而且是企业战略决策的重要组成部分。企业需要在设计、生产、销售和服务等环节中贯彻高质量原则,持续优化和改进,以满足消费者对高质量产品和服务的需求。这种对高质量的追求,使得企业在市场竞争中脱颖而出,赢得消费者的认可和忠诚,从而实现稳定的市场份额和持续的业务增长。

与此同时,高质量的发展还意味着企业需要在内部管理上作出相应的调整。例如,企业需要建立严格的质量控制体系,确保产品和服务的每个环节都能达到预期的质量标准;企业还需要在人力资源管理上投入更多的精力,培养和引进高质量的人才,以支持企业高质量发展。

在此过程中,企业还需要充分利用现代科技手段,如大数据分析、人工智能等,来提升企业的运营效率,优化资源配置,从而进一步提升产品和服务的质量。这些科技手段不仅可以帮助企业更准确地理解和预测市场需求,还可以帮助企业更有效地管理和控制生产和服务的过程,保证企业能持续提供高质量的产品或服务。

在这种理论指导下,企业可以通过提升产品和服务的质量,而不仅仅是通过降低成本或提高效率,来实现其竞争优势。这就要求企业在追求经济效益的同时,更加注重社会效益和环境效益,实现经济、社会和环境的三重底线,从而走上一条真正意义上的高质量发展之路。

资源基础理论由杰恩·巴尼(Jay Barney)在1991年提出,为企业实现高质量发展提供了内在的驱动力。巴尼主张,企业的持久竞争优势并非源于外部市场环境的瞬息万变,而在于企业所拥有的独特且难以复制的内部资源。他将资源定义为所有能够被组织用于制定并实施其战略的资产、能力、组织流程、企业属性、信息和知识。这些资源包括企业的技术、人才、品牌、企业文化等。要实现高质量发展,企业需要深度挖掘并充分利用这些资源。

(1)企业需要对自身的资源进行清晰的认知和定位。不同的企业可能拥有不同的核心资源,这些核心资源可能是技术创新、制造工艺、管理模式、品牌知名度,甚至是企业文化。通过对这些资源的深入理解和应用,企业可以在激烈的市场竞争中找到自身的独特优势。

(2)企业需要建立一套系统的机制来保护和增值这些资源。对于企业来说,资源的保护和增值是一项长期且复杂的任务,需要企业在策略制定、人才培养、文化建设等多个层面进行系统性的考虑。只有这样,企业才能确保自身的资源不被模仿和侵犯,同时也能不断提升这些资源的价值。

（3）资源基础理论还强调企业需要建立一套有效的资源配置和管理机制。在一个企业中,不同的资源可能需要通过不同的方式进行管理和利用。例如,对于技术资源,企业可能需要投入大量的研发资金和人力资源来进行维护和升级。而对于品牌资源,企业则需要通过市场推广和品牌维护来进行升级。对于人才资源,企业则需要通过提供良好的工作环境和职业发展机会来吸引和留住优秀的人才。

（4）资源基础理论提出,企业需要将自身的资源与市场机会相结合,以实现高质量发展。在一个动态的市场环境中,企业需要不断寻找新的市场机会,并将自身的资源与这些机会相结合,以创造新的价值。在这个过程中,企业需要有明确的战略目标,能够灵活调整自身的资源配置,以适应市场的变化。

总的来说,巴尼的资源基础理论为企业实现高质量发展提供了一种内在的动力。这种动力源于企业对自身资源的深度理解和充分利用,以及企业对市场机会的敏锐洞察和灵活应用。只有这样,企业才能在复杂的市场环境中实现持久的竞争优势,实现真正意义上的高质量发展。

（四）资源协奏理论

资源协奏理论由西蒙（Sirmon）和希特（Hitt）于 2003 年提出。这一理论的核心观点是,企业的竞争优势并非取决于它拥有的资源,而是取决于如何管理和协调这些资源,即资源的协奏。具体来说,这包括三个关键环节：资源结构管理、资源组合管理、资源稀缺性管理。这一理论为理解企业如何实现高质量发展提供了新的视角。

（1）资源结构管理是企业获取、释放和管理资源的过程。在高质量发展的背景下,企业需要不断寻求获取新的、高质量的资源,同时释放那些不再具有竞争优势的资源。例如,企业可能会通过研发投入、合作伙伴关系或者并购等方式获取新的技术资源；而对于那些陈旧的技术或过时的设备,则需要及时进行淘汰或替换。

（2）资源组合管理是企业将各种资源有效结合,产生协同效应的过程。这就要求企业不仅关注单一的资源,而且全面考虑所有资源之间的相互关系和作用。例如,企业可能需要结合人力资源、技术资源和品牌资源,来提供高质量的产品或服务。

（3）资源稀缺性管理是企业调整和优化资源配置,避免资源的浪费和过度竞争。在高质量发展的背景下,企业需要有针对性地调整资源配置,以适应不断变化的市场环境和客户需求。例如,企业可能需要通过精细化管理和高效利

用,提高资源的使用效率,从而实现更高质量的发展。

总的来说,资源协奏理论为我们理解企业如何实现高质量发展提供了新的视角。通过有效的资源结构管理、资源组合管理和资源稀缺性管理,企业可以更好地协调和利用其资源,实现高质量发展。

二、高质量发展的内涵

企业的高质量发展包含多个维度,这些维度相互作用。其中,员工福利和发展、企业价值观和文化、共同成长、承担社会责任作为四个核心维度最为关键。

一、员工福利和发展：企业价值的基石

员工福利,一般指企业为确保员工身心健康、工作满意度和整体幸福感而提供的一系列福利待遇。这包括但不限于合理的薪酬待遇、健康保险、休假制度、工作环境等。

员工发展,则涉及企业为员工提供的持续学习、技能提升和职业发展机会。为员工提供充足的发展机会,不仅可以提升员工的专业技能、增强企业的核心竞争力,还能够激发员工的工作积极性,促进企业内部的创新和改革。在迅速变化的市场环境中,员工的持续发展也是企业适应变化、实现可持续发展的重要途径。

将员工福利和发展放在首位的企业,往往能够在竞争激烈的市场环境中获得优势。良好的员工福利和发展机会,可以提升员工的满意度和忠诚度,降低员工的离职率,提高企业的生产率和效率。同时,它也可以吸引更多的优秀人才,为企业注入新的活力和创新力,从而推动企业长期发展。

值得注意的是,员工福利和发展并非只关乎物质待遇,更涉及企业文化、工作氛围、职业培训等多方面的内容。例如,良好的企业文化可以提升员工的归属感,鼓励员工更加积极地参与工作;专业的职业培训可以帮助员工提升技能,实现个人和企业共同成长;而宽松、开放的工作氛围则能够激发员工的创新精神,给企业带来更多的可能性。

企业在推动员工福利和发展的过程中,需要关注员工的个体差异,提供定制化的服务和支持。这不仅能够更好地满足员工的个性化需求,也有助于激发员工的潜力,提升员工的工作效率和满意度。同时,企业也应该通过建立有效的沟通机制,及时了解和解决员工在工作和生活中遇到的问题,从而进一步提升员工福利和发展的实施效果。

（二）企业价值观和文化：驱动企业向前的力量

在企业中，价值观和文化是无法忽视的，它们如同指南针，引导着组织行为和决策的方向。一个健全、积极的企业价值观和文化体系，对于提升员工敬业度、提高生产率，甚至塑造高性能的工作环境具有不可替代的作用。

企业价值观，通常是指企业对其存在的意义、追求的目标、实施的战略和行为准则等方面的一种核心信念和承诺。这种价值观有力地塑造了公司的身份，定义了公司的方向和目标，影响了公司的决策和行为。例如，一家注重创新的企业，其价值观可能会强调创新的重要性，鼓励员工进行创新性的思考和行动。同样，一家注重客户服务的企业，其价值观可能会强调客户至上，要求员工始终以客户的需求和满意度为优先。

企业文化，则是企业价值观的重要载体，是企业内部成员共同遵守的一套行为规范和价值取向。企业文化对员工行为、动机和承诺产生深远影响，它既能够凝聚员工，提升团队合作精神，又能够提供清晰的行为指引，帮助员工在工作中作出正确的决策。一种积极的企业文化，不仅能够提升员工的工作满意度，增强员工的归属感，还能够提高企业的整体运行效率，为企业创造良好的经营环境。

（三）共同成长：企业与员工的双赢战略

共同成长是企业与员工之间建立的一种互惠互利的战略关系，它强调企业和员工之间的利益共享与价值共创。这种战略导向并非单纯的物质交换，更是一种精神契约，它代表了企业对员工的关心和尊重，也体现了员工对企业的忠诚和热爱。

在这个框架下，企业通过投资于员工的发展，为员工提供更好的学习和提升机会，同时也提高了企业的技术水平和竞争力。这样的投资既包括对员工的专业技能和知识的培训，也包括对员工综合素质和领导力的提升。这不仅有助于员工的个人发展，也促进了企业的整体进步。

同时，员工也从这个过程中受益。他们通过提升技能和丰富知识，获得了更高的工作满意度、更好的职业前景，同时也增强了他们对公司成功的责任感。这样的共同成长，使得企业与员工之间形成一种正向的循环，员工的发展推动了企业的进步，企业的发展又为员工提供了更多的机会。

值得强调的是，共同成长并非一蹴而就，它需要企业在长期的实践中，不断地调整和优化人力资源策略，才能实现最佳效果。在这个过程中，企业需要建立一个科学、公平、透明的评价体系，以确保每一个员工都能得到公正的待遇，享有平等的发展机会。同时，企业还需要创建一个开放、包容、创新的文化环境,鼓励员工积极参与企业的发展,激发员工的创新精神和团队精神。

另外,共同成长也要求企业尊重和理解员工的个性差异,提供个性化的发展路径,满足员工的个性化需求。这样,不仅能够更好地激发员工的潜能,提高员工的工作满意度,还能够提升企业的整体竞争力。

企业社会责任(CSR)是指企业在追求经济效益的同时,致力于为社会和环境作出积极贡献的承诺。这个贡献不仅包括企业的经济贡献,如提供就业机会、缴纳税款等,还包括环境保护、社区建设、公益慈善等方面的贡献。企业通过履行社会责任,可以构建良好的企业形象,提升企业声誉,加强与各利益相关者的关系,推动企业长期成功。

承担社会责任是企业的社会使命,它是企业向社会公众展示其价值观和道德立场的重要方式。通过积极履行社会责任,企业可以赢得公众的信任和尊重,增强其社会影响力和公信力。这对于企业建立和维护良好的公共形象,提升品牌价值,增强市场竞争力都具有重要的意义。

在实践中,企业可以通过多种方式履行社会责任。例如,企业可以通过提供环保产品或服务,减少生产过程中的环境污染,保护生态环境;企业可以通过参与公益活动,支持教育、健康、文化等领域的发展,回馈社会,推动社会进步。此外,企业还可以通过建立公平、公正的劳动关系,保障员工权益,提升员工福利,实现企业和员工共同发展。

在今天这个社会责任日益被重视的时代,企业社会责任已经成为企业高质量发展的重要组成部分。通过将企业的商业目标与社会和环境目标相结合,企业不仅可以实现经济效益最大化,还可以推动社会和谐发展,实现企业与社会共赢,体现企业的社会价值。

高质量发展意味着企业价值创造过程的范式转变。这种观点培养了一个全面和长期的前景,认识到经济、社会和环境因素的交叉性。

传统的企业发展往往以最大化短期利润和获取更大的市场份额为目标。这种发展模式虽然可以在短时间内带来快速的经济增长,但往往忽视了社会、环境和长期经济的考虑,可能导致企业在面临市场变化和社会需求变动时难以适应,甚至引发一系列社会问题和环境问题。

与此相反,高质量发展采取了一种更为平衡和可持续的发展路径。它强调在企业决策过程中,不仅要考虑经济效益,还要充分考虑社会和环境因素。在这种发展模式下,企业不再单纯追求经济增长,而是力图实现经济、社会和环境三个方面的共赢。

具体来说,高质量发展首先要求企业在经济层面上,实现稳定和持续的增长,提升经济效益。同时,企业还需要注重社会责任,以增进社会福祉为己任,通过提供优质产品和服务,创造社会价值。此外,企业还需要关注环境保护,积极采取环保措施,减小生产活动对环境的影响,实现可持续发展。

在这个过程中,企业需要和各利益相关者建立良好的关系,包括员工、客户、供应商、股东和社区等。通过与他们的互动和协作,企业可以获得更多的资源和支持,提升自身的竞争力,实现持续的高质量发展。

总的来说,高质量发展和传统发展的主要区别在于,前者强调企业发展的全面性和可持续性,注重经济、社会和环境三个方面均衡发展,而后者则侧重于短期的经济增长和市场份额的扩大,可能忽视社会和环境因素的考虑。因此,高质量发展更符合当前社会对企业发展的期待,是实现企业价值和社会价值共赢的有效途径。

2. 高质量发展的价值观

在当今的商业环境中,企业成功与否不再仅仅取决于其经济性能的优劣,更在于其是否能实现高质量发展,即在追求经济效益的同时,也积极履行社会责任,保护环境,为社区的繁荣作出贡献。在这一过程中,高质量发展提倡的价值观尤为重要,它构成了企业高质量发展的理念基础,对于增强企业的长期生存能力和竞争力具有关键作用。

(1)可持续性是高质量发展的基本价值观之一。可持续性要求企业在追求经济效益的同时,也要注意保护环境,充分考虑自身发展对社会、环境的影响,尽量减少负面效应,保持良好的生态环境和社会环境。只有这样,企业才能实现真正的长期发展,不断提升自身的竞争力。

(2)利益相关者的包容性是另一个重要的价值观。企业并非孤立存在,而是需要与员工、客户、供应商、社区以及环境等众多利益相关者进行互动。在这个过程中,企业需要充分尊重和考虑利益相关者的需求和期望,努力实现各方共赢,以确保企业自身持续发展。

(3)长期导向是高质量发展的关键价值观。与追求短期利益相比,企业更需要注重长期的稳健发展。这需要企业制定长期的发展策略,坚持科技创新,持续改善产品和服务,建立和维护良好的品牌形象,以保持和提升其长期竞争力。

（4）社会责任是高质量发展的核心价值观。企业不仅需要追求经济效益，还应积极履行社会责任，通过创新和发展，为社区的繁荣和发展作出贡献。只有这样，企业才能得到社会的广泛认可、赢得良好的社会声誉，从而实现长期稳定的发展。

综上所述，高质量发展提倡的价值观包括可持续性、利益相关者的包容性、长期导向和社会责任，这些价值观为企业的长期发展和竞争力提供了重要的保障。通过坚持这些价值观，企业不仅可以创造可持续的价值，还能为股东、员工、客户、社区和环境等利益相关者提供持久的价值，实现企业与社会共同发展。

第一节　治理智慧的三大要素

一、治理智慧的三大要素

治理智慧是指在组织治理中，综合运用治理意识、治理思维和治理能力的能力和智慧。在当今复杂多变的商业环境中，全球化、科技进步和信息革命等因素使得组织面临更大的挑战和复杂性。传统的管理模式和方法已经无法满足当前的治理需求，需要更加全面和智慧的治理方式，企业才能在竞争激烈的市场中持续创新、适应变化，并实现长期的增长和利益最大化。

治理智慧作为一种创新的公司治理理念，主要包括三个核心要素：治理意识、治理思维和治理能力。治理意识、治理思维和治理能力三者相互关联，共同构成企业成功的关键因素。表6-1总结了治理意识、治理思维和治理能力在定义、内容、目标、重点、能力要求和影响方面的具体差异。治理意识关注企业的长远发展和价值观，治理思维强调战略性思考和创新方法，而治理能力注重将治理理念转化为实际行动的能力。对于企业治理的成功，综合发展这三个方面是至关重要的。

项　　目	治理意识	治理思维	治理能力
体现层面	价值层面	认知层面	实践层面
定义	对治理的重要性和价值的认识	从战略和创新角度思考治理问题	将治理理念转化为实际行动的能力
内容	关注企业长远发展和价值观	注重思考和决策中的战略性问题	实际操作和执行治理方案的能力

续表

项　　目	治 理 意 识	治 理 思 维	治 理 能 力
目标	确保行为符合企业的价值观和使命	实现组织目标和使命	实施有效的治理措施,推动组织发展
重点	价值观和长远发展	战略性思考和创新方法	实际操作和执行治理方案
能力要求	深入理解企业的价值观和使命	全面了解组织的发展和治理挑战	制订和执行治理方案的能力
影响	塑造企业形象和声誉	促进组织的创新和增长	推动组织向高质量发展目标迈进

二、治理智慧三要素

(一)治理智慧的价值层面——治理意识

在治理智慧中,价值层面是一个重要的层面,它涉及我们对于事物的重要性和意义的认知。在哲学中,价值被定义为一种事物或行为所具有的重要性和意义。它反映了我们对目标、原则和道德的理解,以及对人类尊严、正义和道德责任的关注。

(1)价值层面强调关注企业的长远发展和价值观,追求公平、透明和责任。企业的价值观是指企业所坚持的核心原则和行为准则,它反映了企业的文化、道德标准和社会责任。通过明确企业的价值观,企业能够在决策和行动中始终保持一致性,确保其行为与其使命和价值观相符,以此塑造良好的企业形象和声誉。

(2)价值层面代表着我们对于组织的目标和使命的追求。企业的目标和使命是企业发展的驱动力,它们是企业存在的基础和动力。通过关注价值层面,企业能够明确其使命和愿景,并制定与之相符的长远发展战略。企业的目标不仅是追求经济利益,还应该关注员工的福祉、社会责任和可持续发展。通过追求这些目标,企业能够实现其长期发展和持续竞争优势。

(3)价值层面强调为员工和社会创造积极影响的意愿。企业不仅要满足股东的利益,还应该关注员工和社会的需求。通过关注价值层面,企业能够为员工创造良好的工作环境和发展机会,关心员工的福祉和个人成长。企业还应该承担社会责任,积极回馈社会,关注社会的可持续发展。通过关注价值层面,企业能够建立良好的员工关系和社会形象,赢得员工和社会的信任和支持。

这三个方面的关系是相互依存的。价值层面不仅仅是独立存在的,它与认知层面和实践层面相互关联，共同构成了企业治理智慧的重要部分。认知层面通过对公司治理的战略性思考和创新方法的运用来支持和实现价值层面的目标和使命。它要求我们从全面、深入的视角来思考组织的发展，以及如何应对治理难题。实践层面负责将这些价值和认知转化为实际的行动和结果。它涉及实际操作和执行公司治理方案的能力，确保企业的治理方案有效实施。这三个层面相互依存、相互促进，共同塑造了企业的治理智慧。

在实践中，企业应该注重价值层面，确保企业的行为和决策符合其价值观和使命。企业应该建立明确的价值观，以此为指导，制定长远的发展战略和行动计划。同时，企业应该培养和提升认知层面的能力，通过战略性思考和创新方法来应对不断变化的治理挑战。企业还应该注重实践层面，培养并提升实际操作和执行公司治理方案的能力，确保价值和认知得到有效转化。

因此，价值层面在治理智慧中起着重要的作用，它强调关注企业的长远发展和价值观，并追求公平、透明和责任。通过关注价值层面，企业能够明确目标和使命，塑造良好的企业形象和声誉，同时为员工和社会创造积极影响。价值层面与认知层面和实践层面相互交织，共同构成了企业成功的关键因素，对于实现高质量发展具有重要的意义。

（1）认知层面是治理智慧中一个关键的层面，它涉及我们对于事物的认识和思维方式。在哲学中，认知是指我们对于现实世界的理解和知识获取的过程。在治理智慧中，认知层面体现在我们对公司治理的战略性思考和创新方法的运用上。它要求我们从全面、深入的视角来思考组织的发展，以及如何应对治理难题。认知层面的提升能够帮助我们更好地理解组织的内外部环境，发现发展机会并采取相应的行动。

（2）认知层面要求我们对公司治理的重要性有清晰的认识。我们需要认识到公司治理对于企业长期发展和可持续增长的重要性，以及其对组织稳定性和治理效能的影响。这种认知需要建立在对公司治理理论和实践的深入了解基础上，包括了解公司治理结构、机制和原则，以及其与组织目标、利益相关方和外部环境的关系。通过深入的思考和研究，我们可以更好地理解治理问题的本质和根源，找到解决问题的途径和方法。

（3）认知层面强调战略性思考和创新方法的应用。战略性思考是指从宏观的角度思考企业的发展方向和目标，并制订相应的战略规划。在治理智慧中,我们需要运用战略性思考的能力来思考公司治理的战略性问题,如公司目标的制订、治理机制的设计和组织文化的塑造等。这种思考需要基于全面的信息和理性的判断,以推动公司治理的改进和创新。

创新方法的运用也是认知层面的重要内容。在不断变化的商业环境中,我们需要运用创新的方法来解决治理难题,并推动公司治理的改革和升级。创新方法包括寻找新的思维模式和解决方案,采用新的工具和技术,以及推动组织学习和创新的文化建设。通过运用创新方法,我们可以在面对复杂和多变的治理难题时,找到新的解决方案和方法。

认知层面的提升对于企业具有重要的意义。首先,它使企业能够更全面地理解和适应内外部环境的变化。在不断变化的商业环境中,企业需要具备敏锐的认知能力,及时发现市场机遇和挑战,并作出相应的战略调整和决策。其次,认知层面的提升可以帮助企业发现和利用潜在的发展机会。通过深入的思考和创新的方法,企业能够发现新的市场空间和商业模式,推动组织的创新和增长。最后,认知层面的提升能够帮助企业更好地应对治理难题和挑战。通过全面的认知和思考,企业可以找到解决问题的切实可行的方法和策略,提升公司治理的效能和效果。

由此可见,认知层面在治理智慧中具有重要的地位和作用。它要求我们对公司治理的重要性有清晰的认识,并运用战略性思考和创新方法来解决治理问题。通过提升认知层面,企业能够更好地理解和适应内外部环境的变化,发现和利用发展机会,并应对治理难题和挑战。因此,认知层面是企业成功的关键因素之一,对于实现高质量发展具有重要的意义。

(三)治理智慧的实践层面——治理能力

实践层面是治理智慧中一个重要的层面,它涉及我们将认知和价值观转化为实际行动的能力。实践是指在实际操作和执行中将理念和思考付诸行动的过程。在哲学中,实践被认为是人类生活的核心,它强调行动的实际效果和实现目标的能力。在治理智慧中,实践层面体现在我们实际操作和执行公司治理方案的能力上。它要求我们能够有效地制定并实施治理措施,确保治理方案有效实施。实践层面的提升意味着我们能够将理念和思考转化为实际行动,从而推动组织向着高质量发展的目标迈进。

(1)实践层面强调我们的实际操作和执行能力。在治理智慧中,我们不仅需要拥有正确的认知和明确的价值观,还需要将这些转化为实际的行动。这包括制订和执行公司治理方案,确保其在实践中取得实际效果。实践层面要求我们具备解决问题、决策制定和行动执行的能力,以及适应变化和应对挑战的能力。通过实际操作和执行,我们可以将理念和思考转化为实际的结果,为组织的发展和成功作出贡献。

(2)实践层面要求我们具备有效的管理和执行能力。治理智慧不仅是理论上的认知和理解,还需要在实际中加以实施。这就需要我们具备良好的管理和执行能力。管理能力包括规划、组织、领导和控制等方面的能力,以确保治理方案有效实施。执行能力则强调我们将治理方案转化为实际行动,包括协调资源、推动变革和解决问题等方面的能力。具备良好的管理和执行能力,我们能够更好地实践治理智慧,为组织的高质量发展作出贡献。

(3)实践层面还强调持续学习和改进的能力。治理智慧是一个不断发展和进化的过程,需要我们不断学习和改进自己的实践能力。这包括:对行业趋势和最佳实践的学习,对自身实践经验的反思和总结,以及对组织治理实践的不断改进和创新。通过持续学习和改进,我们可以不断提升自己的实践能力,适应变化的环境,并更好地实践治理智慧。

三、治理意识、治理思维和治理能力的协同作用

（一）治理意识、治理思维和治理能力的相互依存关系

在企业治理中,治理意识、治理思维和治理能力是相互关联、相互依存的三大核心要素。它们之间的紧密联系和良好协同作用对于有效的企业治理至关重要。

(1)治理意识、治理思维和治理能力是相互补充和互相促进的。治理意识是指治理者对于企业治理重要性的认识和理解,它促使治理者具备正确的价值观和伦理观,注重企业的长远发展和社会责任。治理思维是指治理者运用系统性、战略性和创新性思维来解决复杂的治理问题,它帮助治理者更好地理解和应对企业面临的挑战。治理能力是指治理者在实施企业治理过程中所展现的专业知识、技能和效能,它体现在科学决策、系统激励和高效监督等方面。治理意识激发治理思维的运用,治理思维指导治理能力的发挥,而治理能力则落实和实施治理意识和治理思维的要求。

(2)治理意识、治理思维和治理能力的相互依存关系体现在它们共同构成了全面有效的企业治理体系。治理意识为企业提供了明确的价值导向和治理目标,使企业在经营和决策中坚持公平、透明和社会责任的原则。治理思维提供了有效的思考和分析框架,使企业在面对复杂的内外部环境变化时作出科学决策和有效应对。治理能力为企业提供了具体的操作能力和执行效能,使治理意识和治理思维得到有效实施。只有在治理意识、治理思维和治理能力三者相

互依存、相互支持的基础上，企业才能实现全面、高效的治理。

（3）治理意识、治理思维和治理能力的相互协同作用给企业带来了多重益处。首先，它们共同促进了企业的长期发展和可持续竞争优势。治理意识使企业能够树立正确的发展目标和价值观，治理思维使企业能够预见未来、把握机遇，而治理能力使企业有效执行决策、管理风险，推动企业稳步发展。其次，它们共同提升了企业的内外部声誉和信任度。治理意识的倡导公平、透明和社会责任的原则，治理思维的战略性思考和创新方法的运用，以及治理能力的有效激励和有限监督，都能够提升企业的声誉和信任度，吸引更多的投资者和利益相关者支持企业的发展。

综上所述，治理意识、治理思维和治理能力共同构成了全面有效的企业治理体系，为企业的长期发展和可持续竞争优势提供了重要支撑。治理意识激发治理思维的运用，治理思维指导治理能力的发挥，而治理能力则实施和落实治理意识与治理思维的要求。企业需要在实践中不断加强这三个方面的能力，使它们相互协同、相互支持，从而实现良好的治理效果和持续发展。

（二）有效整合三大要素的关键因素

治理意识、治理思维和治理能力是构成治理智慧的三大核心因素，它们相互依存、相互影响，共同塑造了企业的治理能力。然而，要实现治理智慧的综合发展和最大效益，需要有效地整合这三大要素，并找到它们之间的关键因素。

（1）领导力和管理机制。领导力在治理智慧中起着至关重要的作用，它可以引导组织成员认识到治理的重要性，并将治理意识渗透到组织的各个层面。领导者需要具备积极的治理意识和高水平的治理思维，能够通过有效的治理能力来推动组织的发展和创新。同时，建立适当的管理机制也是有效整合三大要素的关键因素之一。管理机制应该能够促进信息流通和决策制定，确保治理意识、治理思维和治理能力得到充分发挥和应用。通过领导力和管理机制的有机结合，可以形成协同效应，实现治理智慧的最大化。

（2）组织文化和价值观。组织文化是一种共同的信念、价值观和行为模式，它对于塑造组织成员的治理意识、治理思维和治理能力具有重要影响。一种积极的组织文化能够鼓励员工对治理的关注，并提供良好的学习和成长环境。价值观则是组织文化的核心，它可以引导组织成员树立正确的价值取向，使其在决策和行为中始终遵循公平、透明和社会责任的原则。通过建立积极的组织文化和价值观，可以促进治理意识、治理思维和治理能力的良性循环，实现整体治理水平的提升。

（3）持续学习和创新能力。治理智慧需要不断学习和适应变化的能力，以应对日益复杂和多变的治理环境。组织成员应该具备持续学习的意识和能力,不断更新自己的知识和技能,关注最新的治理理论和实践。创新能力能够推动组织不断创新和改进,提高治理效能和竞争力。持续学习和创新能力的培养需要组织提供适当的培训与发展机会,鼓励员工参与创新和改进的实践,并建立学习型组织的机制和文化。

第二节　治理理念、要素与高质量发展的关系

二、治理与执行

治理意识、治理思维和治理能力三者相互关联,共同构成企业成功的关键因素。表 6-2 列出了治理意识、治理思维和治理能力的具体差异。通过关注企业价值观、战略性思考和实际执行力,企业能够提升竞争力,为员工和社会创造高质量发展条件。

项　　目	治 理 意 识	治 理 思 维	治 理 能 力
定义	认识公司治理重要性的观念	用战略性思考和创新方法解决治理难题的能力	实际操作和执行公司治理方案的能力
体现层面	价值层面	认知层面	实践层面
重点	企业长远发展和价值观,公平、透明和责任	企业竞争力和执行力,员工福利和社会责任	企业治理方案的有效实施,员工福利和满意度,环境和社会责任

治理意识主要体现在对公司治理重要性的认识和执行力上。治理意识是企业成功的基石,它关注企业的长远发展和价值观,强调公平、透明和责任。企业管理者需要充分认识到公司治理的重要性,才能为员工创造一个公正、公平的工作环境,进而提升员工满意度和忠诚度。

治理思维主要体现在对公司治理的战略性思考和创新上。治理思维关注企业的长远发展、员工福祉和社会责任。治理思维主要体现在企业管理者的思考层面,通过更全面、深入的视角推动企业实现高质量发展。通过运用创新方法,企业能够创造更多的发展机会和价值,为员工提供更大的职业发展空间。

治理能力主要体现在实际操作和执行公司治理方案的能力上。具备良好

治理能力的企业和个人能够高效地制定并实施公司治理措施，确保企业治理方案的有效实施。治理能力主要体现在实践层面，为公司实现高质量发展提供实际支持。企业管理者通过提高治理能力，更好地平衡各方利益，提高员工福利和满意度，为员工营造美好的生活条件。

　　表 6-3 概括了谷歌、亚马逊和宝洁三家公司在企业治理的三个核心要素方面的主要表现，显示了它们在不同方面如何运用治理智慧来提升企业的整体表现和市场竞争力。尽管三者在各自的实践和战略上表现出独特性，但它们的案例共同强调了全面而高效的公司治理在现代商业环境中的关键作用。通过这些分析，我们可以看到，企业需要在治理意识、治理思维和治理能力上投入资源和努力，以确保能够有效应对全球市场和技术变革带来的挑战。这三个要素的相互作用和协同效应，不仅能够提升企业的内部管理效率，也能够增强企业对外部变化的适应性和整体竞争力。这种综合治理策略是现代企业成功的关键因素之一，对于那些寻求在全球化和快速变化的市场中长期发展的企业尤为重要。

表 6-3　三家公司在治理意识、治理思维和治理能力方面的差异

公司	治理意识	治理思维	治理能力
谷歌	重视用户隐私和数据安全推行透明的数据使用政策积极响应全球隐私保护法规（如 GDPR）	投资前沿科技（量子计算、人工智能）注重多元化和包容性	快速实现技术创新并商业化成功推广 Android 和 Google 云平台
亚马逊	客户至上的理念环境可持续性措施，承诺 2040 年碳中和	全球扩张战略持续创新物流和配送系统技术服务领域的 AWS	迅速适应市场变化推出新服务如 Amazon Prime 和 Alexa
宝洁	高标准产品质量和安全对可持续发展的承诺支持多元化和包容性项目	敏锐洞察市场趋势深入理解消费者需求持续市场研究和产品创新	全球市场品牌和产品策略成功推广执行本地化战略

二、协同效应

　　治理意识、治理思维和治理能力在影响力和推动力、实现高质量发展的侧重点以及适应性和灵活性方面的差异，如表 6-4 所示。

治理智慧要素	影响力和推动力	实现高质量发展的侧重点	适应性和灵活性
治理意识	提供基本认知框架和价值观	高质量发展目标的认知	相对稳定,基本认知
治理思维	分析和解决公司治理问题	用全面视角分析和解决问题	随企业和外部环境变化调整
治理能力	执行力和推动力,实现治理成果	通过实际行动促进高质量发展	适应实际情况,调整治理策略和行动

（一）对高质量发展的影响力和推动力的差异

治理意识关注公司治理基本认知,为高质量发展提供认知框架和价值观。治理思维强调解决治理问题的方法,通过系统性、战略性和创新性思维方式提高治理有效性和适应性。治理能力体现为实际操作中的执行力和推动力,直接影响高质量发展成果和企业内部协调沟通能力。

（二）在实现企业高质量发展方面的侧重点差异

实现高质量发展是企业目标。治理意识、治理思维和治理能力在此方面的侧重点各有特色。治理意识使管理者明确治理重要性,为高质量发展指明方向。治理思维关注全面视角分析治理问题,运用战略性、系统性和创新性思维方式满足员工需求,为高质量发展提供动力。治理能力注重实际行动,推动高质量发展,为员工提供良好的工作环境和福利。

（三）对高质量发展适应性和灵活性的差异

治理意识为企业治理提供稳定基础和方向,助力高质量发展。治理思维具有适应性和灵活性,随企业发展和外部环境变化调整,运用创新、战略和系统性思考应对挑战,推动高质量发展。治理能力体现实践中的适应性和灵活性,根据发展阶段、内外部环境变化和员工需求调整治理策略,持续优化公司治理,实现可持续高质量发展。

第四节 治理理念在实践中的作用

一、正向引领的作用

优秀的公司治理在促进高质量发展方面具有重要意义。通过平衡企业目标与员工福利、优化组织结构与决策机制以及塑造积极向上的企业文化,企业可以为员工创造一个良好的工作环境,提高员工的工作满意度和归属感。这将有利于员工的个人成长和企业的长期发展,共同实现高质量发展的愿景。企业管理者应关注公司治理的实施,以达到这一目标。

(1)优秀的公司治理关注利益相关方需求的平衡,使企业目标与员工福利相互协调。管理者需在制定公司战略时,兼顾市场竞争力、盈利能力和员工的长期发展。良好的公司治理有助于为员工创造更多的成长机会,提高员工的职业素养,给企业带来长期稳定的发展。

(2)优秀的公司治理关注组织结构和决策机制的优化,有助于提高企业的运作效率和透明度,为员工创造公平、公正的竞争环境。企业应确保组织结构简洁、高效,降低决策层级,以便快速响应市场变化。同时,企业应采用科学的决策机制,确保决策过程公开、透明,让员工了解并参与决策。优秀的公司治理有助于降低企业内部的沟通成本和减少摩擦,提高企业整体竞争力。

(3)优秀的公司治理关注企业文化的建设,积极传播正能量,为员工打造积极向上的工作氛围。企业应树立独特的核心价值观,强化企业文化的内涵,使员工感受到企业的使命和愿景。优秀的公司治理有助于员工感受到被尊重和公平对待,提高员工的归属感和满意度。同时,企业应建立透明、公正的评价和奖励制度,激励员工积极投入工作。

二、生活层面的体现

优秀的公司治理在生活层面的高质量发展,关键在于关注企业社会责任、员工福利和关怀以及个人成长和职业规划。优秀的公司治理在追求经济利益的同时,关注环境保护和公益事业,为社会创造价值,提升企业声誉和吸引优秀人才。

企业应承担社会责任,积极参与环保、教育、扶贫等公益活动,为社会创造价值。这种做法不仅提高企业的社会形象和声誉,还为员工树立良好的道德榜样。关注员工福利待遇,如薪酬、医疗保障和舒适的工作环境,有助于提高员工生活品质。企业还应关注员工的心理健康,打造和谐的企业氛围,增强员工的归属感。

此外,优秀的公司治理鼓励企业为员工提供培训和成长机会,关注员工职业发展,助力员工规划美好未来。提供多样化的培训形式,设立晋升通道,并关注员工的职业生涯规划,可以激发员工的工作热情。当员工在企业中不断成长,实现职业目标时,企业也能从中受益。

优秀的公司治理在自我管理层面对高质量发展的促进体现在道德观念的树立、企业家精神与领导力的培养以及时间管理与工作生活平衡的实现等方面。优秀的公司治理有助于员工提升个人品质,成为具有社会责任感的企业家,实现工作与生活的和谐共融。

(1)优秀的公司治理关注道德规范,倡导诚信和自律,为员工树立正确的道德观念。企业应该制定明确的道德准则和行为规范,引导员工在工作和生活中恪守诚信原则。通过公司文化和各类培训活动,企业可以帮助员工提升个人品质,为高质量发展打下坚实的基础。

(2)优秀的公司治理鼓励员工培养企业家精神,不断追求创新与突破。企业应激发员工的创新意识,为员工提供创新的空间和资源。同时,企业应提升员工的领导力,激发团队潜能,促进高质量发展的实现。企业可以通过定期举办领导力培训,提高员工的领导技能,帮助他们更好地激发团队的潜能。

(3)优秀的公司治理倡导员工进行高效的时间管理,提高工作效率,为高质量发展腾出更多时间。企业应通过组织时间管理培训,向员工传授有效的时间管理技巧。良好的公司治理关注员工的工作压力与生活平衡,助力员工在忙碌的工作中找到生活的乐趣。企业应关注员工的心理健康,积极组织各类员工活动,鼓励员工参与团队建设,平衡工作和生活的需求。

表6-5概括了优秀的公司治理在工作、生活和自我管理三个层面对高质量发展的重要影响。

主　题	描　述
优秀的公司治理在工作层面促进高质量发展	
战略制定与执行	平衡企业目标与员工福利,实现企业目标和员工福利的和谐发展,促进员工成长和企业发展
组织结构与决策机制	提升效率与透明度,为员工创造更多发展机会,减少内耗,提高企业竞争力
企业文化与价值观	增强员工归属感与满意度,提升员工价值观和职业素养
优秀的公司治理在生活层面促进高质量发展	
企业社会责任	关注环境与公益,创造美好的生活环境和社会价值,提升企业的社会形象和声誉
员工福利与关怀	关注员工生活品质,提供丰厚的福利待遇,打造家庭般的企业氛围,促进员工生活品质的提升

续表

主　题	描　述
个人成长与职业规划	引导员工规划美好未来,提供培训与成长机会,关注员工职业生涯规划,助力员工实现职业目标
优秀的公司治理在自我管理层面促进高质量发展	
自律与诚信	树立正确的道德观念,强化个人品质,引导员工遵循道德原则
企业家精神与领导力	培养企业家精神,提升领导力,激发团队潜能,助力企业领导者全面发展
时间管理与工作、生活平衡	提倡高效时间管理,平衡工作与生活,关注员工心理健康和生活品质,实现高质量发展目标

第五节　实践治理智慧的六个步骤

在实践中,企业可从加强学习与培训开始,完善治理制度,进而引入先进经验。在引入先进经验的基础上,通过定期评估反馈,企业能够调整并优化治理措施。通过鼓励员工参与治理,企业可以增强员工的责任感和归属感。最后,通过注重企业文化建设,企业可进一步提升治理水平。这些途径之间的逻辑关系形成了一个闭环,有助于提高企业的治理水平,促进高质量发展,如图 6-1 所示。

图 6-1　公司治理促进高质量发展的六大途径

一、学习与培训

学习与培训这一步骤在企业治理新模式的构建过程中占据了基础性的地位。它强调的是公司治理不仅是一种行为,而且是一种理念和理解。这一观念源自决策理论。这种理念和理解决定了决策的方向和方式,也影响了决策的效果。因此,通过学习和培训,企业可以帮助管理层建立正确的公司治理理念,理解公司治理的真正含义,从而作出更科学、更合理的决策。

二、采纳治理新模式

采纳治理新模式这一步骤是企业治理新模式构建过程中的重要环节,它涵盖了公司治理的双重维度:治理基础和治理功能。这一理念的科学依据主要源于现代公司治理理论。这个理论指出,企业的成功不仅取决于其商业战略,而且在很大程度上取决于其治理结构和机制。公司治理的目标是确保决策过程的透明度、公平性和效率,从而实现所有利益相关者的利益最大化。治理基础和治理功能分别对应了这一理论中的治理结构和治理机制。

三、引入先进经验

引入先进经验的步骤的科学性主要体现在其深度挖掘并运用学习型组织理论和基准管理理论两种现代管理理论。学习型组织理论由彼得·圣吉(Peter Senge)提出,它强调了一个组织的持续学习和自我改进的能力。在这种观念下,企业被鼓励从其他成功的企业、机构或个人那里获取知识和经验,从而实现自我改进和创新。

四、定期评估反馈

在此步骤中,企业应建立定期评估公司治理实践的机制,以监控治理效果并及时发现潜在问题。评估结果可用于优化治理方案,提升治理效果。此外,企业还应鼓励内部员工对公司治理提出建议和意见,形成一个多元化的反馈渠道,有助于企业持续改进和优化治理方案。

五、员工参与治理

企业应鼓励员工参与公司治理,让员工对企业发展有更多话语权。可以通过定期举办员工大会、座谈会等形式,让员工直接向管理层反馈意见和建议。此外,企业还应建立一个有效的意见反馈机制,确保员工意见得到充分重视和采纳。通过让员工参与公司治理,企业可以培养员工的责任心和归属感,使他们更加积极地为企业发展贡献力量。

六、企业文化建设

企业文化是公司治理的基石,对于塑造员工的价值观和行为具有重要作用。企业应通过举办企业文化活动、制作企业文化宣传手册等方式,强化企业核心价值观的传播。企业应致力于培养诚信、责任、创新等优秀品质,使员工在日常工作中自觉遵循企业价值观,形成良好的道德风气。通过注重企业文化建设,企业治理理念将深入人心,有助于提高企业整体治理水平。

第六节　实践治理智慧六个步骤的逻辑分析

通过治理智慧实现企业高质量发展的六个步骤之间的逻辑关系形成了一个闭环,每一个环节都是推动企业高质量发展的重要环节。

（1）学习与培训是基础。企业通过定期的学习与培训活动,确保管理层深刻理解公司治理的理念、战略、方法和实践,从而作出科学合理的决策。

（2）基于这种理解,企业会进一步采纳治理新模式,制定公司治理制度和流程,以便更好地执行治理决策。同时,确保各个部门的职责和权限明确,决策和执行更为明确和高效。

（3）在治理模式建立之后,企业可以开始引入先进经验,包括参与国内外的公司治理论坛、研讨会,以及与业内知名企业和专业机构合作,从中吸收并融合先进的治理经验和实践。

（4）在引入先进经验的基础上,企业需要定期评估反馈,对公司治理的效果进行监控,及时发现并解决问题。企业也可以通过接受员工对公司治理的建议和反馈,持续优化治理方案。

（5）员工参与治理是关键,企业鼓励员工参与公司治理,让他们在企业发展中发挥更大的作用,培养员工的责任感和归属感。

（6）企业文化建设产生一种长期并深入人心的影响。企业通过强化企业核心价值观的传播,塑造良好的企业文化,引导员工在日常工作中遵循企业价值观,从而提升企业整体治理水平。

这六个步骤相互关联、相互支持,形成一个完整的闭环。

一、学习与培训

这一步骤的科学性体现在其接纳了知识管理理论的原则。知识管理理论强调知识在组织中的重要作用,主张通过系统地管理知识,提升组织的创新能力和竞争优势。这种理论认为,知识的获取、更新和应用,是推动组织改进和创新的重要手段。因此,通过组织关于公司治理的学习和培训活动,企业不仅可以帮助管理层获取新的知识,更新旧的知识,还可以提升管理层的治理智慧,增强其对内外部挑战的应对能力。

此外,学习与培训这一步骤也体现了学习组织的理念。学习组织的理论强调组织应该成为一个持续学习和创新的实体。在学习组织中,所有成员都应该成为学习者,通过不断学习,不断提高自己的能力和素质,推动组织持续改进和创新。这种理念在学习与培训这一步骤中得到了体现,通过不断提升管理层的治理智慧,企业能在治理过程中采取更加科学合理的决策,更好地应对内外部挑战。

二、采纳治理新模式

治理新模式的科学性表现在它对公司治理核心要素的理解和应用上。例如,股权结构、党委会、监事会和董事会等都是公司治理的关键因素,这些要素在决定公司方向、制定战略决策、实现公司价值等方面都有重要作用。这些要素及其相互关系都是现代公司治理理论的重要组成部分,也是构建公司治理新模式过程中需要深入研究和考虑的重要问题。

此外,治理新模式体现了系统理论的原理。系统理论强调整体性、动态性和复杂性,主张我们应从整体的角度来看待和理解组织,并重视组织内部各个部分之间的相互作用和协同效应。在采纳治理新模式的过程中,我们需要考虑到公司治理的各个要素,理解它们之间的关系,并努力实现它们之间的协调和统一,这都体现了系统理论的原理。

最后,治理新模式还体现了可持续发展理论的原理。可持续发展理论强调我们应该追求长期的、平衡的发展,而不仅仅是短期的、单一的利益。在采纳治理新模式的过程中,我们需要考虑到公司的长期发展和可持续增长,这也体现了可持续发展理论的原理。

三、引入先进经验

基准管理理论是现代管理理论中的另一大重要理论,它进一步强调了对最佳实践的识别、理解和应用。这种理论建议企业定期评估自己的业绩,并与行业中的最佳标准进行比较。这样,企业可以发现自己在哪些方面落后,需要从他人那里学习什么,以及如何改进自己的策略和操作。

在这个步骤中,企业被鼓励参与各种形式的学习活动,如参加论坛、研讨会、培训班等,以便获取新的知识和经验。通过这样的学习和参与,企业可以拓宽自己的视野,增加对行业动态和发展趋势的理解,提高自身的决策制定能力。

除此之外,企业还可以通过与行业领先的企业、专业机构等进行合作,引入它们的优秀经验和实践,为自身的治理改革提供新的动力和方向。这样的合作不仅可以帮助企业快速提高自己的治理水平,还可以在一定程度上避免企业在改革过程中走弯路,提高改革的效率和效果。

因此,从理论和实践的角度来看,引入先进经验这一步骤具有很高的科学性和可操作性。实质上,它构建了一个桥梁,将学习型组织理论和基准管理理论与企业治理实践紧密结合在一起,为企业的高质量发展提供了有力的理论支撑和实践指导。通过积极引入先进经验,企业可以更好地应对日益复杂多变的商业环境,实现其治理目标,增强其竞争优势,最终实现可持续发展。

四、定期评估反馈

这个步骤的科学性来自质量管理和持续改进的理论,特别是 PDCA(计划-执行-检查-行动)循环模型。PDCA 模型是由质量管理的先驱者德明(Deming)提出的一种管理方法,它强调了企业活动的持续性循环和改进的重要性。

在此步骤中,企业定期评估其治理实践,这符合 PDCA 模型中的"检查"环节。企业需要评估其治理措施的执行效果,以便及时发现并解决问题。同时,企业还需要鼓励员工对公司治理提出反馈,这可以视为 PDCA 模型中的"行动"环节。这样,企业可以从多元化的视角获得反馈,有助于对治理实践进行持续改进和优化。

同时,这一步骤的科学性也体现在它采用了反馈控制理论。反馈控制理论是一种在系统工程中广泛应用的理论,它强调了系统输入和输出之间的动态关系,以及反馈在控制系统行为中的作用。在这里,企业治理实践的评估结果(输出)被用来调整和优化治理措施(输入),形成了一个有效的反馈控制系统。

五、员工参与治理

这一步骤的科学依据主要来自人力资源管理理论和参与式管理理论。根据人力资源管理理论,员工是组织中的关键资源,他们的积极参与可以极大地提升组织的创新性、生产率和效率。参与式管理理论则进一步强调了员工参与决策的重要性,认为员工参与可以提升他们的工作满意度和忠诚度,从而降低员工流动率并提升组织的绩效。

员工参与治理的价值体现在多个方面。

(1)它可以提高员工对企业目标和战略的理解和认同,从而提高他们的工作效率和质量。员工参与治理让员工对企业的决策过程有更深的了解,这样他们就更有可能在执行这些决策时全力以赴,而不是被动应对。

(2)员工参与治理能够引入多元化的视角和想法,这对于企业应对复杂环境的挑战,优化治理实践具有重要作用。员工作为企业运营的一线参与者,他们的视角和想法往往能够揭示企业治理中被忽视的问题和机会。

（3）员工参与治理有助于实现员工与组织的利益一致，增强员工的责任心和归属感。当员工感到他们的观点和建议受到尊重，并且能够影响企业的决策时，他们更可能将企业的利益视为自己的利益，对企业的成功有更强的责任感。

（4）通过增强员工的参与感，员工参与治理可以提高整个企业的协调性和稳定性。员工在决策过程中的参与使他们更容易接受和执行这些决策，从而减小和减少了决策的阻力和冲突，提高了组织的协调性和稳定性。

六、企业文化建设

此步骤的科学性主要基于组织文化理论。组织文化是指在一个组织中共享的价值观、信念、期望、习俗和行为规范，它在塑造员工行为、推动组织变革，以及建立并维护组织的长期竞争优势中都起着关键作用。

（1）一种强有力且积极的企业文化能够引导员工的行为，使其形成良好的工作习惯和行为规范，从而提升组织的整体效率和绩效。例如，如果一种企业文化强调公平、公正和责任，那么员工在决策时就更可能考虑到他人和组织的利益，从而提高决策的质量和效率。

（2）企业文化对组织治理有深远影响。一种良好的企业文化能够促进透明、公正和高效的治理，提升组织的适应性和稳定性。对于治理来说，企业文化可以作为一种"软规定"，影响和规范员工的行为，并根据环境变化进行调整，从而为组织提供更大的灵活性。

（3）企业文化对于员工的满意度、忠诚度和留任率有重要影响。一种积极的企业文化能够提升员工的工作满意度和忠诚度，降低员工流动率，从而为组织的长期发展提供稳定的人力资源支持。

第七章

独立董事制度的突破性变革

2001 年，中国证券监督管理委员会(以下简称"中国证监会")发布了《关于在上市公司建立独立董事制度的指导意见》(以下简称《意见》)，正式引入独立董事制度。为了优化上市公司治理结构、推动规范运营，上市公司需要建立独立董事制度。《意见》首次明确了 A 股上市公司独立董事的定义、职责与义务，并对任职条件、选举程序、职责、独立性要求等方面提供指导。

经过 20 多年的发展和完善，独立董事制度取得了显著成果，从早期的"花瓶独董""明星独董"发展到现在的"专才型独董"。在这个过程中，社会对独立董事的期待逐渐从名气转向职业背景和专业能力，希望他们在董事会议题决策中发挥积极作用。然而，"专才型独董"与独立董事制度的初衷有很大差异，导致了制度的悖论和发展困境。为了解决这个问题，业界提出了"通才型独董"的概念。

"通才型独董"可以帮助澄清独立董事角色，提供全新的发展路径。在这种模式下，独立董事需要掌握各类董事会议题的理论和方法，对董事会提案进行科学评估。具体的资料收集、数据获取、分析计算和决策认证等工作则由公司内外相关专业人员负责。"通才型独董"的出现有助于将独立董事塑造成一份令人尊敬的职业，使董事会成为公司决策的核心，并让公司更有效地优化资源配置、提升社会福祉。[①]

第一节 制度设计与实践错位：通才与专才

本部分主要探讨独立董事的定位问题，分析现实中独立董事作为"通才"或

---

① 部分内容曾发表于：牛建波,尹雅琪.通才型独董：制度变革的新方向和新思路[J].董事会,2021(8)：39-43.

"专才"的困境，以及通才型独立董事的概念和实践。本章首先展示了上市公司治理准则、董事会议事规则和中国证监会判决案例对独立董事的要求，指出现实中独立董事在履职中往往表现为专才。这种现象反映出政策指引与企业实践、理想与现实之间的冲突。

独立董事制度在改善公司治理结构、加强公司专业化和规范化运作等方面具有重要作用。那么，一名合格的独立董事应当具备怎样的职业素养和个人品质呢？以下将从上市公司治理准则对董事义务的规定、两家上市公司董事会议事规则对独立董事的要求对其进行展示，并通过中国证监会对獐子岛集团股份有限公司（以下简称"獐子岛"）的处罚判决案例来呈现独立董事在实际履职中如何认定自身的责任范围。

2018年修订版的《上市公司治理准则》中关于董事会和独立董事的规定摘录如下。

第二十三条　董事应当对董事会的决议承担责任。董事会的决议违反法律法规或者公司章程、股东大会决议，致使上市公司遭受严重损失的，参与决议的董事对公司负赔偿责任。但经证明在表决时曾表明异议并记载于会议记录的，该董事可以免除责任。

第三十七条　独立董事应当依法履行董事义务，充分了解公司经营运作情况和董事会议题内容，维护上市公司和全体股东的利益，尤其关注中小股东的合法权益保护。独立董事应当按年度向股东大会报告工作。

上市公司股东间或者董事间发生冲突、对公司经营管理造成重大影响的，独立董事应当主动履行职责，维护上市公司整体利益。

第三十八条　上市公司董事会应当设立审计委员会，并可以根据需要设立战略、提名、薪酬与考核等相关专门委员会。专门委员会对董事会负责，依照公司章程和董事会授权履行职责，专门委员会的提案应当提交董事会审议决定。

专门委员会成员全部由董事组成，其中审计委员会、提名委员会、薪酬与考核委员会中独立董事应当占多数并担任召集人，审计委员会的召集人应当为会计专业人士。

上海证券交易所在2013年发布的《上海证券交易所上市公司董事会审计委员会运作指引》中对于审计委员会的职责规定如下。

第十三条　审计委员会的职责包括以下方面：

（一）监督及评估外部审计机构工作；（二）指导内部审计工作；（三）审阅

上市公司的财务报告并对其发表意见；（四）评估内部控制的有效性；（五）协调管理层、内部审计部门及相关部门与外部审计机构的沟通；（六）公司董事会授权的其他事宜及相关法律法规中涉及的其他事项。

宁德时代新能源科技股份有限公司（以下简称"宁德时代"）（300750）2019年新修订的《董事会议事规则》的第十八条规定了需要由董事会进行审批的交易。

第十八条　以下交易由董事会进行审批：

（一）交易涉及的资产总额占公司最近一期经审计总资产的百分之十以上，该交易涉及的资产总额同时存在账面值和评估值的，以较高者作为计算数据；

（二）交易标的（如股权）在最近一个会计年度相关的营业收入占公司最近一个会计年度经审计营业收入的百分之十以上，且绝对金额超过五百万元；

（三）交易标的（如股权）在最近一个会计年度相关的净利润占公司最近一个会计年度经审计净利润的百分之十以上，且绝对金额超过一百万元；

（四）交易的成交金额（含承担债务和费用）占公司最近一期经审计净资产的百分之十以上，且绝对金额超过五百万元；

（五）交易产生的利润占公司最近一个会计年度经审计净利润的百分之十以上，且绝对金额超过一百万元。

上述指标计算中涉及的数据如为负值，取其绝对值计算。

本条所指"交易"是指下列事项：

（一）购买或者出售资产；（二）对外投资（含委托理财、对子公司投资等）；（三）提供财务资助（含委托贷款）；（四）提供担保（含对子公司担保）；（五）租入或者租出资产；（六）签订管理方面的合同（含委托经营、受托经营等）；（七）赠与或者受赠资产；（八）债权或者债务重组；（九）研究与开发项目的转移；（十）签订许可协议；（十一）放弃权利（含放弃优先购买权、优先认缴出资权利等）；（十二）其他法律、法规或规范性文件、公司章程或公司股东大会认定的交易。

上述购买、出售的资产不包含购买原材料、燃料和动力，以及出售产品、商品等与日常经营相关的资产，但资产置换中涉及购买、出售此类资产的，仍包括在内。

宁德时代（300750）在2019年新修订的《独立董事工作制度》的第十八条中规定了需要独立董事发表独立意见的重大事项，具体如下。

第十八条　公司在证券交易所上市后，独立董事除履行上述职责外，还应对以下重大事项发表独立意见：

（一）对外担保；（二）重大关联交易；（三）董事的提名、任免；（四）聘任或者解聘高级管理人员；（五）公司董事、高级管理人员的薪酬和股权激励计划；（六）变更募集资金用途；（七）制定资本公积金转增股本预案；（八）制定利润分配政策、利润分配方案及现金分红方案；（九）因会计准则变更以外的原因作出会计政策、会计估计变更或重大会计差错更正；（十）上市公司的财务会计报告被注册会计师出具非标准无保留审计意见；（十一）会计师事务所的聘用及解聘；（十二）上市公司管理层收购；（十三）上市公司重大资产重组；（十四）上市公司以集中竞价交易方式回购股份；（十五）上市公司内部控制评价报告；（十六）上市公司承诺相关方的承诺变更方案；（十七）上市公司优先股发行对公司各类股东权益的影响；（十八）法律、行政法规、部门规章、规范性文件及公司章程规定的或中国证监会认定的其他事项；（十九）独立董事认为可能损害上市公司及其中小股东权益的其他事项。

第二十条规定了发表独立意见时至少包括的内容。

第二十条 独立董事对重大事项出具的独立意见至少应当包括下列内容：

（一）重大事项的基本情况；（二）发表意见的依据，包括所履行的程序、核查的文件、现场检查的内容等；（三）重大事项的合法合规性；（四）对公司和中小股东权益的影响、可能存在的风险以及公司采取的措施是否有效；（五）发表的结论性意见，对重大事项提出保留意见、反对意见或无法发表意见的，相关独立董事应当明确说明理由。

2021年3月上海永茂泰汽车科技股份有限公司（以下简称"永茂泰"）(605208)修订的《公司章程》的第一百零九条规定了应提交董事会审议的事项，具体如下。

第一百零九条 公司发生的交易（提供担保、受赠现金资产、单纯减免公司义务的债务除外）达到下列标准之一的，应当提交董事会审议：

（一）交易涉及的资产总额（同时存在账面值和评估值的，以高者为准）占公司最近一期经审计总资产的10％以上；

（二）交易的成交金额（包括承担的债务和费用）占公司最近一期经审计净资产的10％以上，且绝对金额超过1000万元；

（三）交易产生的利润占公司最近一个会计年度经审计净利润的10％以上，且绝对金额超过100万元；

（四）交易标的（如股权）在最近一个会计年度相关的营业收入占公司最近一个会计年度经审计营业收入的10％以上，且绝对金额超过1000万元；

（五）交易标的（如股权）在最近一个会计年度相关的净利润占公司最近一

个会计年度经审计净利润的 10％ 以上，且绝对金额超过 100 万元。

上述指标涉及的数据如为负值，则应取其绝对值计算。

2018 年 6 月审议通过的永茂泰《独立董事工作制度》第十四条中规定了独立董事需要发表独立意见的事项。

第十四条　独立董事除履行上述职责外，还应对以下事项向董事会或股东大会发表独立意见：

（一）提名、任免董事；（二）聘任或解聘高级管理人员；（三）公司董事、高级管理人员的薪酬和股权激励计划；（四）变更募集资金用途；（五）超募资金用于永久补充流动资金和归还银行借款；（六）制定资本公积转增股本预案、利润分配政策、利润分配方案及现金分红方案；（七）因会计政策变更以外的原因作出会计政策、会计估计变更或重大会计差错更正；（八）上市公司的财务会计报告被注册会计师出具非标准无保留意见；（九）会计师事务所的聘用及解聘；（十）重大关联交易、对外担保（不含对合并报表范围内子公司提供担保）；（十一）重大资产重组方案；（十二）以集中竞价交易方式回购股份；（十三）内部控制评价报告；（十四）独立董事认为可能损害中小股东权益的事项；（十五）有关法律、行政法规、部门规章、规范性文件及《公司章程》规定的其他事项。

独立董事应当就上述事项发表以下几类意见之一：同意；保留意见及其理由；反对意见及其理由；无法发表意见及其障碍，所发表的意见应当明确、清楚。

根据中国证监会对上市公司董事会的总体要求和部分上市公司对独立董事职责的规定，独立董事在参与公司重大事项经营决策、监督其他董事和经理层行为方面拥有大量权力和责任。公司的发展战略、重要经营策略、高管薪酬激励政策以及股东权益维护等，都需获得独立董事的认可和同意后，方可提交股东大会或董事会审议。

在企业实践中，独立董事如何认识和定位自己应履行的职责和义务呢？以中国证监会对獐子岛的处罚判决案例为例。从 2014 年开始，在不到 6 年时间里，獐子岛的扇贝先后四次离奇"失踪"，一度被投资者视为国内最离奇的资本市场闹剧。2020 年 6 月 15 日，经调查，中国证监会认定獐子岛存在财务造假，并处以行政处罚。

獐子岛的 4 名独立董事分别进行了申辩：陈某 A 称其作为质量检验、食品安全和加工出口方面的专业人士被股东大会选举为独立董事，不具备财务方面的专业审查能力；陈某 B 称其是作为管理专业人士被股东大会选举为独立董事的,不具备财务方面的专业审查能力;吴某某称其是作为财务管理方面的人员被股东大会选举为独立董事的,虽然具备基础的财务知识,但并不是财务方面的专家,不具备对獐子岛所涉虚假记载事项的审查能力;丛某某称其是作为人力资源管理方面的专家被股东大会选举为独立董事的,不是财务方面的专家,无法通过审查年度报告的方式发现存在的问题。

他们均强调自己的专业背景与财务审查能力无关,因此不具备发现问题的能力。

然而,这些申辩意见并未使独立董事免于处罚。最终,中国证监会认为《中华人民共和国证券法》第八十二条明确规定董事和高管人员对信息披露真实、准确、完整所负有的法定保证义务,不知情、未参与、不具备相关专业背景、依赖外部审计等并非法定免责事由。

由此可见,在实际运作中,尽管上市公司对独立董事的聘任标准和独立董事自身的定位通常是专才,但法规和准则对所有独立董事一视同仁,要求他们行使相同的权利和承担相同的义务,而不会因独立董事的专业和职业背景差异而有所区别。仅精通某一专长而忽视公司经营的其他方面,并不能成为独立董事规避职责和义务的"挡箭牌"。

这种情况反映出制度设计与实践之间的错位:独立董事制度本意是寻求通才,而现实中却往往偏向专才。这导致独立董事在履行职责时,面临权力与能力之间的不匹配。一个理想的独立董事应具备足够的通识和跨领域的知识,以便全面地了解公司经营,从而更好地执行监督职能。

根据《上市公司治理准则》和公司内部制度的设定,独立董事应该具备跨领域的知识和能力,成为能够将专业知识与公司经营决策相融合的通才。然而,在实际运作中,独立董事制度是否达到和符合这一目标和要求呢?我们可以通过观察宁德时代、永茂泰两家上市公司的独立董事简介,以及腾讯控股有限公司关于董事会名单的公告,来了解董事会中独立董事的职业背景和成员结构情况。

宁德时代聘任的独立董事的个人简介如下。

蔡某:女,1962 年出生,中国国籍,无境外永久居留权,福建师范大学博士。曾任福建师范大学讲师、副教授、经济学院经济学系主任。现为福建师范大学教授、博士生导师、经济学院学位分委员会主席、公司独立董事。

薛某：男，1963年出生，中国国籍，无境外永久居留权，博士。曾任广州远洋运输有限公司工程师，中国电子器材厦门有限公司会计师、财务经理，厦门天健会计师事务所注册会计师，中青基业投资发展中心财务总监，三亚金棕榈旅业投资有限公司董事长，福建安井食品股份有限公司独立董事。现任厦门大学管理学院会计系教授、系副主任，厦门信达股份有限公司、奥佳华智能健康科技集团股份有限公司、福建傲农生物科技集团股份有限公司、乔丹体育股份有限公司、宁德时代独立董事。

洪某：男，1959年11月生，中国国籍，无境外永久居留权，中共党员。中国政法大学本科学历，法学学士学位；厦门大学，世界经济研究生学历，经济学硕士学位；一级律师。历任福建省律师协会秘书长、副会长、会长，中华全国律师协会副会长等职，现为福建新世通律师事务所首席合伙人、福建省律师协会名誉会长，国家市场监督管理总局（法律组）安全专家、福建省人民政府国有资产监督管理委员会法律咨询专家委员会法律咨询专家、福州市人民政府法律顾问、第十三届全国人大代表，福建东百集团股份有限公司、鸿博股份有限公司独立董事。

永茂泰聘任的独立董事的个人简介如下。

王某：男，中国国籍，无境外永久居留权，1967年8月生，本科学历，高级工程师。曾任中国有色金属工业再生资源有限公司副总经理、中国循环经济协会副会长兼秘书长，现任中国有色金属工业协会再生金属分会副会长兼秘书长、公司独立董事。

李某A：男，中国国籍，无境外永久居留权，1952年生，硕士研究生学历，高级律师，中国行为法学会金融法律行为研究专业委员会副秘书长、常务理事，上海市法学会诉讼法研究会副会长。曾任上海市银都律师事务所副主任、上海市复兴律师事务所主任。现任上海李小华律师事务所主任、公司独立董事。

李某B：女，中国国籍，无境外永久居留权，1969年1月生，本科学历，中国注册会计师、注册资产评估师、高级会计师。曾任新疆啤酒花股份有限公司副总经理、光明食品（集团）有限公司冷食事业部总经理、上海梅林正广和股份有限公司财务总监等职务。现任上会会计师事务所（特殊普通合伙）审计师、公司独立董事。

腾讯控股有限公司（00700）在2021年5月20日发布的公告《董事名单以及其角色及职能》中公示了董事会的成员及其在委员会中的任职情况，如表7-1所示。

职位	姓名	审核委员会	企业管治委员会	投资委员会	提名委员会	薪酬委员会
执行董事	马化腾			M	C	
	刘炽平			C		
非执行董事	雅各布斯·佩特鲁斯（与）贝克尔 [Jacobus Petrus(Koos) Bekker]					M
	查尔斯·圣莱杰·塞尔（Charles St Leger Searle）	M	C	M	M	
	李东生				M	M
独立非执行董事	伊恩·查尔斯·斯通（Ian Charles Stone）	M	M		M	C
	杨绍信	C	M		M	
	柯杨		M			

注：C——相关董事委员会主席；M——相关董事委员会成员。

从上述信息可以看出,腾讯控股有限公司的董事会设有五个董事委员会,李东生、伊恩·查尔斯·斯通、杨绍信、柯杨这四位独立董事分别在审核委员会、企业管治委员会、提名委员会和薪酬委员会担任职务。这表明,在确定董事委员会成员时,腾讯控股有限公司是根据独立董事的专业特长进行分配的。这一做法暗示了独立董事在董事会的部分决策中发挥作用,而并非期望他们在董事会所有决策环节都具备出色的决策能力。

从宁德时代和永茂泰聘任的独立董事的个人简介来看,这两家公司的独立董事成员构成具有多元化的特点,覆盖了经济、财务、法律和技术四个领域,基本上是各自领域的专家。这种情况表明,尽管上市公司在章程和规则中提出了"通才型"独立董事的要求,但在现实中,公司往往以专才的标准和期望来聘任独立董事,并根据独立董事的专长来区分实际履职要求。这导致独立董事在发挥决策专业化、科学化的作用时,往往局限在与其专业领域相关的决策事项上。

在这种现实情境下,独立董事的背景特征决定了他们为公司提供的资源类型、咨询水平和监督能力。因此,学术研究通常根据独立董事的职业背景将他们区分开来,分类探讨他们对公司经营发展的影响。

实际上,独立董事到底是"通才"还是"专才"的问题,反映出政策指引与企业实践之间、理想与现实之间的冲突。为解决这一冲突,企业需要重新审视独立董事的定位。企业在选拔独立董事时,应平衡专业知识和通识能力的要求,培养和选拔具备跨领域知识和能力的独立董事,使其在履行职责时既能针对具体的专业领域提出建设性意见,又能从更宏观的角度为公司的整体发展提出有益建议。

三、独立董事实践偏离制度要求的主要原因

本部分主要探讨了通才型独立董事的理想化与现实困境。在现实中,人们通常倾向于在某一领域深入学习,而通才较难寻找。另外,对于独立董事来说,在现实中其在其他领域的成就相对有限。此外,本部分还指出了现实中治理与管理的混淆问题。独立董事在制度设计中被定位为"通才",但在实际治理实践中,往往以"专才"的身份履职。这种现象和困境亟待消除。总结起来,虽然通才理念理想化,但在现实中却难以寻找,并且治理与管理的混淆导致独立董事在实践中偏离了其职责范畴。

(一)通才固然好,但千金难觅

古训云:"万贯家财,不如一技在身。"在人们的传统观念中,掌握一项精湛的专业技能似乎成为人生发展的基石。许多成功学理论也强调,在追求成为顶尖人才的道路上,应持续专注于某一领域,倡导深入钻研、精益求精的工匠精神。正是这些根深蒂固的文化和观念,让我们在不知不觉中走上了专才的成长道路。

教育可大致分为通才教育和专才教育。目前,我国的教育体系整体倾向于专才教育,这样的教育方式为社会提供了大量具有专业技能的人才,具备明显的功利性和实用性。在高等教育阶段,教育体系结构进一步细分,专才教育模式更加显著。换句话说,学历越高,所学习的知识和研究领域就会更加专业化,从而更容易培养出某一领域的专家。

人的时间和精力都是有限的,受制于客观能力的局限,大多数人认为自己只能在某个领域深入学习,即"通而不精,不如专一而精"。在许多人看来,不同领域之间的差距如同鸿沟,涉足新领域的学习充满陌生感和挑战,因此人们更愿意留在自己的舒适区。

对于独立董事来说,被聘任的独立董事通常具有高学历和丰富经验,过去的经历使他们在专才道路上越行越远。然而,在其他领域的成就往往相对有限。因此,虽然通才理念理想化,但在现实中却难以寻找。

(二)混淆治理和管理的关系

公司治理是一个涵盖多角度和多层次的概念。从公司治理的产生和发展来看,可以从狭义和广义两个方面进行理解。狭义的公司治理主要指股东等所有者对经营者实施的监督和制衡机制,旨在确保股东利益最大化,并防止经营者背离所有者的利益。广义的公司治理则不仅局限于股东对经营者的制衡,而且涉及更广泛的利益相关者。而公司管理的主体则是经理层,代表着公司经营

权的权能结构,通过指导和监督具体的经营活动来实现公司的经营目标。因此,治理注重公司内外部整合与协调的全局观,而管理则侧重于公司内部具体事务的处理和发展。

作为董事会成员的独立董事,在其擅长的专业领域之外,还需要深入理解董事会在公司治理机制中的角色定位,掌握审议董事会议题的决策标准和方法,从公司整体角度制定、控制和监督公司战略方针,以有效发挥独立董事的治理作用。然而,现实中对独立董事的要求往往局限于处理公司经营中某一类事务的能力和经验,侧重于具体的经营管理事项,而非权力制衡和监督的治理功能。

未能对治理和管理进行科学的区分导致对独立董事能力范畴的误解,从而出现独立董事实践偏离文件要求的现象。也就是说,在制度设计中,独立董事被定位为"通才",但在实际治理实践中,他们往往以"专才"的身份履职,这种现象和困境亟待消除。

第二节 通才型独立董事:概念溯源与拓展

"通才型独立董事"概念借鉴了贝恩咨询公司董事会主席奥里特·加迪什(Orit Gadiesh)提出的"专家型通才"。通才型独立董事需掌握不同董事会决策议题所需的理论和方法,能对提交到董事会的议案进行科学评估。区别于专家型通才,通才型独立董事不需要深入掌握多个学科,而是关注公司治理领域。他们需要熟悉董事会决策事项的科学评估原则、方法和工具,明确独立董事的目标和角色定位。通才型独立董事的成功实践不仅需要独立董事自身的思维转变和积极学习,还需要与影响其董事履职的相关主体进行充分的沟通和辅导。这一概念旨在为独立董事制度的发展提供全新思路和启示,为独立董事发挥应有作用提供全新途径和逻辑。

一、概念溯源与界定

根据独立董事制度设计的角色定位,我们可以借鉴"专家型通才"这一概念。贝恩咨询公司董事会主席加迪什首先提出了这一术语,她将专家型通才定义为那些具备能力和好奇心去掌握并汇集来自不同学科、行业、技能、专业、国家和议题等方面的知识的人。这类人在深入研究并完善一个领域的思考时,同时广泛涉猎许多不同领域,力求在两个或更多的事务上达到前25%的水平,并理解连接这些领域的更深层次的原则,然后将这些原则应用到他们的核心专长。

从上述分析可见，独立董事在治理制度设计中的确类似于通才，但这里的通才既非泛泛而谈之人，也非博学多才的全能之人。根据治理制度设计的初衷以及独立董事在专业方面应具备的特点，我们将合格的独立董事称为"通才型独立董事"。

"通才型独立董事"要求独立董事掌握不同董事会决策议题所需的理论和方法，能够对提交至董事会的议案进行科学评估，具体事项如资料收集、数据获取、计算分析和决策认证等由公司内部或外部相关专业人员负责。通才型独立董事为独立董事制度发展提供了全新思路，为独立董事发挥应有作用提供全新逻辑。

对于专家型通才的独立董事而言，"专"意味着在其原有知识领域具有专业性和权威性，"通"则要求具备与董事会决策相关的经济、财务、治理、管理、法律等方面的基本原理、正确思维和科学决策方法，而非要求成为精通企业经营所有环节和过程、通晓所有领域的专家型通才，正如加迪什所定义的那样。

二、通才型独立董事与专家型通才的区别

虽然加迪什定义的专家型通才强调广泛学习、技能互补和创造性，但我们对"通才型独立董事"的界定与之存在明显差异。

（1）独立董事在参与董事会决策时，并不需要深入掌握其专业领域之外的其他学科、专业和技能的具体知识，无须成为所有决策领域的专家，也不必深入理解不同学科间的深层次联系以创造新知识。

（2）"通才型独立董事"需要熟悉董事会进行决策事项的科学评估原则、方法和工具，掌握资本市场、公司治理、法律制度和企业管理等核心领域的知识，明确独立董事的目标和角色定位。他们需要理解董事会作为一个团队实现有效和高效运行的结构设计方法、原则与思路，掌握设计有效治理机制的政策和工具，学会培育优秀治理文化的方法。

（3）对于"通才型独立董事"所需的这些理论、方法和技术，在短期内通过专项培训即可掌握。然而，在独立董事履职过程中，他们可能会受到其他董事、公司大股东和高管人员等的不理解、不配合，甚至是刁难和故意阻拦。因此，"通才型独立董事"的成功实践不仅需要独立董事自身的思维转变和积极学习，还需要与影响其董事履职的相关主体进行充分的沟通。

基于治理架构和逻辑的"通才型独立董事"概念的提出，旨在为独立董事制度的发展提供全新思路和启示，为独立董事发挥应有作用提供全新的途径和逻

辑。表 7-2 概括了两者的一些主要区别。

对比项	通才型独立董事（牛建波）	专家型通才（加迪什）
学科广泛性	不要求深入掌握多个学科,仅关注公司治理相关领域	掌握多个学科并在其中发挥专长
专业领域	限定在公司治理相关领域	涉及多个专业领域
董事会决策	在董事会决策时仅需掌握决策相关知识,如资本市场、公司治理、法律制度和企业管理等方面的核心内容,能够对提交到董事会的议案进行科学评判	在董事会决策时能够清楚理解各学科间的联系并组合创造出新的知识,对各种决策议题都有深入的见解和专业建议
技能互补性	不强调技能互补性,更关注公司治理的全局视角	强调技能互补性,将不同领域的知识和技能相互结合以实现更高效的决策
创造性	不强调创造新知识,更关注治理机制的优化	强调创造新知识,不断探索和创新
培训与实践	通过专项培训即可掌握公司治理相关知识,侧重于独立董事在董事会中的监督和制衡作用	需长期学习和实践多个领域,不仅在董事会决策中提供专业建议,还在公司战略和业务发展中发挥关键作用
角色定位	作为独立董事,关注公司治理,保护股东利益,注重价值创造	作为专家型通才,在多个领域发挥专长,为公司战略和业务发展提供创新思维和专业指导

为了更好地发挥独立董事在公司治理中的作用,需要强化制度建设与市场机制的相互配合。

一方面,政府和监管部门应通过制定更明确的法规与政策,增加独立董事的法律责任,确保其在公司治理中的独立性和公正性。

为实现这一目标,一些可以采取的措施如下。完善独立董事的任期制度:设定合理的任期长度,以确保独立董事能够在一定时期内充分了解企业情况,并对公司治理产生实质性影响;规范独立董事的选拔程序:选拔过程应公开透明,以避免独立董事受控于特定利益集团;设定独立董事的业务培训和考核机制:定期对独立董事进行业务培训,确保其具备履行职责所需的专业知识。此外,应建立考核机制,对独立董事的履职情况进行评估。

同时,应加大对违法违规行为的惩戒力度,提升独立董事履职的风险意识。

譬如,加大对独立董事违法违规行为的处罚力度,确保其承担相应的法律责任;设立举报制度,鼓励内部和外部人员揭露独立董事的违法违规行为,以营造良好的企业治理环境等。

另一方面,市场机制应充分发挥作用,鼓励和培育具备专业知识和丰富经验的独立董事,提高独立董事的整体素质。这方面的措施包括:建立专业化的独立董事培训体系,通过专门的教育和培训项目提高独立董事的专业水平;设立独立董事人才库,为企业选拔独立董事提供有力支持;制定合理的薪酬制度,吸引优秀人才担任独立董事职务等。

二、转变制度目标

当前独立董事制度的目标往往偏重规范公司治理结构和流程,容易忽视对公司价值创造的关注。为了更好地实现公司健康和长期可持续发展,应将独立董事制度的目标从单纯的规范为主转向着重于公司价值创造。具体来说,独立董事应更多地关注公司的核心竞争力、创新能力和可持续发展能力,积极推动公司实现战略目标和业绩提升。

为实现这一目标,以下几点建议值得关注:①重视企业文化与价值观:独立董事应深入了解企业文化及价值观,确保公司战略与企业文化相互支持,从而促进公司价值创造。②关注利益相关方:独立董事应密切关注利益相关方(如股东、员工、供应商、客户等)的诉求,协调各方利益,以推动公司在多元利益诉求之间实现平衡发展。③优化公司战略规划:独立董事应积极参与公司战略规划过程,利用自身专业知识和经验,提出切实可行的建议和方案,促使公司战略更具针对性和执行力。④激励创新与可持续发展:独立董事应倡导企业创新,推动公司持续提升技术研发能力和产品竞争力。同时,关注公司在环保、社会责任等方面的表现,以实现可持续发展。⑤监督公司业绩:独立董事应密切关注公司业绩变化,评估公司管理层的决策效果,确保公司治理的有效性。若公司业绩不佳,独立董事应敢于提出问题,并推动公司管理层及时采取改进措施。⑥鼓励长期投资:独立董事应积极传达公司治理的长期目标,引导股东关注公司长期发展,抵制短期利益诱惑,以支持公司价值的持续创造。

三、调整职责定位

根据第三章基于第一性原理总结出的公司治理功能的 DES 模式,为了更好地发挥独立董事的作用,其职责定位可调整为以下三个方面。

(1)科学决策。强调独立董事在公司决策过程中的作用。以公司健康为治理目标,董事会应构建衡量指标体系(如公司愿景、战略、创新能力、社会责任、市场地位、财务状况和生产力等方面),并确定合理分区区间。独立董事应运用专业知识和经验,为公司提供有益建议和指导,协助公司作出明智决策。

(2)系统激励。独立董事应参与制定董事和高管的激励机制,确保激励与公司战略目标和长期价值创造相一致。独立董事需关注激励机制的公平性、合理性和可持续性,以便在保持公司健康的前提下,为广大利益相关者创造更多的价值。

(3)高效监督。独立董事需要在公司治理中发挥适度监督作用,确保公司高管履职,防范潜在风险。监督过程中,独立董事应注重结果导向,关注公司治理实际效果和价值创造。此外,独立董事还需关注公司内部风险控制和合规管理,提高企业的透明度和公信力。

第四节　董事胜任力模型:SCENT模型

公司治理对企业的经营效率、创新能力和社会影响力产生深远影响,进而成为日益重要的竞争优势。董事会作为公司治理的核心,代表股东制定战略决策并监督高管层。中国企业在经过 40 多年的建设和发展后,董事会已具备相对完整的形式、规模和结构。在制度规范建设方面,根据国际权威公司治理准则,如 G20(二十国集团)/OECD(经济合作与发展组织)公司治理原则,中国已取得显著成果。

尽管如此,中国企业治理实践中仍存在董事会制度建设与董事科学决策之间的差距。在实践中,许多公司的董事会治理仅仅为了满足合规要求,形式主义盛行,而忽略了价值创造这一核心职能。为了解决这一问题,落实董事会职权已成为中国企业现代公司治理改革的关键内容之一。例如,国务院国有资产监督管理委员会(以下简称"国资委")、国家发展和改革委员会、人力资源和社会保障部联合发布的"十项改革试点"和国资委推动的国企改革三年行动等。

然而,多年来,董事会虚化和决策职能缺位问题依然突出。一个关键原因是缺乏对董事胜任力的深入研究,导致对董事胜任力理解的差异和董事会的低效甚至无效。遗憾的是,迄今为止,尚未发现关于中国董事胜任力的研究成果。

企业作为市场经济的主体和国家竞争力的基石,其发展壮大将有助于国家的繁荣强盛。有效的董事会有助于实现企业目标与国家发展的同频共振。鉴于政治、经济和制度环境的被动要求以及企业自身的主动诉求,建立中国企业董事胜任力模型具有必要性、迫切性。这符合深化国有企业改革、切实落实董事会职权的需求，也适应绿色治理时代企业发展的需求。因此，在充分借鉴国内外学者和组织的研究成果的基础上，我们于 2021 年构建了中国首个董事胜任力模型，旨在为董事会更好地发挥其作用提供基础性支持。①

一、董事胜任力 SELM 模型的内涵

自 1973 年麦克莱兰（McClelland）教授首次提出胜任力概念以来，几十年的发展使得胜任力领域的研究成果丰富多样。然而，在董事胜任力方面的研究相对较少，仅有部分学者和组织对此展开探索性研究。例如，瑞士洛桑国际管理发展学院全球董事会研究中心主任科辛（Cossin）提出了董事会有效性的四大支柱：人的素质、关注度、奉献精神；内外部、正式和非正式的信息架构；组织结构和流程；团队动态和治理文化。南部非洲董事协会从职业能力、个人能力和社会能力三个方面，分别阐述了董事应具备的知识和技能，并提出了五个基本价值观：良心、包容、能力、奉献和勇气。新西兰董事学会的董事能力框架包括董事特征和董事能力两个方面，董事能力则分为战略和治理领导、知情决策、商业头脑、沟通等四个部分。英国董事协会（IoD）从知识、技能和思维模式三个维度构建了董事胜任力框架。

构建董事履职胜任力模型需兼顾企业内外两个层面：一方面，企业外部的相关法律法规和监管制度明确规定了董事的义务和行为准则，董事在履职时必须严格遵守；另一方面，企业内部的董事个人条件和董事会基础设施是影响董事胜任力的两个主要因素。董事的知识、技能体现了其软实力，而董事会基础设施则是硬实力。良好的董事会基础设施是董事发挥有效作用的重要支撑和保障。

在对已有优秀实践经验和研究成果进行严谨评估的基础上，笔者构建了董事胜任力 SELM 模型，用公式表示为：$C = f(S, E, L, M)$。其中，S 代表技能（skills），指董事的决策能力和专业素质；M 代表激励和态度（motivation and attitudes），包括董事的积极性、价值观等因素；L 代表董事义务（liability），即董事承担的义务和责任；E 代表董事履职的外部环境（environment），即影响董事会有效性的基础设施。我们将此模型简称为董事胜任力 SELM 模型，与英文名字所寓意的聪慧、守信用相契合。图 7-1 概括了 SELM 四个维度所包含的具体内容。

（一）董事技能（S）

董事作为公司治理的关键角色，需要具备全面的专业知识，以便履行决策

---

① 部分内容曾发表于：牛建波，尹雅琪.中国董事胜任力模型的建构[J].董事会，2021(11)：88-97.

L 董事义务
● 忠实义务
● 勤勉义务

M 董事激励和态度
● 战略制定　　● 开放包容
● 商业敏锐度　● 领导力
● 信息的获取、● 自我意识和
　分析和应用　　管理
● 沟通交流　　● 绿色治理
● 团队合作　　● 政治意识

S 董事技能
● 公司治理
● 财务金融
● 风险管理
● 行业业务

董事SELM
胜任力模型

E 董事会基础设施
● 董事会的目标和计划
● 董事会的会议议程和议事规则
● 批判和辩论的治理文化
● 董事会的评估体系
● 董事的动态胜任力
● 董事高管的责任保险

和监督职能。本节将从以下四个方面阐述董事所需技能：公司治理、财务金融、风险管理和行业业务。

董事会是公司治理的主体，高效治理需要董事具备对公司治理理论核心内容和原则的深刻理解，包括股东权益保护、透明度和公平原则。董事还需明确董事会与管理层的界定，有效平衡权力，以及制定有效的激励机制，确保公司可持续发展。

董事需要具备扎实的财务金融知识，包括财务报表分析、现金流量管理、财务风险识别及财务指标评估等。这些能力有助于董事对公司的财务状况、运营效率、盈利能力等进行全面评估，从而作出明智的决策。

风险管理对于公司稳健发展至关重要。董事需要具备风险识别、评估、监控及应对能力，为公司制定合适的风险管理策略。这包括市场风险、信用风险、操作风险等方面的管理。了解行业最佳实践和合规要求，董事可以帮助公司建立健全的风险管理体系，确保企业可持续发展。

4. 行业业务

董事应深入了解企业所在行业的发展趋势、竞争格局、客户需求、技术创新等方面，以便为企业制定科学的发展战略。对于不同行业的企业，董事需要关注行业特点、政策法规、市场竞争等因素，发挥自身专业优势，为企业创造价值。

总之，董事需要具备公司治理、财务金融、风险管理和行业业务等方面的全面技能。这些技能将有助于董事更好地履行其决策和监督职能，引领企业实现可持续发展。

（二）董事会基础设施（E）

董事会基础设施是指董事会进行治理工作所需的资源和系统。对董事会而言，董事会会议是治理工作的主要舞台，它的规划、议事规则和执行等正式制度和治理文化等非正式制度都会显著影响董事会治理的效率和效果。也就是说，董事会基础设施是影响董事会治理有效性的正式制度和非正式制度的集合。具体而言，其主要包括董事会的目标和计划、董事会的会议议程和议事规则、批判和辩论的治理文化、董事会的评估体系、董事的动态胜任力和董事高管的责任保险等。

1. 董事会的目标和计划

明确董事会的目标和计划是规划、聚焦和组织董事会工作的重要工具。凡事预则立，不预则废。拥有精确合理的年度目标和计划，董事会才能在达成思想共识的基础上实现行动共识，以企业整体目标为焦点形成合力，保证工作计划执行的有序性和可控性，同时为董事会制定会议议程、管理会议、设计培训和董事会评估提供基础。年度目标为董事会设立了年度范围内的整体要求和期望，有助于董事会成员树立清晰的方向感。年度计划是年度目标的载体，是对年度内各个阶段的短期安排和规划，有助于增强董事会对年度目标落实的掌控感。

制订董事会目标和计划可以遵循 SMART（具体、可度量、可实现、相关性、有时限）原则，保证目标和计划的明确性、可量化、可实现、相关性和时限性。从具体的制订来看，首先对企业外部的行业、市场、竞争对手等环境进行系统和全面的分析，再从企业内部发展战略方向、资源、自身优劣等出发，确立董事会的任期目标和发展目标，最后以年度目标为支撑，按照有条不紊的节奏规划董事会各季度、月份的详细工作安排，并尽量落实到指标和数字上。

2. 董事会的会议议程和议事规则

科学的会议议程和议事规则是保证董事会会议高效运行的关键。董事会会议是公司治理的中心,是董事开展工作的平台。会议议程是为合理分配董事会的时间和注意力而精心设计的计划,议事规则是董事会在开会期间须遵守的一系列程序性规定和行为规范,它们的设定和执行方式需要能够有效地刺激和集中董事会成员的注意力和能力。董事会要最大限度地利用会议时间,让成员们相互交流,而不是被动地倾听。在董事会会议上要避免把大部分时间花费在向董事会成员传达议案的基本内容上。

为了提高董事会会议的高效率和创造力,会议议程应将各议程项目进行分类、排序,按照轻重缓急精确安排会议时间,同时将会议议程提前发给每位董事,以保证董事做到胸中有数,减少不必要的信息单向传递时间。对于需要董事会批准、无须讨论的常规决策项目,可缩减议事流程,以节省时间,重点关注需要讨论、审议、投票的项目。同时,董事会需要建立科学的议事规则,对董事的行为规范、董事长的权利和义务、董事会会议的召开、议案的表决、决议的执行监督和其他事项作出明确的规定。

批判和辩论的治理文化是董事会作出前瞻性和创新性决策的催化剂。互相尊重、鼓励和欢迎新观点的董事会文化,一方面有助于激发董事的批判意识和创新思维,实现观点的碰撞和创意的迸发;另一方面,有助于董事在信息分析和决策的过程中,避免拘泥于"少数服从多数"的原则,敢于质疑,打破常规思路和认知偏见,积极提出具有创造性的方案。

群体思维是一种显著的群体决策偏差,它使人们陷入群体凝聚力的思考模式,高度团结的群体成员在评估选择方案时为了追求全体一致性,往往会忽视决策的最终目的。出于避免冲突、保持和平关系的动机,在董事会进行决策时,董事可能为了追求一致而放弃个人主义和独立思考,导致决策质量和创造性下降。认知冲突有助于防止高凝聚力的群体中出现群体思维,方法是培养一种以任务为导向和包容多元观点的环境。

亚马逊的创始人贝索斯一直认为持续不断的创意是企业发展的动力,作为亚马逊重要决策机构的董事会,并不将友好相处视为一种美德,而是鼓励成员进行激烈的辩论,在董事会会议上,批判和创新所带来的紧张感比悠闲与和谐更受欢迎。这种鼓励创新思维、乐于冒险的企业文化是亚马逊成为全球知名互联网公司的关键因素之一。

董事会的评估体系对于确保董事会有效运作至关重要。为建立个性化的胜任力模型,各公司可参考本研究所构建的董事胜任力模型,使其符合企业商业计划。通过评估董事的胜任力,有助于加强对董事履职状况的了解和监督,激发董事提高自身履职能力的积极性,并为企业组织系统化董事培训提供重要依据。

董事会评估是一个双向沟通的过程,评估人员应与董事建立良好的互动关系,以便制订动态和持续发展的个人职业规划,并在必要时调整董事会的构成。同时,需要强调的是,评估侧重于事实判断,而评价更关注价值判断。在评估董事胜任力时,应综合考虑公司的商业计划、发展战略等个性化信息,以便对董事和董事会履职状况进行更为准确的刻画和分析。

5. 董事的动态胜任力

董事胜任力评价应根据公司的商业计划特征来确定。随着环境变化和企业发展阶段的不同,董事的胜任力需要与时俱进,进行动态优化。持续的培训和开发活动是维持董事动态胜任力的关键,这有助于不断提升董事会成员在知识、技能、方法、态度和思维等方面的水平,更新董事会队伍建设,保持董事的动态胜任力,从而提升企业竞争力。

在实际操作中,除了定期组织学习和培训外,企业还可通过举办专家讲座、论坛、实地调研等活动,帮助董事及时了解影响公司经营的宏观经济政策、市场运行态势、行业发展趋势、业务动态等信息。这有助于拓宽董事的视野和思维,从而作出更为科学的董事会决策。

6. 董事高管的责任保险(D&O保险)

董事高管责任保险是一种关键的风险管理工具,用以保护董事会成员和高级管理人员。尽管董事经验丰富,但他们并非全知全能,无法预见和防范公司面临的每一个风险、解决每一个潜在问题或阻止每一个不当行为。购买董事高管责任保险有助于减少董事会成员在作出决策时所承担的风险,激励他们更具创新精神地履行职责,为公司在激烈的市场竞争中塑造和维持竞争优势。

董事高管责任保险为董事及高管在履行公司管理职责过程中因被指控工作疏忽或行为不当而被追究其个人赔偿责任时提供保障,保险公司负责赔偿他们的法律费用并承担其应负的民事赔偿责任。自从美国《1933年证券法》通过后,上市公司董事和高管人员需要承担的经营风险显著增加。董事高管责任保险最早由英国伦敦劳合社于1934年推出,如今在美国、加拿大、澳大利亚等许多国家被广泛采用。自2002年中国颁布《上市公司治理准则》明确规定上市公司高管的民事赔偿责任后,中国上市公司也逐渐引入此险种。

董事高管责任保险不仅让保险公司对上市公司进行监督,还具有转移董事高管决策失误风险的功能,从而影响公司决策。例如,牛建波在2014年的研究中发现,在其他条件类似的情况下,购买董事高管责任保险的企业会进行更大规模的投资。

然而,需要强调的是,董事高管责任保险并不承保恶意违背忠诚义务、故意在信息披露中提供虚假或误导性陈述、违反法律的行为。换言之,董事在履行职责时需恪守忠诚和勤勉义务,这是在触发董事高管责任保险时获得保险公司赔偿的必要条件。

董事会的首要职责是代表、推进和保护股东的利益,作为股东的代理人,参与公司决策和行动,这是现代企业治理的基石。为了规范公司的组织和行为,保护公司、股东和债权人的合法权益,完善现代企业制度,维护社会经济秩序,我国出台了《中华人民共和国公司法》《中华人民共和国证券法》等法律以及《证券公司董事、监事和高级管理人员任职资格监管办法》《上市公司治理准则》等规章制度,其中相关条文对董事会及董事的职责和义务作出了明确的规定。

根据《中华人民共和国公司法》第一百四十七条第一款的规定,董事、监事、高级管理人员应当遵守法律、行政法规和公司章程,对公司负有忠实义务和勤勉义务。这是董事履职必须遵守的两大义务,自然也就构成了董事胜任力模型的第一大要素。

董事的忠实义务要求其具备诚信、正直的个人品质,以及独立的客观条件和主观意识。

(1)诚信:诚信作为法律术语在民商事法律条文中多次出现,即诚实信用原则,诚信义务则是基于这一原则而产生的,是一种法定的、默示的、附随的义务。《中华人民共和国公司法》第一百四十七条第二款规定,董事、监事、高级管理人员不得利用职权收受贿赂或者其他非法收入,不得侵占公司的财产。董事在任何情况下,都应该将公司的整体利益放在个人利益之前,忠诚地为公司股东和利益相关者行事,不能在决策时掺杂私人动机。诚信的品德是董事会成员的必备条件。

(2)正直:正直意味着接受正确的价值观,具有坚定的个人信念和职业道德并时刻捍卫它。董事会作为公司治理的核心,会牵涉多方的复杂利益关系,董事会成员在利益面前能够坚守职业底线,不为利益所屈服,才能真正履行决策和监督的职能。具有正直品格的董事往往能够禁得住诱惑,牢记自身的使命,避免与个别利益方同流合污、违背职责和义务。

现代管理学之父彼得·德鲁克(Peter F. Drucker)在所著《管理:任务、责任、实践》中认为："领导者必须正直,如果一个组织富有精神,那是因为它的最高领导者的精神崇高,如果一个组织腐败,其根源在它的最高领导者",正所谓"上梁不正下梁歪",如果一个员工的人品不能成为其下属的效仿榜样,最高领导者就决不应该将他提拔到重要的工作岗位。作为公司的高层领导人员,董事必须为人正直,方能胜任职位。

(3)独立:独立主要是针对独立董事而言,独立董事必须首先满足独立的硬性客观要求。同时,董事会审议决议事项时须遵守回避表决原则,需要每位董事都进行独立、公正、公平的判断。董事会的运行和决策通常涉及公司多方的利益,需要平衡所有利益相关者的需求和期望,而非狭义地代表某一方的利益。为此,董事会成员要保持自身的独立和公正,敢于阐述不同意见,坚守独立和客观的立场,发表更符合公司整体利益的意见。

同时,《中华人民共和国公司法》第一百八十五条规定了关联董事表决时需要遵循的要求。上市公司董事与董事会会议决议事项所涉及的企业有关联关系的,不得对该项决议行使表决权,也不得代理其他董事行使表决权。该董事会会议由过半数的无关联关系董事出席即可举行,董事会会议所做决议须经无关联关系董事过半数通过。出席董事会的无关联关系董事人数不足三人的,应将该事项提交上市公司股东大会审议。该规定为董事决策的独立提供了坚实的制度保障。

2. 勤勉义务

董事的勤勉义务要求其具备敬业精神和对法律法规深入了解,以便明确自身的职责要求和行为规范。

(1)敬业精神。董事应具备敬业精神,勤勉地履行职责和义务,投入足够的时间和精力以完成工作。这包括按时出席董事会会议,不早退,提前熟悉会议议程,积极参与审议和讨论,在充分了解情况和合理判断的基础上作出审慎决策。同时,董事应保持对公司经营的关注,不断完善和更新所需的能力和知识,以更好地胜任董事职位。例如,一家上市银行的董事积极学习银行运作知识,主动调研资金业务和风险管理等部门,深入了解业务状况,以便在董事会会议中作出正确和符合实际的判断和决策。这种董事的自发调研成为该上市银行的治理特色,并为其他公司董事会的建设提供了借鉴。

(2)法律法规。董事在履行职责时,应对与其职位相关的法律法规有清晰的认识,明确自己在工作中的权利、义务和禁止行为,确保在法律规定范围内履职。此外,作为公司治理的监督者,董事需要熟悉与公司经营行业、地区相关的法律法规和行为准则,如《中华人民共和国公司法》《中华人民共和国证券法》

《中华人民共和国合同法》《中华人民共和国反不正当竞争法》以及中国证监会等监管部门的相关规章制度等。这样才能确保公司事务的执行合规、无误。例如，在制定公司的中长期激励制度时，董事应了解适用范围、融资安排、会计核算、税款缴纳、持股比例等方面的最新规定和要求，以保证激励制度的合法性和合规性。

总之，勤勉义务要求董事具备敬业精神和对法律法规深入了解，这将有助于他们在履行职责时作出明智、合规的决策，为公司的持续发展和良好治理提供有效支撑。

技能或经验是在知识基础之上的进一步提升，体现了董事在实践中学以致用的能力。董事有效履行职能，不仅需要掌握相应的理论知识，还要具备一定的工作技巧和经验，将专业知识与董事会决策相结合，并将理论知识恰当地应用于公司具体问题。总体而言，胜任董事职位要求具备以下六个方面的重要技能：战略制定，商业敏锐度，信息获取、分析与应用，沟通交流，团队合作，开放包容，领导力，自我意识和管理，绿色治理以及政治意识。

董事会需要拟定并明确公司的整体战略方针和前进方向，为公司未来发展奠定基调。因此，董事需要具备战略思维和长期视角，跳出具体经营框架，从更宏观的视角分析内外环境，识别机会与威胁，关注行业发展趋势以及全球政治、经济和文化动态。具备这些能力的董事能够为公司制定长远、全局的战略、愿景、价值观和文化，为企业发展指明方向。

以中国建材集团有限公司（以下简称"中国建材"）前董事长宋志平为例。在《经营方略》一书中，他指出："战略是企业的头等大事，凡事想在前面一步，以战略驱动成长，以目标引领航向，这正是企业实现跨越式发展的关键所在。"2005年，水泥行业面临布局不合理、产能过剩及恶性竞争等问题，众多民营企业生死攸关，产业结构性调整势在必行。经过董事会多次集体商讨，中国建材明确了回归主流业务、成为行业龙头的定位，制定了做强主业、创新转型、节能减排的战略目标。在这一战略指导下，中国建材引领联合重组，淘汰落后产能与过剩产能，推动存量整合和减量化发展，不仅成为混合所有制改革的成功典范，还塑造了一个竞争有序、健康运行的全新行业生态。

在快速变化的市场环境中，不确定性无处不在。因此，董事应具备敏锐的商业嗅觉、洞察力和前瞻性，密切关注行业、市场、经营环境和经济动态的变化，深刻洞察未来发展趋势、机遇与风险，以便及时调整公司的商业计划和发展战略。

以化妆品品牌林清轩为例。2016 年，新零售概念首次被提出，传统线下门店零售的林清轩敏锐地捕捉到互联网时代带来的零售新需求，率先尝试新零售，并与百胜软件合作构建 E3＋企业中台，打造智慧中枢。然而，受到线下销售理念的束缚，其销售额仍主要依赖线下业务。2020 年面临全球公共卫生事件，许多实体零售企业遭受重创，林清轩也陷入困境。在濒临破产的关键时刻，林清轩董事会迅速决定进行数字化转型，基于之前的数字化基础设施，与阿里巴巴、抖音、小红书等平台合作，使用钉钉等智能办公平台提高内部协作效率，建立线上运营机制、直播培训、售后团队等。通过数字化赋能，实现线上线下全渠道业务整合，最终成功自救并逆袭。

3. 信息的获取、分析和应用

有效的信息是董事会决策的基础。除了经理层提供的信息，董事还需掌握行业技术发展、声誉分析、竞争格局、客户需求、股东期望等方面的信息。通过内部与外部、正式与非正式渠道获取各类信息，对复杂信息进行解析处理，识别关键信息和核心问题，评估业务发展的关键价值驱动因素，从而作出有效判断和决策。

一些企业为董事履职提供了有力的信息支持和保障。例如，中国中煤能源集团有限公司每天都会准备"中煤信息"，同时董事可以在公司内部系统中查看每月生产经营信息和重大事项；宇通客车股份有限公司规定在每月结束后的五天之内向全体董事发出产销快讯、上市公司的当月未经审计的报表、行业资讯和动态、竞争对手状况、公司内部动态、可能投资的项目、目前的计划等信息。这种做法有助于确保董事能够及时了解公司的各个方面，为他们在董事会中作出明智决策提供依据。

4. 沟通交流

董事有效履职需要处理好董事之间的关系、董事与经理层之间的关系、董事会与专业委员会之间的关系。尤其是外部董事，在履行职责时所依据的信息，很大一部分是由公司经理层提供的原始信息及其对信息的分析和解读。因此，董事与经理层之间的沟通渠道和方式是否有效，是影响董事履职效果的关键因素。此外，董事会作为决策机构，应具备理解利益相关者、制定企业愿景和关键目标的集体视角、能力与智慧，并承担协调公司多方利益关系的职责，因此需要具备良好的沟通能力。

为了与经理层进行有效沟通，许多企业的董事会建立了完备的议事流程和信息沟通反馈机制。例如，兴业银行股份有限公司的董事会要求经理层定期汇报，以了解公司经营状况，并进行专题调研，接触基层员工，了解他们的想法和基层经营管理情况；国电电力发展股份有限公司的董事会在会议召开前，听取经理层对所有议题的汇报，并提出疑问和建议。通过提前沟通，董事深入了解议案内容，以便在会议召开时作出正确判断。

公司治理是团队活动，董事会行使集体权力，成员没有个人决策权力。董事会的有效运作依赖于有序的议事流程、良好的冲突管理机制和互相尊重的平等合作文化。每位董事都应认识到董事会作为一个治理团队在公司中的定位，需要具备团队精神和大局意识。

拥有良好团队意识与合作能力的董事，可以通过建设性的方式协调董事会成员的目标，保持良性和有效的交流与协作，科学处理分歧和冲突，共同为实现公司的价值创造目标而进行决策和监督。这有助于形成一个高效、互相支持的董事会，从而推动公司实现长期成功和持续发展。

高效的董事会是一个知识与技能多样化的组合，董事会决策需要广泛的经验、想法、观点和能力。多元化会给董事会带来多样的专业知识，也会增加创新的潜力。每位董事都应具备开放和包容的心态，杜绝偏见，尊重董事会人才结构的多样性，并善于接纳不同的意见和建设性异议。这样，在观念的碰撞中激发创新的火花，营造平等参与和相互尊重的环境。例如，华为技术有限公司所倡导的开放式创新便体现了开放包容思维对企业招揽人才、驱动创新的重要意义。

董事会是企业的重要领导者，协调和均衡企业各方利益，统筹治理，并领导经理层工作。因此，董事会成员需要具备良好的领导力，以在企业内外部建立良好的声誉、权威和关系网络，更好地发挥董事会的影响力，推动组织目标的实现。

作为董事会会议的主持人，董事长更需要拥有领导的人格魅力。他应具备计划和组织高效、有创意的董事会会议的能力，保证每位董事有提问、商议、表达观点的机会。董事长还应充分激发和集中董事会成员的注意力和创造力，以促进董事会有效且高效运作。通过发挥领导力，董事会能够引导企业更好地实现战略目标、规避管理风险、提升竞争力，为企业的长期成功奠定基础。

8. 自我意识和管理

高效的董事会对成员的自我意识和管理提出了新的要求。自我意识是指董事全面了解自己，认识到自身的优势和局限，并在接纳自己缺点的同时保持自信。董事需以谦逊、虚心的态度处理决策过程中的难题及与各方关系，从而更好地发挥董事职能。

自我管理涵盖能力管理、时间管理、情绪管理等方面。对于董事的胜任力，关键是能力管理，即关注自身能力、进行自我评估、定期更新知识和技能，确保履职胜任。由于人的时间和精力有限，合理安排时间、劳逸结合才能高效完成工作。良好的情绪控制对个人和集体活动至关重要，董事会需对公司重大事项作出决策，因此每位董事都需控制好情绪，在会议上保持冷静和客观，有效地控制情绪并集中注意力于决策方案的分析和评估。

9. 绿色治理

面对气候危机、新冠感染疫情等全球性挑战，绿色治理成为投资者和监管机构关注的焦点。董事会应在追求财务绩效之外，树立绿色治理观，以可持续发展为目标，努力实现生态、社会和经济效益的统一。当企业目标与环境、社会利益发生冲突时，董事会需采取道德立场和长期思维，谨慎行事，作出明智决策。以青岛啤酒股份有限公司为例，该公司秉持"确保每一瓶青岛啤酒都有一个绿色基因"的理念，贯彻可持续绿色发展，加强能源管理，引进先进节能技术，实现水资源节约和碳排放循环利用。

10. 政治意识

政府对社会经济发展负有重要的规划和管理职责，企业要想在竞争激烈的市场中实现长久可持续发展，就必须高度重视与政府部门的协调合作。因此，董事会成员需要具备敏锐的政治意识和政策把握能力，时刻关注政策动向，确保公司业务与国家发展大局保持一致，为实现共同富裕贡献力量。

在日常工作中，董事应掌握政策走向，依法依规开展业务活动，及时调整战略方向以适应政策环境的变化。同时，董事还应加强与政府部门的沟通与协作，积极参与政策制定过程，为企业争取政策支持，为公司发展创造良好的外部环境。

此外，董事会成员还需具备政治敏锐性，善于从政策中发现商机，抓住市场先机，充分利用政策优势，开拓新市场、拓展业务领域。同时，董事还应时刻关注国内外政治风险，以避免政治不稳定带来的不利影响，为企业稳健发展提供坚实保障。

董事胜任力模型提供了董事有效履职所需的广泛和独特的能力与特征,为董事这一专业群体的执业标准提供了重要参考,有助于实现董事会战略决策的科学化、风险管理的艺术化,激发董事会治理的大变革,为当代企业制度改革提供新的思路和突破口,释放董事生产力。

需要强调的是,在本研究所构建的董事胜任力模型中,董事义务和董事会基础设施两个维度对董事胜任力的要求,对所有企业而言是一致的,而董事知识和技能中所列举的要素在具体实践中是具有差异性和动态性的,需要根据企业所在行业、监管环境、商业模式、企业文化以及发展阶段的差别,赋予这些指标不同的权重,以满足董事胜任力要求服从公司商业计划的重要前提条件。因此,董事胜任力模型的构建为企业提供一个一般化的思考框架和逻辑,各行业公司在具体应用时尚需根据企业具体情况进行个性化调整。

此外,在应用董事胜任力模型时,还需要格外关注治理中的"中国特色"。譬如,国有企业是中国经济社会发展的顶梁柱,肩负着经济、政治、社会三大责任。党委在公司治理结构中的法定地位不断落实,党组织在治理中的角色越发突出。这就要求董事会具备强烈的政治意识和高度的政治自觉,时刻关注国家的重要政策举措,同时聚焦商业伦理,积极承担社会责任,在制定企业战略时,与国家发展规划、经济发展布局要求相协调。

总之,董事胜任力模型既可以应用于董事和董事会的评估,也可以应用于董事培训的系统设计,还可以应用于董事的职业发展规划,以及政府部门、行业协会、中介机构等培育和繁荣董事的人才市场。

本部分主要讨论董事胜任力 SELM 模型的构建与应用。首先,强调了董事义务与董事会基础设施的重要性,包括法定职责、公司章程、治理制度和内部沟通机制等,以确保董事会能够有效地履行监督、决策和指导职能。其次,探讨了董事知识与技能的差异性与动态性,建议董事关注行业趋势,不断更新知识,以适应企业不断发展的需求。最后,提出了根据企业具体情况进行个性化调整的建议,以满足公司发展需求。

在董事胜任力 SELM 模型应用的过程中,董事义务与董事会基础设施是至关重要的一环。董事应充分了解自己在法定职责和公司章程中的义务要求,始终遵循法律法规和公司制度,以确保董事会决策程序和信息披露的透明度。只有在公平、公正和公开的基础上,董事会才能有效地履行监督、决策和指导职能,推动公司稳健发展。

董事会基础设施是关键,因为它为董事会提供了进行治理工作所需的资源和系统。这些基础设施包括董事会的目标和计划、会议议程和议事规则、批判和辩论的治理文化、董事会的评估体系、董事的动态胜任力以及董事高管的责任保险等。这些正式制度和非正式制度的组合显著影响董事会治理的效率和效果。

以某知名公司为例,其董事会非常注重董事义务与董事会基础设施的建设。首先,公司制定了明确的法定职责和公司章程,要求董事严格遵守法律法规和公司制度。其次,该公司董事会设立了多个专门委员会,如审计委员会、风险管理委员会和薪酬委员会等,以便对特定领域进行专业化的研究和管理。此外,该公司还建立了一套完善的内部沟通机制,确保董事之间及时分享信息并高效协作。

在董事会基础设施方面,该公司非常注重治理文化的建设,鼓励董事积极参与辩论和批判性思考,以提高决策质量。同时,公司还建立了董事会评估体系,定期评估董事会的工作表现和成员的胜任力,使董事会始终保持高效运作。此外,为了保护董事和高管,公司购买了责任保险,以降低潜在风险。监督、决策和指导方面表现出色,成功引领了公司在全球范围内的快速扩张和业务发展。这一成功案例充分证明了董事义务与董事会基础设施在董事胜任力SELM模型应用中的重要性。

总之,公司的董事和高管应始终关注董事义务与董事会基础设施,以便更好地履行法定职责,推动公司稳健发展。强化董事会基础设施的建设,包括完善治理制度、优化内部沟通机制和提高决策效率等方面,有助于提升董事会的整体竞争力。为了实现这一目标,公司董事和高管应不断学习,提高自身素质,积极参与公司治理,以期在竞争激烈的市场环境中取得优势地位。

2. 董事知识和技能的差异性与动态性

在董事胜任力SELM模型应用的过程中,我们还需要关注董事知识与技能的差异性与动态性。不同行业、发展阶段、企业文化等因素均会对董事所需知识与技能产生影响。因此,董事需要关注行业趋势,不断更新知识,以适应企业不断发展的需求。这要求董事在不断学习的过程中,关注企业所处环境的变化,充分挖掘自身潜力,以提高自身的胜任力。

例如,在新兴行业如人工智能、生物科技等领域,董事需具备相关技术知识和市场敏感性，以便在竞争激烈的市场中为企业制定明智的战略决策。另外，在传统行业如制造业和服务业，董事需要关注供应链管理、客户关系维护等方面的技能，以便更好地满足客户需求，提高企业核心竞争力。

不仅如此，董事还应关注跨行业的趋势和变化，如数字化转型、可持续发展等领域。这些跨行业的趋势对各个企业都产生影响，董事需及时关注相关政策法规、市场动态和消费者需求等方面的信息，有针对性地调整和提升自己的知识与技能。

以一家正在进行数字化转型的制造企业为例，其董事需要具备关于数字化技术、数据分析、网络安全等方面的知识和技能，以便更好地指导企业进行数字化转型，提高企业在新技术应用和市场竞争中的优势。同时，董事还需关注其他制造业企业在数字化转型过程中的成功经验和教训，以便为本企业的转型提供有益的参考。

总之，董事应始终关注知识与技能的差异性与动态性，努力提升自身素质，以便更好地履行决策和监督职能，促进公司可持续发展。

二、企业个性化调整与应用

当我们将 SELM 模型应用于具体企业时，需要注意个性化调整以满足不同企业的特殊需求。企业所处的行业、监管环境、商业模式、企业文化以及发展阶段的差异都会对董事胜任力产生影响。因此，在实际应用过程中，我们需要根据企业的具体情况，为各项指标赋予不同的权重，以满足董事胜任力要求服从公司商业计划的重要前提条件。

以一家初创科技公司为例，其董事可能需要在创新和技术发展方面具备更高的知识水平和技能。因此，在应用 SELM 模型时，可以适当提高创新能力和技术知识的权重。与此同时，初创企业在财务管理和风险控制方面可能面临更大的挑战，因此董事在这些方面的胜任力也显得尤为重要。通过对模型进行个性化调整，使之更符合企业特点，有助于有效地选拔和培养合适的董事。

总结而言，董事胜任力 SELM 模型的应用需要根据企业具体情况进行个性化调整，以便更好地满足公司的发展需求。董事应关注行业趋势，更新知识，适应企业发展需求，并在实际应用过程中注意董事义务与董事会基础设施、董事知识与技能的差异性与动态性等方面的因素，努力提高自身胜任力，为公司治理贡献智慧和力量。

（三）董事胜任力模型的多元应用

董事胜任力模型是一种提升董事会有效性的有效工具。首先，通过对董事个人能力和董事会整体能力的评估，可以识别优势与不足，提出针对性的改进建议。其次,该模型可应用于董事培训系统设计,根据董事需求和企业特点,提升董事的专业能力和综合素质。再次,董事胜任力模型有助于职业发展规划,使董事明确个人发展目标,提升职业竞争力。最后,政府部门、行业协会和中介机构等可利用董事胜任力模型推动人才市场的繁荣发展,为企业培育更多具备高度胜任力的董事。总之,董事胜任力模型在评估、培训、发展规划和人才市场培育等方面具有重要的实践价值,对于提升企业治理水平和竞争力具有积极作用。

1. 董事与董事会的科学评估

在董事胜任力模型的多元应用方面,首先可以将其运用于董事与董事会评估。通过对董事个人能力和董事会整体能力的系统性评估,我们可以识别董事会在治理过程中的优势与不足,并有针对性地提出改进建议。这样的评估不仅有助于董事会了解自身的治理水平,还有助于制订相应的培训和发展计划,提升董事会的整体胜任力。

以某银行为例,其董事会在运用董事胜任力模型进行评估后发现,虽然董事在财务管理和风险控制方面具备较高水平,但在创新和技术发展方面存在明显的不足。这导致银行在面对数字化和金融科技快速发展时,竞争力相对较弱。

为了解决这一问题,该银行董事会采取了多项措施。首先,加强与金融科技领域的合作,以获取最新的行业动态和创新资源。其次,安排董事参加与科技创新相关的培训课程,提升董事在技术领域的知识储备和创新能力。最后,银行还邀请了相关领域的专家加入董事会,为其在技术创新方面提供专业指导。

通过这些措施,银行董事会在技术创新方面取得了显著进步,不仅提高了公司治理的水平,还增强了银行在金融科技领域的竞争力。这一成功案例表明,董事胜任力模型在评估董事会治理能力方面具有重要的实践价值,对于指导企业改进治理、提升竞争力发挥了积极作用。

2. 董事培训的系统设计

董事胜任力模型的另一个重要应用领域是董事培训系统设计。通过精心设计的培训课程和体系,我们可以有针对性地提升董事的专业能力与综合素质,从而提高董事会整体治理水平。在培训系统设计过程中,需要充分考虑董事的实际需求和所处企业的特点,从而确保培训内容和方式具有针对性和实用性。首先,董事培训系统应围绕公司治理、财务金融、风险管理、行业业务等关键领域进行设计。这些领域是董事履行职责所必须掌握的核心知识,通过系统性学习,董事能更好地参与公司决策和监督工作。其次,培训系统需要包含领导力、沟通能力、团队协作等软技能的培训,以便董事在处理复杂问题和与其他董事、高管的协作中发挥更大作用。

以某家跨国公司为例,其董事会根据董事胜任力模型设计了一套综合培训系统。该系统分为基础培训和高级培训两个阶段。基础培训阶段,董事学习公司治理的基本原则和法规,以及财务、风险管理等基本知识。高级培训阶段,董事则参与行业业务和领导力等方面的深度学习,以便更好地应对企业发展过程中的挑战。此外,该公司还为董事提供了一系列线上学习资源,以便他们在日常工作中随时学习。同时,公司还定期组织专题研讨会和外部讲座,邀请业内专家分享最新的行业动态和实践经验。通过这一系列培训措施,该公司的董事在专业知识和综合素质方面得到了明显提升,从而推动了董事会整体治理水平的提高。

综上所述,董事胜任力模型在董事培训系统设计方面具有重要的应用价值。通过结合企业特点和董事需求,精心设计培训课程和体系,我们可以有效提升董事的专业能力和综合素质,从而提高董事会的整体治理水平。

董事胜任力模型在职业发展规划方面也具有显著的应用价值。通过运用该模型,董事可以更清晰地了解自己在专业技能、领导力、沟通能力等方面的优势和劣势。结合企业和行业的发展趋势,董事可以选择合适的职业发展路径,为个人和企业的共同成长做好规划。首先,董事可以根据董事胜任力模型对自身的综合评估结果,确定自己在公司治理、财务金融、风险管理和行业业务等方面需要加强的领域。其次,董事可以制订相应的学习计划和目标,积极参加相关培训课程和实践活动,提高自己的专业素养和胜任力。

以某家制药公司的董事为例,经过董事胜任力模型的评估,该董事发现自己在制药行业的技术知识方面存在较大的不足。为了提高自己在这一领域的专业水平,该董事积极参加了制药行业的培训课程,并与技术团队进行了深入的交流。在学习过程中,该董事逐渐积累了丰富的行业知识和技术经验,提高了自己的职业竞争力。

除了专业领域的提升外,董事还可以通过董事胜任力模型来评估和提升自己的领导力、沟通能力和团队协作能力等软技能。这些能力对于董事在处理复杂问题、与其他董事和高管协作以及引领企业发展方面具有关键作用。

总之,董事胜任力模型可以有效地帮助董事进行职业发展规划,明确个人发展目标,提升职业竞争力。通过发掘自身的优势,结合企业和行业的发展趋势,董事可以为自己和企业的共同成长制订更为合理的规划,从而实现可持续发展。

4. 人才市场的培育与繁荣

政府部门、行业协会和中介机构等在人才市场的培育与繁荣方面可以发挥重要作用,而董事胜任力模型正是这一过程中的有效工具。通过对董事胜任力模型的推广和普及,各类组织能够更好地理解董事所需的素质与技能,从而提高人才选拔和培训的针对性。

以某行业协会为例,为了推动行业内人才市场的发展,该协会利用董事胜任力模型开展了一系列活动。首先,协会组织了一场针对现有董事及潜在董事人选的培训研讨会,详细介绍了董事胜任力模型的理念、要素和应用方法。其次,协会与多家企业合作,为有意成为董事的人才提供了实践机会,帮助他们更好地了解董事职责并提高胜任力。最后,协会与多家培训机构合作,推出了一系列专门针对董事胜任力模型的培训课程,覆盖了公司治理、财务金融、风险管理和行业业务等多个方面。

这些活动的开展不仅为有意成为董事的人才提供了明确的职业发展方向和培训资源,还有助于激发人才的潜能,为企业发展提供有力的人才支持。同时,这也有助于提升整个行业的治理水平和竞争力,形成一个良性循环。

综上所述,董事胜任力模型在人才市场的培育与繁荣方面具有显著作用。政府部门、行业协会和中介机构等应充分利用董事胜任力模型,推动人才市场的繁荣发展,为企业培育更多具备高度胜任力的董事,以实现行业和企业的可持续发展。

第五节　调整独立董事评价的重点

在现有的独立董事评价体系中,往往更注重形式和过程,而忽视了实质性结果和价值创造。为了更好地发挥独立董事在公司治理中的作用,需要调整独立董事评价的重点,从而实现公司健康和可持续发展。

一、评价过程与评价结果并重

(1)评价过程:独立董事在履职过程中的表现,如会议的参加率、积极发言、与其他董事和高管的沟通协作等,是衡量其履职效果的重要指标。通过关注独立董事在履职过程中的表现,可以了解其对公司治理的关注度和积极性。

(2)评价结果:除了关注独立董事的履职过程,还需要评价其履职所带来的实质性成果。例如,关注独立董事参与制订的战略方案、财务决策等议案的执行情况,以及这些议案对公司长期发展和价值创造的影响。通过评价独立董事的履职结果,可以更好地衡量其在公司治理中的实际贡献。

二、以公司价值创造为评价标准

在当今的企业环境中,独立董事的角色越发重要。为了确保公司的健康发展和长期可持续性,企业需要将公司价值创造作为独立董事履职的核心评价标准。这不仅有助于提高公司的竞争力,还可以为股东和各利益相关者创造价值。

以下是如何以公司价值创造为评价标准的具体方法建议。首先,明确公司价值创造的目标。公司根据愿景和发展战略确定其价值创造的具体目标,一般包括提高盈利能力、降低风险、优化资源配置和提升企业形象等多个方面。企业需要制订清晰的目标,并确保独立董事能够全面了解这些目标。其次,建立独立董事履职的新评价标准。这些标准应与公司价值创造的目标紧密相关,以确保独立董事的工作能够直接推动企业价值的提升。具体评价标准可以包括以下几个方面。①战略制定与实施:评价独立董事在公司战略制定和实施过程中的贡献,包括对战略方向的建议、对战略执行的监督等;②风险管理:衡量独立董事在识别、评估和控制企业风险方面的能力,以降低公司面临的潜在风险,确保公司资源得到合理运用;③企业治理:评价独立董事在改善公司治理结构、提高治理效率等方面的作用,以便构建更加完善的企业治理体系;④创新能力:衡量独立董事在推动企业创新、引导公司转型升级方面的贡献,以提升企业的核心竞争力;⑤沟通与协作:评价独立董事在促进公司内外部沟通与协作、维护各方利益关系方面的能力。最后,实施定期评价。企业应定期对独立董事的履职情况进行评价,以确保其工作与公司价值创造目标保持一致。评价结果可作为独立董事绩效奖励、持续培训和发展的依据。通过这种方式,企业可以激励独立董事更好地履行职责,进一步推动公司价值的创造。

第六节　培育和激发独立董事的内驱力

为了充分发挥独立董事在公司治理中的作用,需要通过培育和激发独立董事的内驱力,提高其职业素养和积极性。这有助于提高独立董事的履职效果,从而推动公司的价值创造和长期发展。

一、培育独立董事的职业素养

（1）培训。定期为独立董事提供专业培训，帮助其了解公司治理的最新理论、法规和实践，以提高其认知水平和专业素养。培训内容可以涵盖公司治理原则、董事会运作、风险管理等方面，以确保独立董事具备应对各种治理挑战的能力。

（2）实践。鼓励独立董事积极参与公司治理实践，通过实际操作不断增强自己的业务能力、丰富经验。这包括参与公司战略规划、财务决策、风险控制等重大决策过程，以及与其他董事、高管进行深入沟通，共同推动公司治理的有效实施。

（3）交流与合作。通过参加行业研讨会、专业论坛等活动，让独立董事与其他专业人士分享经验和见解，不断拓宽视野，提升自己的综合素质和影响力。

二、激发独立董事的积极性

（1）薪酬。设定合理的薪酬制度，根据独立董事的履职表现和公司治理效果给予相应的报酬。这将有助于激励独立董事更加积极地投入公司治理工作中，提升工作效果。

（2）职位晋升。为独立董事提供一定的晋升空间，使其在成功履行职责的同时，有机会在公司或行业内取得更高的地位。这将有助于提升独立董事的职业满意度和工作积极性。

（3）荣誉与认可。对表现优秀的独立董事予以表彰和肯定，提高其在公司内外的声誉和影响力。这将有助于激发独立董事的自豪感和成就感，进而促使他们更加积极地投入公司治理工作中。

（4）充分授权。给予独立董事充分的决策权，确保他们在公司治理过程中发挥重要作用。这包括在战略规划、财务决策等关键领域充分听取独立董事的意见，并尊重其在决策过程中的独立判断。这将有助于提高独立董事的工作积极性和责任感。

（5）良好的工作环境。为独立董事创造一个开放、包容和积极的工作环境，使其能够在轻松的氛围中充分发挥自己的专业素养和才能。这包括建立有效的沟通渠道，鼓励独立董事、其他董事和高管之间互动与合作，以便共同推进公司治理的有效实施。

随着我国国企改革三年行动等改革计划的推行和深化,公司治理朝着微观化方向发展,治理精细化水平不断提升。然而,在这一过程中,治理的初衷却似乎逐渐偏离,其目的和原则面临着越来越大的挑战。

本章针对当前的公司治理微观化潮流进行了深入的探讨。一方面,这一趋势作为公司治理进一步改革的重要表现,固然对提升公司治理的有效性和效率、应对多变的市场环境有重要贡献;另一方面,其也引发了新的挑战,如制度复杂性增加、决策信息不对称加剧、公司使命愿景弱化等。譬如,可能出现"重术轻道"的倾向,也就是过分关注制度和操作的具体化和细节化,而忽视了公司治理的原则和目标,扭曲了对公司治理本质的理解。

本章针对治理微观化的新挑战提出了一系列富有创新性的策略和建议,如明确公司治理目标、平衡治理重点、强化治理职能、注重治理实效等,旨在帮助公司治理主体有效应对微观化趋势,促进公司健康和可持续发展。本章特别强调了领导层的态度、公司文化的塑造以及员工的责任感和担当意识在此过程中的关键作用。

本章不仅为我们理解现代公司治理的发展趋势和应对挑战提供了重要的理论参考,而且以其鲜明的观点和启发性的见解,引导我们深入反思公司治理微观化的潮流。《上市公司独立董事管理办法》(2023)为我们提供了一个具体的情境,来体会和理解微观化趋势如何影响公司治理的有效性。

第一节　公司治理微观化的背景:中国国有企业公司治理改革的成绩

通过混合所有制改革、国有企业分类改革、双百行动、十项改革试点、三年行动计划等一系列改革,截至 2023 年底,中国国有企业在公司治理方面取得了一些重要的成绩。

（1）公司治理结构的进一步完善：三年行动计划下，国有企业的公司制改革已全面完成，推动了国企党的领导与公司治理的统一。建立了董事会，引入了独立董事，设立了薪酬与考核委员会，从而提高了企业的决策效率和透明度。

（2）深化了领导人员选拔机制改革：通过引入任期制和契约化管理，覆盖逾 8 万家企业 22 万人，这一措施为打破"铁交椅"、打破"大锅饭"提供了制度保障，有效激发了企业内生动力。

（3）优化了国有资本布局和配置：三年行动计划下，央企涉及国家安全、国民经济命脉和国计民生领域的营业收入占比超过 70%，国有资本配置效率和功能稳步提高，为国资国企高质量发展铺平了道路。

（4）加快了发展战略性新兴产业：战略性新兴产业年均投资增速超过 20%，营业收入占比在 35% 以上，表明国有企业在优势产业的布局和发展上已取得明显成果，为未来高质量发展提供了动力。

（5）提高了公司的经营效率和竞争力：通过混合所有制改革和国有企业分类改革，企业的竞争力得到提升，公益性和商业性的国有企业根据其性质和功能进行优化经营，整体的经营效率得到提高。

虽然中国国有企业在公司治理方面取得了一些重要的进展，但仍然存在一些挑战和问题，如国有企业的社会责任和经济效益的平衡、政府和市场的关系、公司治理与企业文化的融合等，这些都是需要在未来进一步探索和解决的问题。

第二节　公司治理微观化的新趋势

2023 年，三年行动计划结束后，我们发现公司治理改革呈现一种新的趋势：微观化。公司治理微观化是公司治理进一步改革的重要表现，它包括对公司治理大方向和大原则的理解，并将之转化为微观层面的治理实践。例如，2023 年 8 月 1 日发布的《上市公司独立董事管理办法》就是这一微观化趋势的重要体现。这个新的管理办法对独立董事的职责和权利作出了具体的规定，显示了公司治理从宏观原则到微观实践的转变。

然而，这种趋势并不意味着一帆风顺，我们也不能忽视可能出现的潜在问题。一种可能的问题是"重术轻道"的倾向，也就是过分关注制度和操作的具体化和细节化，而忽视了公司治理的原则和目标，忽视了对公司治理本质的理解。以《上市公司独立董事管理办法》为例，虽然这个新办法为独立董事的角色提供了更具体的指引,但如果独立董事过度关注这些具体规定,而忽视公司治理的大原则和整体目标,那么他们的作用可能会受到限制。因此,即使在满足微观化要求的同时,独立董事也需要保持对公司治理大局的理解和关注,以确保其决策和行动真正符合公司的长期利益。

如果出现这种情况,就可能导致"南辕北辙",也就是虽然看似在进行公司治理优化,但实际上偏离了公司治理的根本目标和公司的长期利益。因此,在推进公司治理微观化的过程中,我们既要看到其积极的价值,也要警惕可能出现的问题,要在细节和大方向之间找到平衡,确保公司治理真正服务于公司健康和可持续发展。

公司治理微观化的初衷在于,通过对公司治理原则的具体化、策略的详细化、方法的操作化,提高公司治理的实效性、精准性、实时性,使公司治理更好地服务于公司的实际运营和发展。

(1) 微观化的初衷在于其是一种对公司治理原则的具体化。公司治理原则如公平性、责任性、透明性等,都是抽象的、全局的概念。微观化将这些原则具体化,使其在公司的具体决策和行动中得以体现。例如,公平性原则被具体化为具体的薪酬政策、决策参与机制等,透明性原则被具体化为明确的信息披露要求和规定等。这种具体化有助于保证公司治理原则在实际应用中的实效性和执行性。

(2) 微观化的初衷在于其是一种对公司治理策略的详细化。公司治理策略通常涉及公司的战略方向、管理架构、利益分配等重大决策。微观化将这些策略详细化,使其在公司的各个业务和运营环节中得以体现。例如,公司的战略方向被详细化为各部门的具体工作目标和计划,管理架构被详细化为具体的职责分工和工作流程等。这种详细化有助于保证公司治理策略在实际应用中的精准性和一致性。

(3) 微观化的初衷在于其是一种对公司治理方法的操作化。公司治理方法包括决策程序、风险控制机制、激励机制等。微观化将这些方法操作化,使其在公司的日常运营中得以体现。例如,决策程序被操作化为具体的会议安排和议程设置,风险控制机制被操作化为具体的内控系统和审计流程等。这种操作化有助于保证公司治理方法在实际应用中的有效性和实时性。

第四节　公司治理微观化的动因：经济学视角和心理学视角

一、经济学视角

从经济学角度解析，公司治理微观化的推动力主要来自三方面：市场竞争、法规监管以及公司内部因素。全球市场中的激烈竞争使得公司需追求更高效率，微观化公司治理有助于资源的有效运用，准确预测和应对市场变化，并能吸引投资者，这是市场竞争压力的驱动。法规监管的日益严格要求公司建立更精细的治理模式，以满足信息披露、决策流程等方面的法规要求，保证治理的公正和合规。此外，公司内部因素，如公司规模、战略、领导风格等，也影响公司治理的微观化。随着公司规模的增长，管理变得复杂，需要更细化的治理制度。战略选择，如全球化或多元化，需要微观化治理来应对相应挑战。领导者的特性则会塑造公司文化和氛围，进而影响公司治理制度的设计和实施。总的来说，公司治理微观化是市场、法规和内部动态交互作用的产物，其推进可以帮助公司应对复杂环境，提高治理效率和效果。

二、心理学视角

在解释公司治理微观化的动因时，心理学提供了独特的视角，它从人的认知、动机和行为三个层面对微观化的动因进行解析。

（1）认知特性。人的认知特性使我们更容易理解和接受具体、明确的规则，而非抽象、模糊的原则。在公司治理中，微观化就是将抽象的原则具体化，将模糊的方向明确化，将全局的视角细化。这不仅让管理层能更清晰地理解公司治理的目标和方式，也让员工能更明确地知道他们的职责和期望。更重要的是，这种微观化可以帮助公司适应复杂多变的市场环境，更准确地响应市场和客户的需求，提升公司的竞争力。

（2）动机特性。人的动机特性也会影响公司治理的微观化程度。人们的动机导向会影响他们的行为和决策。例如，为了追求个人利益，管理层可能会倾向于设定更微观的规则以限制员工的行为，防止其损害公司利益。另外，为了实现自我价值，员工可能会倾向于寻求更具挑战性、更能发挥个人专长的工作，这也需要公司治理微观化，以提供更精细、更个性化的工作设计和职业发展规划。

（3）行为特性。人的行为特性决定了规则和制度的微观化可以更好地指导和控制人的行为。人们在行动时往往会受到规则和制度的影响。详细且明确的规则可以更准确地引导人的行为,防止行为出现误导或冲突。比如,在一个规定了具体工作流程和责任划分的公司中,员工可以更清晰地知道自己的职责,更准确地完成工作,从而提高工作效率和质量。同时,明确的规则和制度也可以避免内部冲突,促进团队协作,提升公司整体的运行效率。

第五节 公司治理微观化的积极意义

随着公司治理的微观化趋势,企业决策正在发生深远的变革。这种变革以专业化和效率优化为主要特征,对子公司治理制度的改进以及公司文化的塑造与改变有显著影响。

一、提高决策的专业性

传统的宏观决策模式常常使得决策权力集中在少数高层领导身上,而微观化的公司治理则倡导更广泛的员工参与和专业知识的运用。通过细化决策层级和工作流程,各级员工能够在其专业领域内进行决策,提高决策的专业性。同时,微观化的决策也更强调数据和证据的使用,减小了情绪和主观偏见对决策的影响。

二、优化决策的效率

在微观化的公司治理中,决策不再是一个笼统的过程,而是被细分为多个具体的步骤和阶段。每一步决策都有明确的责任人和期限,有利于提高决策的效率。而每一步决策的结果都可以被记录和评估,有利于提高决策的质量。此外,微观化的决策过程也更注重沟通和协调,能有效减少决策中的冲突和误解。

三、改进子公司的治理制度

在传统的宏观公司治理中,子公司的治理常常被忽视或简化。而微观化的公司治理则把子公司看作公司治理的重要部分,通过设定明确的责任和权力,规范子公司的决策和管理,可以提升子公司的治理质量。这不仅能保证子公司正常运营,也能增强整个企业的稳定性和竞争力。

四、塑造和改变子公司的公司文化

微观化的公司治理注重员工的参与和专业知识的运用,这不仅能提高员工的工作满意度,也能培养出积极的公司文化。同时,微观化的决策过程和子公司的治理改革也能提升透明性和公平性的文化价值。此外,微观化的公司治理还能通过各种机制,如员工培训和激励,进一步推动积极的公司文化的塑造和传播。

第六节　公司治理微观化的新挑战

尽管公司治理微观化被看作新潮流,它的优点和可能性无可否认,但是我们也必须认识到,在微观化的进程中,可能出现一些新的挑战和问题,如图8-1所示。

图8-1　公司治理微观化的新挑战

一、公司使命、愿景的弱化

随着公司治理微观化的深入发展,管理者可能开始过度关注细节和流程,而对公司的长远目标和愿景视而不见。这种现象的出现,往往是由于管理者在追求效率和短期目标的过程中,逐渐忽视了公司的整体使命和长期愿景。如果公司在这个过程中失去清晰和明确的使命和愿景,那么很可能会陷入短视和内耗的困境。这将使得公司的战略决策偏离其长期利益,公司的发展方向也会变得模糊不清。这种情况不仅会对公司的内部管理和运营造成混乱,还可能对公司的市场表现和持续发展造成严重影响。

二、增加的制度复杂性与管理压力

微观化可能导致制度的复杂性增加,给管理带来额外的压力。这主要是因为,微观化需要更详细、更精细的管理和决策过程,涉及的问题和任务更多,因此需要的规则和制度也就更加复杂。这可能会让制度变得复杂,增加员工和管理者的学习和适应压力,影响决策效率,也可能抑制员工的创新和灵活性。

三、公司治理目标的模糊化

在微观化的过程中,公司可能会过分关注细节和短期问题,而忽视了公司治理的根本目标,即促进公司健康和可持续发展。如果公司过于追求制度的完善和执行,而忽视了制度是否真正符合公司的长期发展和利益,就可能导致公司治理的目标被冲淡,甚至导致公司治理变得形式化,走向僵化。

四、"分家分权"的思维模式

在公司治理微观化的进程中,"分家分权"的思维模式可能悄然出现,这一模式中,各部门和各层级管理者倾向于过度聚焦于自身的权力范围和利益领域,而忽视公司治理的整体目标和原则,导致整体治理效率和效果的降低。这种思维模式可能破坏公司治理的协调性和一致性,引发治理各环节之间的矛盾和冲突。同时,只注重自身权益的行为模式可能威胁公司治理的公平性和公正性,导致其他利益相关者权益被忽视,影响公司的声誉和发展。

五、公司文化的破坏

公司治理微观化可能导致公司文化的破坏。过度细化的制度会导致公司运营僵化,扼杀员工的创新精神和活力,如同将企业困于制度的牢笼。同时,过度依赖制度化管理会弱化公司文化的软性约束力,忽视员工的内在驱动力和价值认同,使公司文化流于形式,削弱企业的凝聚力。

第七节 应对微观化挑战:公司治理的关键策略

当公司治理走向微观化,我们就处于一个挑战和机遇并存的战场。在此情境下,我们必须清晰把握公司治理的目标和方向,认识到推动公司健康、可持续发展是其根本目标。更为关键的是,我们需深化对企业使命和愿景战略引导作用的理解,它们就像指南针,指引我们在复杂变化的商业环境中保持方向,使得每个参与治理的主体都能够"心有所属、眼有所向"。让我们团结一致,凭借坚定的信念和不懈的努力,共同打造公司高质量发展之路,迈向更为辉煌的未来。图 8-2 为我们提供了一些关键的策略。

一、确定公司治理目标:健康和可持续发展

在现今公司治理微观化的大潮下,企业自我定位以及找到适应新形势的道路显得尤为重要。首要的一步,就是清晰明确公司治理的根本目标,那就是驱动公司向健康和可持续的方向发展前进。这意味着,公司治理过程中,必须始终关注公司的长远利益,尽管追求短期利益是必然的,但同时保证公司长期稳

确定公司治理目标：走向健康和可持续发展的道路

↓

平衡治理重点：无形与有形之手的协同

↓

重塑治理原则：四大根基的重要性

↓

强化治理职能：科学决策，高效激励，恰当监督

↓

优化治理实践：深化责任感与担当精神

图 8-2　应对公司治理微观化挑战的关键策略

健发展才是至关重要的。

在这一过程中，所有决策制定和执行都应以这一目标为基础。这涉及的问题广泛，包括如何公平、公正、透明地分配公司资源；如何在满足各方利益相关者的需求的同时保持公司业务稳定运行；如何在短期收益和长期发展之间找到最佳平衡；如何制定与公司战略目标相一致的治理规则和流程；如何设立有效的信息公开和反馈机制，以提高公司治理的透明度和信任度等等。

二、平衡治理重点：无形与有形之手的协同

在应对公司治理微观化趋势的过程中，我们需要重新审视和强调公司治理的关键因素。在此，我们倡导"无形之手"（公司的使命、愿景、战略）与"有形之手"（公司的具体制度、政策）并重的原则，这两者共同构成公司治理的坚实基础。

（1）"无形之手"即公司的使命、愿景和战略，这三者构成了公司长远发展的灵魂和方向。公司的使命定义了我们存在的目的，也就是我们的终极目标；愿景则勾勒出公司的未来发展蓝图，反映了我们追求的理想状态；战略则为实现公司使命和愿景提供了实际行动的导引。在公司治理微观化的趋势下，我们需要通过强化这三者的引导作用，塑造和传承公司的核心价值，以此提升员工的归属感和认同感，从而激发他们的积极性和创造力，最终提升公司的整体竞争力。

（2）"有形之手"则是指公司的具体制度和政策，这是实现公司治理目标的

关键工具和手段,也是维护公司运营秩序、保障各利益相关者权益的基石。这些具体的制度和政策包括:公司治理结构的设计、决策机制的建立、权责的明确划分、风险控制和内部监督的安排、信息披露和透明度的保障等。这些制度和政策需要根据公司的实际情况科学设计、制定和执行,旨在保障公司治理的有效性和透明度,确保所有利益相关者的权益得到保护,同时保持公司的稳健和持续发展。

三 四大治理原则:区大权革的重要性

在推进公司治理微观化的旅程中,我们必须牢记四大治理原则:公平、透明、责任和效率。这四大原则是公司治理健康、可持续发展的基础石,必须在公司治理的每一个微观环节都体现出来。

(1)公平原则。公司治理微观化需要均衡地对待所有的权利和义务,以确保公平的权力分配和责任共担。这是防止权力滥用、确保利益均衡的基础。在权力的背后,应始终紧随责任的步伐,随着管理层和董事会成员权力的提升,他们对公司和所有利益相关者的责任也应同步增加。

(2)透明原则。公司治理微观化倡导公开和透明的信息披露,这包括公司的愿景、目标、业绩和治理状况。清晰的信息披露能够增加公司与利益相关者的信任度,使他们有机会了解公司的运营模式和决策流程,这对于构建良好的公司声誉和吸引投资者至关重要。

(3)责任原则。公司治理微观化要求公司在追求经济利益的同时,兼顾社会责任。这意味着在公司的经营活动中,我们不仅要追求经济效益,而且要考虑到公司行为对社会和环境的长期影响,实现经济效益与社会责任的平衡。

(4)效率原则。公司治理微观化着重于提高公司治理结构和决策机制的效率,实现资源的最佳配置。同时,尊重社会责任和环保意识也是效率原则的重要一环。只有当公司在追求经济效益的同时,关注并兼顾社会责任和环境保护,其才能实现可持续发展。

四 强化治理职能:以科学决策、高效激励、高效监督

在迈向公司治理微观化的过程中,强化公司治理的职能显得尤为关键。我们需要依靠科学决策,以高效激励为推动力,以恰当监督为保障,确保最终达成公司价值的创造。

(1)以科学决策为基础。科学决策是公司治理的关键,需基于充分的信息、深度的分析和长远的规划。科学决策不只是制定正确的选择,也应建立起

一套能够持续作出正确决策的机制。这包括：建立全面的信息收集与分析体系，提升决策者的能力与素质，以及构建合理的决策流程与制度等。借助科学决策，公司能够有效避免决策失误，降低决策风险，提升决策效率与质量。

（2）以系统激励为主导。系统化的激励机制能够调动公司内部成员的积极性和创造力。我们需要设计一套既能满足员工需求，又能推动公司目标实现的激励体系。这包括设定合理的薪酬水平，制定公平的奖励政策，以及建立鼓励创新和承担风险的奖惩制度等。通过系统的激励，可以释放员工潜能，提高员工满意度和忠诚度，增强公司的凝聚力和竞争力。

（3）以高效监督为辅助。高效的监督能够确保公司治理的公正、公平和透明，防止滥用权力和损害公司利益的行为。然而，我们也需要注意避免过度监督导致的管理成本上升和效率降低。这就需要我们建立一套既能发挥监督作用，又能保持适度灵活性的高效监督机制。

五、优化治理实践：深化责任感与担当精神

在迈向公司治理微观化的进程中，我们需要从实践中强化人的责任感与担当精神。这不仅涉及企业的每一个成员，而且要求他们充分理解并接受公司治理的理念和原则，并将这些理念和原则落实到日常行为中，积极参与公司治理的实践，为公司的发展尽心尽力。

（1）我们需要重视责任感的培育。在公司治理微观化的实践中，每一位员工都需要认清自己的角色和责任，理解自身行为对公司治理成效的影响。员工应根据公司的业务目标和治理原则，明确自己的工作职责，主动担起责任，完成自己的工作任务。这不只需要员工具备必要的专业知识和技能，而且要求他们有高度的责任感和职业道德。只有所有员工都能够认真、负责地完成自己的工作，公司治理的微观化才能得到有效的实现。

（2）培养担当精神的重要性不可忽视。在公司治理的实践中，员工需要具备担当精神，愿意主动接受挑战，积极解决问题，乐于为公司作出贡献。这就要求公司在提升员工技能和知识水平的同时，也需要注重培养他们的担当精神和团队协作能力。同时，公司也需要设立有效的激励机制，对那些表现出高度担当精神的员工进行表彰和奖励，以激发他们的积极性和创新性。

（3）公司需要塑造一种强调责任感和担当精神的企业文化，鼓励员工主动负责、勇于担当。公司的领导者需要身体力行，通过自身的行为和态度展示责任感和担当精神，以此激励和引导员工。只有这样，员工才会愿意主动承担责任，勇于面对挑战，积极投入公司治理的现代化建设中去。

公司治理的未来

　　关于公司治理的未来的探讨,本篇通过四章内容勾勒出了这一领域的发展轨迹和深层次变革。每一章不仅自成体系,而且相互联系,共同构建了一个关于公司治理未来发展的较为全面而系统的视角。

　　第九章"ESG 的困境和转型之道"开启了这一讨论,本章深入探讨了 ESG框架在企业可持续发展中的应用及其面临的挑战。21 世纪初,ESG 逐渐成为衡量企业社会责任和可持续性的重要标准,但在实践中却遭遇数据标准不统一、实施难度大和评估体系不完善等诸多问题。本章详细剖析了 ESG 框架的整体缺陷,并分析了环境、社会和治理三个维度存在的实践困境,最后提出了公司治理如何引领和推动 ESG 转型的整体思路。

　　第十章"IRM 的困境和转型之道"着重探讨了 IRM 如何在战略引领下实现成功转型。IRM 转型被界定为从单向信息传播到战略性、主动性的综合管理,此过程深度融合公司战略,并整合跨部门资源,目标是增强市场适应性、风险控制和价值创造,促进企业长期价值和市值增长。本章强调 IRM 与公司战略的深度结合,并提炼为战略制定、公司治理、管理创新等三大核心支柱,及价值驱动、财务优化等六个关键领域,构建了详细的 IRM 行动路线图,为 IRM 转型提供了操作框架和思路。最后讨论了数字化技术在 IRM 中的应用,尤其是大数据和人工智能的角色。

　　第十一章"以 OpenAI 为镜,探索 AI 时代的治理新境界"深入分析了OpenAI 这一引人注目的案例,展示了在迅速发展的人工智能领域中,公司治理面临的新挑战和新机遇。本章通过详细剖析 OpenAI 事件,重新审视了董事会在企业治理现代化建设过程中的实际作用和重要性。特别地,针对 OpenAI等公司在大力发展的通用人工智能(AGI),本章提出了一套有效的治理策略,包括加强内部董事会治理、投资者的自律行为,以及外部监管体系的动态调整,从而为 AGI 的良性发展提供全方位的治理框架。

第十二章"AI的科学治理体系"将讨论提升至更为广阔的层面,通过引入中国古代哲学中的阴阳理论,构建了AI治理的新框架。这一章在理论上为AI科学治理提供了全新视角,既强调了技术创新的重要性,又重视伦理和社会价值的平衡。这种结合传统哲学与现代技术治理的尝试,为构建更全面、更均衡的公司治理现代化体系提供了宝贵的理论支撑。

综上所述,这四章内容的内在逻辑关系不仅呈现了公司治理从理论到实践的有机衔接,还体现了从传统治理到面对新兴技术挑战的适应和创新。通过这样的结构设计,本篇不仅提供了对公司治理未来发展的洞察,还为读者在这一领域深入探索提供了重要的理论和实践资源,从而更好地发挥治理在公司健康、可持续发展方面的内在力量。

ESG 已不再是简单的流行词汇,而是决定企业可持续性和竞争力的核心因素。随着全球消费者、投资者和监管机构对企业社会责任的期望不断提高,如何将 ESG 从理论转化为实际行动,成为每一个企业决策者面临的迫切问题。尤其是,公司治理作为 ESG 三大元素之一,其在整个框架中的地位和影响力如何? 本章旨在深入探讨公司治理如何引领和推动整个ESG的实践转型,以及如何应对在这一过程中遇到的种种挑战。通过深入的文献研究和实地考察,希望本章可以为读者揭示一个更为全面、系统的 ESG 实施蓝图,并提供关于如何在这一领域取得领先地位的实践指导。[①]

第一节 ESG 的简明

ESG 是一个衡量企业在可持续发展方面表现的综合框架,它将企业的环境责任、社会责任和治理结构视为评估企业长期成功和稳定性的重要因素。在全球化和信息透明度不断提高的背景下,ESG 因素已成为投资者、监管机构和消费者评估企业价值与风险的重要工具。首先,环境(environmental)维度关注企业对自然环境的影响和应对。它包括但不限于企业的碳排放、废物处理、资源效率和生态友好的产品开发。通过这一维度,企业不仅可以减小对环境的负面影响,还能在一定程度上通过绿色创新找到新的商业机会。其次,社会(social)维度涵盖企业在社会关系和社区参与方面的表现。这包括企业的劳动条件、员工福利、多元化和包容性以及社区投资等方面。良好的社会维度表现

---

① 本章的部分内容曾发表于:牛建波.从热潮到实践的 ESG 转型之道:公司治理引领[J].董事会,2023(11):90-97.

可以提高企业的品牌声誉和员工满意度，也可能帮助企业在市场上获得更好的立足点。最后，治理（governance）维度聚焦于企业的内部管理和决策结构。这包括董事会结构、股东权利、内部控制和合规等方面。健全的治理结构能够降低企业的风险、提高决策效率，也是吸引投资和保护利益相关者利益的重要因素。

ESG 框架提供了一个企业可持续发展的全面视图，帮助企业在日益复杂的全球商业环境中识别和应对各种风险与机会。然而，实施 ESG 框架并不是没有挑战，如何准确评估和执行 ESG，以及如何在保持企业核心竞争力的同时实现三维协同，一直困扰许多企业和研究人员。

第二节　ESG 实践的三大障碍

在 ESG 实践中，企业可能遭遇三大障碍：首先，缺乏明确的 ESG 战略和实施框架可能导致企业在设定和实施 ESG 目标时感到困惑，影响实践的效果和效率。其次，资源和资金的限制，尤其对中小企业来说，可能阻碍初期的投资和实施，影响企业的总体竞争力和长期成功。最后，有效的内外部沟通和协作是 ESG 实践成功的关键，但企业可能在沟通、协调和建立合作机制上遇到困难，影响与利益相关者的关系和 ESG 实践的效果，同时消耗宝贵的时间和资源。

一、缺乏清晰的 ESG 战略和实施框架

在 ESG 实践的早期阶段，许多企业可能会面临缺乏清晰、明确的 ESG 战略和实施框架的问题。企业可能不清楚如何设定 ESG 目标、如何量化这些目标，以及如何整合这些目标到日常的运营和长期的战略规划中。缺乏明确的指导方针或标准可能会使企业在尝试设定和实施 ESG 战略时感到困惑。在没有清晰指导的情况下，即使企业愿意采取 ESG 实践，也可能会因为缺乏明确的路径而在实施过程中迷失方向。此外，缺乏一个完整的、可执行的实施框架可能会导致企业在实施过程中遇到无法预见的困难和挑战，影响 ESG 实践的效果和效率。这不仅可能会阻碍企业实现其 ESG 目标，还可能会消耗企业的资源，降低其对 ESG 实践的信心和动力。

二、资源和资金的限制

有效的 ESG 实践往往需要较大的初期投资，包括但不限于技术投资、人力资源投入和时间投入。对于许多企业，特别是中小企业，资源和资金的限制可

能会成为进行 ESG 实践的重大障碍。例如,企业可能需要投资新的技术或系统来监控和报告其环境影响,或者可能需要聘请额外的员工来负责 ESG 相关的任务和责任。此外,企业可能还需要投资于培训和教育,以确保其员工有足够的知识和能力来进行与支持 ESG 实践。资源和资金的限制不仅可能会影响企业在 ESG 方面的投资和实施,还可能会影响企业在其他关键领域的运营和投资,从而影响企业的整体竞争力和长期成功。

三、内外部沟通和协作的困难

ESG 实践的成功在很大程度上依赖于企业与内外部利益相关者的有效沟通和协作。有效的沟通可以帮助企业理解和满足利益相关者的期望与需求,也可以帮助企业获得必要的支持和资源。然而,企业可能会遇到在沟通 ESG 目标和实践、协调内外部利益相关者以及建立有效的合作机制等方面的困难。这可能是因为缺乏有效的沟通渠道及共同的语言和理解,或者是因为不同的利益和目标导致的冲突与分歧。这些困难和挑战可能会影响企业与利益相关者的关系,降低 ESG 实践的效果,也可能会耗费企业的时间和资源,降低企业的 ESG 实践的信心和动力。

第二节　ESG 框架的实践缺陷

随着企业和投资者越来越重视 ESG 表现,ESG 框架的应用也越来越广泛。然而,在实践中,可能存在一些突出的缺陷。例如,过度简化或泛化可能导致忽视每个维度的特定问题和挑战。标准化和量化的困难可能影响 ESG 表现的准确评估和报告。执行和监管的困难,策略冲突和优先级不清,以及缺乏内外部沟通和理解等问题,也可能影响企业在 ESG 方面的表现。另外,过度的 ESG 框架可能会限制企业的创新和灵活性,甚至可能影响企业的核心竞争力。

一、过度简化或泛化的问题和挑战

将环境、社会和治理三个维度并列在一个框架中,虽然有助于为企业承担社会责任提供一个大致的方向,但也容易忽视这三个维度之间的不同和复杂性。每个维度都有其独特的问题和挑战,可能需要不同的方法和策略来解决。例如,在环境方面,企业可能需要考虑如何减少碳排放和环境污染,而在社会方面,则可能需要考虑如何保障员工福利和社区发展。这种泛化和过度简化可能会导致企业忽视或低估某些重要问题的复杂性和多维性,从而影响企业在实现

ESG 目标方面的效果。

二、标准化和量化的困难

环境、社会和治理三个维度涵盖了很多不同的领域与问题，每个领域和问题可能都需要不同的评估和量化标准。例如，如何评估企业的社会影响和贡献，可能需要考虑多种不同的指标和方法，如员工满意度、社区投资和供应链责任等。同样，如何评估企业的环境绩效，也可能需要考虑多种不同的指标和方法，如碳排放、水资源管理和废物处理等。这种多元性和复杂性可能会导致企业在评估和报告 ESG 绩效时遇到困难，从而影响外部利益相关者对企业 ESG 绩效的理解和评价。

三、执行和监管的难点

环境、社会和治理三个维度涵盖的领域广泛，企业可能需要投入大量的资源和精力来确保在这些领域的执行与监管。例如，企业可能需要建立专门的团队和机构来负责 ESG 策略的制定、执行与监管，同时还需要建立一套有效的制度和流程来确保 ESG 策略的有效实施与持续改进。在资源有限的情况下，企业可能会发现很难同时满足环境、社会和治理三个维度的要求，从而导致在某些领域执行和监管效果不佳。

四、策略冲突和优先级模糊

在实际操作中，企业可能会发现环境、社会和治理三个维度之间存在一些策略冲突或优先级模糊的问题。例如，企业可能会面临在环境保护和经济效益之间的取舍，或者在员工福利和成本控制之间的平衡。这些冲突和模糊可能会导致企业在制定与执行 ESG 策略时遇到困难，从而影响 ESG 实践的效果和效率。

五、内外部沟通和理解的缺失

由于 ESG 涵盖的范围广泛，企业可能会面临如何向内外部利益相关者清晰和准确地传达其策略与表现的挑战。例如，企业可能需要投入大量的时间和资源来编制和发布 ESG 报告，以向外部利益相关者展示其在环境、社会和治理方面的绩效与贡献。同时，企业也可能需要在内部进行大量的培训和沟通，以确保员工理解和支持企业的 ESG 策略与目标。这种沟通和理解的缺失可能会影响企业在实现 ESG 目标方面的效果与效率。

过度固化的 ESG 框架可能会约束企业在面对新的环境、社会和治理挑战时的创新与灵活性。例如,企业可能会发现很难在现有的 ESG 框架下应对新出现的环境问题或社会挑战,从而影响企业的应对效果和可持续发展能力。同时,过度固化的 ESG 框架也可能会限制企业在实现 ESG 目标方面的创新和探索,从而影响企业的长期发展和竞争力。

过度地关注 ESG 可能会导致企业忽视对核心业务和竞争力的投资与发展。例如,企业可能会因为过度关注 ESG 而忽视其核心业务的发展和创新,从而影响企业的长期竞争力和市场地位。同时,过度地关注 ESG 也可能会导致企业在资源分配和战略决策上的失衡,从而影响企业的长期发展和可持续性。

第四节 ESG 框架的理论缺陷

ESG 框架旨在引导企业在环境、社会和治理三个维度上走向可持续发展。然而,将这三者并列可能会忽略它们之间的内在联系,从而在每个维度上引发不利影响,进而偏离 ESG 的初衷。例如,在治理方面,责任分界的模糊、代理问题的加剧和资源分配的冲突可能会威胁企业的长期价值创造。在评估和报告标准方面,由于社会维度的覆盖范围较广,制定统一的评估和报告标准变得困难,这可能导致社会责任的实践和报告失去清晰的方向。在环境方面,若过分强调治理和社会问题,可能会导致企业忽视环保责任,同时,治理结构的不完善、短期利益的追求以及环境指标的量化困难也成为主要挑战,这些问题可能影响企业应对环境法规和实现可持续发展的能力。

一、治理维度的挑战

在 ESG 框架中,企业可能面临多方面的治理挑战。

（一）治理责任的弱化

将环境、社会和治理三个维度并列可能会使企业的核心责任和治理的重点变得模糊。在某些情况下,企业可能会过分强调环境和社会维度,而忽视了基本的治理责任,如财务透明度和股东权益保护。这种模糊的责任分界可能会削弱治理的效果,使管理层和董事会在面对具体问题时缺乏明确的指导与决策依据。

　　企业的核心责任是为股东创造价值，同时保持对所有利益相关者的责任。治理责任，如财务透明度和股东权益保护，是确保企业持续、稳定和合法运营的基础。忽视这些基本的治理责任可能会影响企业的信誉和法律合规性，从而影响企业长期发展。在面对具体问题时，明确的责任分界能为管理层和董事会提供清晰的指导与决策依据。责任分界模糊可能会导致决策混乱和执行困难，从而影响企业的效率和效果。

（二）代理问题的加剧

　　在 ESG 框架下，代理问题可能会加剧。管理层可能利用环境和社会绩效指标来掩盖财务表现不佳或大股东的侵占行为，为自己提供额外的"辩护"空间，减少对财务绩效的责任，也增加了评估管理层能力和绩效的难度。传统上，管理层主要负责为股东创造财务价值，但 ESG 框架可能导致新的评价指标和目标出现，分散管理层的注意力，影响财务绩效。如果管理层利用这些新指标来掩饰财务或其他问题，可能会削弱股东的监督和控制能力，加剧代理问题。ESG 框架可能也会使评估管理层变得更复杂，因为除了财务绩效外，还需考虑环境、社会和治理等多维度的绩效，可能导致评价标准不一致，增加评价的复杂度和成本，影响股东和其他利益相关者对管理层的准确评价，进而影响企业的长期价值创造。

（三）资源分配的冲突

　　在应用 ESG 框架的过程中，企业可能会面临资源分配的冲突。ESG 框架要求企业在环境和社会维度上达到一定的标准，这可能会导致企业在努力实现这些目标时，面临资源和注意力的分散。例如，为了满足环境保护的要求，企业可能需要投入大量的资金和人力资源来改善其生产过程与减少碳排放。同时，为了满足社会责任的要求，企业可能还需投资于社区发展和员工福利项目。然而，这些投资可能会挤压企业的其他资源，从而影响其核心业务和基本治理任务的执行。

（四）治理重点的模糊

　　在 ESG 框架下，过分强调环境和社会维度可能模糊企业的治理重点与战略方向。企业的主要任务是为股东创造价值，这是为其他利益相关者创造价值的基石。只有保证企业的存续和发展，才能为更多利益相关者服务。但若过度关注环境和社会目标，可能导致资源和注意力分散，忽略基本治理任务如确保财务透明度和股东权益保护。另外，过度的 ESG 要求可能让企业难以应对市场变化和竞争压力。在高度竞争和快速变化的市场环境中,企业需保持灵活和适应性以应对市场变化与抓住新机会。然而,过多的环境和社会要求可能束缚企业,影响其竞争力和市场反应速度。例如,过度的环境规定可能限制企业的生产灵活性,而过度的社会要求可能增加企业的运营成本和合规风险。在这种情况下,过分强调ESG的非财务维度可能影响企业的基本目标——为股东和其他利益相关者创造长期价值,可能对企业的存续和长期发展造成负面影响。

(五)评价和报告的困难

在ESG框架下,企业面临评价和报告的困难,由于需要在多维度上进行评价和报告,增加了复杂度和成本。不同利益相关者对ESG重要性的不同理解和期望可能导致评价标准不一致与报告困难,影响外部对企业绩效和治理能力的准确理解与评价。多维度评价需投入更多资源收集、处理和报告数据,增加运营成本,可能导致执行力和效率降低。不同利益相关者的不同期望可能使企业在制定评价标准和报告格式时面临困难,影响外部对企业的准确理解和评价。此外,多维度报告可能增加公众和市场的监督与评价压力,企业需面对更严格和复杂的监督与评价标准,这可能增加企业在处理公共和市场关系时的风险与挑战。

(六)激励机制的错位

在ESG框架下,传统以财务绩效为中心的激励机制可能出现错位。首先,ESG要求管理层和员工同时关注环境与社会绩效,可能导致目标不一致,影响企业效率和执行力。其次,环境和社会绩效的量化与评价难度大,给设计有效的激励机制带来挑战。最后,过分强调环境和社会绩效可能导致财务绩效被忽视,影响企业的财务健康和市场竞争力。例如,过度的环保投资可能增加运营成本,过度的社会责任投资可能导致资源分散。ESG框架的引入提出了需要在财务与环境、社会绩效之间寻找平衡的新挑战,同时要求企业在设计激励机制时考虑如何整合多维度的绩效指标,以保持企业的竞争力和连续增长。

二、社会维度的挑战

随着ESG框架在全球企业中的普及,社会维度的挑战日益凸显。在这方面,有四个主要问题需要注意。

(一)社会责任的边缘化

社会维度的实践可能因其不易量化的特点而被边缘化。相对于环境和治理,社会维度的指标更为模糊,导致在短期经济压力或其他明确法律法规要求下，社会维度可能被视为次要的关注点。这种趋势可能削弱企业与社区和利益相关者的关系，甚至可能影响企业的长期声誉。

（二）评估的模糊性与报告的复杂性

社会维度涵盖的领域广泛，如劳动标准、社区关系和供应链责任，使建立一致的评估和报告标准变得困难。这种不明确性和复杂性可能导致企业在实践与报告社会责任时缺乏方向，进而影响利益相关者的信任。

（三）长期影响的忽视

在追求短期社会绩效时，企业可能会忽视其活动对社会的长期和系统性影响。例如，一家公司可能会因为短期目标而牺牲社区健康或文化遗产。长期来看，这种短视可能会对企业的社会合法性和声誉造成伤害。

（四）跨部门协同的缺失

承担社会责任往往需要多部门或跨领域的合作。但在缺乏明确的治理指导下，各部门可能会遭遇合作障碍或资源配置的困难，进而影响社会责任项目的效果。长期而言，缺乏协同可能会损害企业与社会利益相关者的关系，影响其可持续发展。

三、环境维度的挑战

在 ESG 框架下，企业在环境维度上面临的挑战也变得越来越突出。以下四个方面概述了这些核心挑战。

（一）缺乏足够重视

很多企业在过度关注治理和社会问题时可能会降低对环境问题的重视。尽管环境问题可能没有短期内的直接经济影响，但长期忽视这些问题可能会给企业的法律合规、声誉和财务表现带来严重后果。在日益重视环境保护的社会背景下，企业需要将环境问题纳入其长期战略，以确保其长期竞争力。

（二）执行力和资源分配的问题

一个健全的治理结构对于确保环保策略的执行至关重要。企业缺乏对环境保护的明确支持和指导，可能会导致资源分配不足、监管缺失，从而影响环境绩效。在一个强调企业社会责任的时代，缺乏执行力可能会损害企业的声誉和市场地位。

（三）缺乏长期战略

当企业主要关注短期经济效益而忽略环境保护的长期重要性时，它可能会错失许多重要的机会。过度关注短期利润而忽视长期环境风险可能会导致企业未能及时应对未来的环境挑战,从而损害其竞争力。

环境绩效的评估和量化面临诸多技术与标准化的挑战。这种复杂性可能会导致企业在决策和策略制定时缺乏明确的方向。同时,环境保护往往需要跨部门合作,缺乏有效的治理机制可能会影响这些部门之间协同工作,进而降低企业的整体环境绩效。

基于深入的文献研究、实地考察和与高级管理层的访谈,我们认识到公司治理在整个 ESG 框架中占据着至关重要的位置。为此,本研究确定了以公司治理为基石的三大核心策略,以确保 ESG 战略的有效实施:首先,将 ESG 因素纳入企业的长期战略决策,确保公司治理结构与 ESG 目标紧密相扣;其次,实施持续而透明的 ESG 评估,使得治理机制及时响应并调整;最后,注重创新和持续优化,使公司治理在 ESG 实践中始终保持领先地位。在此基础上,我们强调大股东、董事会和高层管理团队在推进公司 ESG 战略中的决策性作用。通过设定明确的战略目标、建立健全的绩效评估体系、进行有针对性的员工培训,以及加强和外部利益相关者的合作与交流,我们旨在确保企业在公司治理的有力指导下,全面、系统地实施和完善 ESG 战略。

从坚实的公司治理基础出发,我们必须超越将 ESG 视作单纯的企业社会责任,而是将其认知为公司长期战略的不可或缺部分。这的确需要大股东与董事会的有力支持和明确导向。他们必须深刻理解:ESG 的深度整合不仅塑造企业的社会形象,还是公司长期、稳健发展的基石。策略上,董事会需要制定清晰、务实的 ESG 目标,确保这些目标与公司的总体愿景和使命紧密结合。这意味着在战略制定中,公司治理、环境保护和社会责任应作为企业成功的三大柱石,并确保其在企业日常运营中得以体现。在实践中,高级管理团队和各级经理的作用显得尤为关键。他们不仅要深入领会 ESG 的精髓,还需确保其在日常决策和管理中占据核心地位。为此,定期培训和教育活动至关重要,确保管理团队把 ESG 的原则和实践有效融合到日常工作中。此外,建立与 ESG 紧密关联的绩效评估机制,确保团队和员工均围绕 ESG 的核心目标展开工作,也显得尤为重要。与此同时，与外部的利益相关方，如投资者、供应商及社区，深度沟通和合作也是推进 ESG 战略不可或缺的一环。

二、在公司治理引导下，持续、透明的 ESG 评估与报告

以公司治理为核心，持续而透明的 ESG 评估与报告成为构建企业信誉、维护利益相关者信赖的基石。在这一过程中，董事会和高级管理层的领导作用不容忽视。为此，董事会需要设立专门的 ESG 委员会或明确相关职责部门，来专注监督和指导企业的 ESG 评估与报告。制定一致、标准化的 ESG 评估与报告流程是至关重要的环节，确保企业在收集、处理和公布 ESG 信息时的准确性和一致性。在实际操作中，高层管理及各级经理的参与和支持是流程能够顺利运行的保证。他们应确保各部门与团队都严格按照 ESG 评估与报告的标准进行工作，以保障数据的准确、及时和完整性。为提升报告的公信力和质量，定期的内部及第三方审核也是必要的。此外，定期与外部利益相关者，如投资者、客户及社区等进行沟通，可以帮助企业更好地展现其在 ESG 方面的努力与成果，同时搜集到宝贵的反馈和建议。

三、以公司治理为动力，持续创新与完善 ESG 实践

在 ESG 领域，公司治理不仅是坚实的基石，还是推动创新和持续优化的关键动力。面对市场的日新月异与 ESG 的持续升级要求，企业在治理结构和战略规划中必须持续融入创新与完善的理念。首先，董事会和高级管理团队必须深刻认识到创新在实现 ESG 目标中的核心地位，并在公司的愿景、使命和长期战略中为其赋予明确地位与重要性。当创新被明确为企业战略的核心时，企业将更有能力应对 ESG 的多方面挑战，并发现更多的商业机会。其次，企业应在公司治理结构中设立专门针对 ESG 的创新团队或部门，负责推进相关的创新项目，并确保企业拥有完善的创新管理机制，从项目选择到最后的实施都有明确的流程和规范。再次，鼓励员工参与创新，为他们提供培训和支持，建立和营造一种鼓励创新的企业文化，确保 ESG 实践持续、深入发展。最后，与国内外行业伙伴的合作和交流，对于提高企业在 ESG 方面的创新能力和市场竞争力也具有重要价值。

IRM的困境和转型之道

本章探讨了公司在战略统领下如何有效进行IRM的转型。IRM转型是指投资者关系管理从信息传播转变为战略性、主动性的综合管理过程,深度融合公司战略并整合跨部门资源,旨在增强市场适应力、风险控制及价值创造,从而促进企业长期价值增长和市值提升。本章强调了IRM与公司战略的深度融合,跨部门合作,提高内部效率和对外沟通一致性,为提升企业整体价值和市值奠定基础。

此外,本章提炼了战略制定、公司治理和管理创新作为市值管理的三大核心支柱,进一步拓展至价值驱动、财务优化、人才激活、品牌打造、创新生态和产业链整合六个关键领域。详细分析了实际控制人、董事会、高管团队、独立董事和员工等五大利益相关者在IRM转型中的作用,强调他们在实现战略目标中的重要性。本章还介绍了一个IRM行动路线图,采用PDCI(规划、决策、实施、改进)循环,为有效的IRM转型提供了实践参考。最后,本章讨论了数字化技术在IRM中的应用,特别是大数据和人工智能的角色,展望了这些技术对未来市值管理的影响。

总体而言,本章为公司提供了一个较为全面的IRM转型指南,涵盖战略、治理、管理各方面,同时着重于技术角色和未来发展趋势,为公司在激烈的市场环境中保持领先地位提供了有效思路和重要参考。

第一节 当代的IRM

IRM的定义强调其在战略管理中的重要性,集合财务、沟通、市场营销和证券法律遵从,旨在实现公司与投资社区间有效的双向沟通。NIRI(国家投资者关研究所)将其定义为一种战略性管理责任,涉及整合多个领域以促进公平股票估值。Investing Answers 视其为管理公司信息的内部功能,而 Market Business News 将其描述为与投资者等相关方的沟通。Irwin 的指南强调 IRM 不应仅以股价为绩效指标,而 Corporate Finance Institute 和 Wall Street Oasis 认为 IRM 是结合多个领域的战略行为。然而,现有定义存在局限性,如指导性弱、与公司战略脱节、缺乏理论基础、跨部门合力不足,且过分聚焦防御目标。

一、IRM 的定义

在国际知名机构中,对 IRM 的定义有所不同,但都强调了其在战略管理中的重要性以及与财务、沟通、市场营销和法规遵守的整合性。

根据 NIRI 的定义,投资者关系管理是一种战略性管理责任,涉及财务、沟通、市场营销和证券法律遵从的整合,旨在实现公司、金融界和其他利益相关者之间最有效的双向沟通,最终有助于公司证券实现公平估值。这个定义强调了与金融界和其他相关方进行有效沟通的重要性。

Frontiers 的一篇文章中,NIRI 将投资者关系管理定义为一种战略性管理行为,它利用财务、沟通、市场营销等手段,并遵守证券法律和规章,致力于在公司、金融机构和其他投资者之间形成最有效的双向沟通,以实现公司股票的公平估值。这个定义强调了上市公司和资本市场参与者双向互动的重要性。

Investing Answers 定义 IRM 为公共公司内部负责管理和沟通有关公司运营、管理组织和财务状况信息的功能。IRM 部门负责维护公司产品和服务的最新信息,并在季度和年度报告中保持公司运营和财务表现的最新信息。

Market Business News 描述 IRM 为公司或个人与投资者、股东和对公司股份或财务稳定感兴趣的其他方的沟通。这包括与投资者的沟通、公告发布、投资者会议和报告的创建,以及维护公司网站的投资者关系部分。

Irwin 的指南强调 IRM 在测量绩效方面不应仅仅以股价表现为关键指标,而是应采用硬性和软性目标相结合的记分卡方法。IRM 的目标包括:教育和建立对公司战略和愿景的信心,建立有效的沟通路径,理解和监测股东变化,以及寻找新的投资者和分析师。

Corporate Finance Institute 描述 IRM 为将财务、沟通和市场营销结合在一起,有效控制公共公司、其投资者和公司金融界之间的信息流动。IRM 功能有助于发布信息、处理查询和会议,并为管理层提供反馈和危机管理。

Wall Street Oasis 表明,IRM 是公开交易公司内的一个部门,对与机构投资者、金融界成员和政府机构的沟通起着至关重要的作用。IRM 结合了战略、财务、沟通、市场营销和合规方面,有效地管理这些互动。

二、现有 IRM 定义和主张的局限性

当我们深入分析现有 IRM 的定义和实践时,可以明显看出其局限性。这些限制不仅影响了 IRM 的有效性,而且限制了其在现代企业管理中的潜力。

（1）当前 IRM 的实践指导性较弱。许多 IRM 定义和实践侧重于信息流动的管理和财务透明度,而较少关注如何将这些实践与公司的整体战略紧密结合。这导致 IRM 与公司战略的脱节,很多时候 IRM 被视为一项孤立的、非战略性的任务,而非与公司目标和长远规划相结合的核心组成部分。

（2）现有的 IRM 实践常常缺乏坚实的理论基础和框架。很多公司的 IRM 活动更多地依赖于经验和直觉,而不是基于经过验证的理论或系统化的思维。这种缺乏系统化思维的做法不仅限制了 IRM 在不断变化的市场环境中的适应性,也影响了其在创建价值和传播公司理念方面的能力。

（3）现有的 IRM 模式往往无法在组织内形成合力。由于缺乏跨部门的协调和合作,各部门往往各自为战,导致 IRM 活动的效果受限。这种情况往往还与公司领导层对 IRM 重要性认识不足有关。如果领导层未能充分认识到 IRM 的战略价值,就很难将其纳入公司的核心决策过程中。

（4）现行的 IRM 实践往往主要聚焦于防止舆情事件,而不是积极地创造和传播价值。这种防御性的思维模式限制了 IRM 的潜力,使其成为一种被动的风险管理工具,而非积极推动公司增长和市值提升的战略资产。

综上所述,现有 IRM 定义和实践的局限性在于其指导性差、与公司战略脱节、缺乏理论基础和系统化思维、无法在组织内形成合力,以及侧重于防御性目标。因此,IRM 需要一种更为全面和战略性的转型,以便更好地适应现代企业环境,实现真正的价值创造和有效的风险管理。

第二节　IRM 转型的定义和目标

IRM 转型通过将投资者关系管理从传统信息传递职能转化为战略性管理流程,有助于显著提升现代企业的长期价值。此转型重塑了 IRM 的功能,使其从信息传播进化为双向战略沟通平台,并与公司战略深度融合。这一变革将 IRM 推到了企业战略制定和执行的核心位置,通过跨部门合作与资源整合,有效传达公司的长远目标与潜在价值。同时,IRM 转型加强了对市场动态的敏感性与适应性,提高了风险管理能力,通过构建牢固的投资者关系,显著增强了

企业的市场价值和投资者信任。这不仅促进了短期股价表现，更为公司的长期成功和可持续发展提供了坚实支持。

一、IRM 转型的定义

IRM 转型是指将投资者关系管理从信息传播机制转化为一个战略性和主动性的综合管理流程。它深度融合公司战略，通过跨部门资源整合，不仅提升市场适应力和风险控制，还加强价值创造，从而有效推动企业的长期价值增长和市场价值提升。

（一）体现了投资者关系管理在现代企业中的重要演变

IRM 转型的定义显现了投资者关系管理在现代企业环境中的显著变革。在过去，投资者关系管理通常被视作一种单向的信息传播机制，其核心任务是被动地将企业的财务状况、业绩数据以及其他重要信息传递给投资者和市场。这种方式在一定程度上满足了市场的基本需求，即确保投资者获取关于公司的基本信息，从而作出投资决策。然而，这种方式并未充分发挥 IRM 在企业战略制定和执行中的潜力。

随着商业环境的快速发展和市场竞争的激烈加剧，这种传统的 IRM 方式开始显现出局限性。现代市场环境要求企业不仅在财务和业绩上保持透明，还在战略规划、市场定位、社会责任等方面与投资者进行更深层次的互动和沟通。在这个过程中，IRM 的角色逐渐从单纯的信息传递者转变为一个更加动态和互动的参与者。这种转变意味着 IRM 需要从被动接收和传递信息转向积极参与公司战略的形成和实施，成为连接公司管理层和投资者的桥梁。这不仅包括对外界的沟通，还涉及内部管理层和各部门之间的协调，确保企业的战略方向和市场沟通是一致的。

在这种新方式下，IRM 变得更加重视对公司战略的理解和传达。这不仅是将公司的财务状况和业绩结果告知投资者，而且需要将公司的长远目标、战略计划以及这些计划如何带来价值增长的信息有效地传达给投资者。这种深度的沟通有助于投资者的信任和理解，从而在市场上提升企业形象和品牌忠诚度。

此外，随着企业治理和透明度要求的提升，IRM 的角色也在逐渐扩展。它不仅关注财务数据的准确性和及时性，还包括了解投资者的需求和期望，确保公司的决策和行动满足这些需求。这就要求 IRM 团队不仅具备财务和业务的专业知识，还具备沟通和建立人际关系的能力，以便更好地与投资者建立起长期稳定的关系。

（二）核心在于将 IRM 转变为一个战略性和主动性的综合管理流程

IRM 转型的核心体现在将传统的信息传递职能转变为一个更具战略性和主动性的综合管理流程。在这一转型过程中，IRM 的角色发生了根本性的变化：从一个仅仅负责传递企业信息的角色，转变为一个积极参与企业战略制定和实施的关键角色。这种变化要求 IRM 团队不仅深入了解企业的业务和市场环境，而且深刻理解企业的长期战略目标。这不仅包括对企业的财务目标和业务目标的理解，还包括对企业文化、价值观以及长远发展规划的理解。

在这个新角色中，IRM 成为一个桥梁，连接企业内部的战略制定与外部投资者的沟通。这意味着 IRM 需要在理解企业内部战略的同时，能够将这些战略目标和计划以清晰和有说服力的方式传达给外部投资者。这种沟通不仅是单向的信息传递，还是一种双向的互动过程。IRM 团队需要倾听投资者的反馈和关切，将这些反馈带回企业内部，确保企业的决策反映市场和投资者的需求。

此外，随着市场和投资者对企业透明度与责任感的要求日益增加，IRM 的作用也在不断扩大。它不再仅仅是一个传递财务信息的渠道，而是成为传达企业整体价值观和社会责任的重要途径。通过有效的 IRM，企业能够在投资者心中建立起一个积极、负责任的形象，这对于增加投资者信任和吸引长期投资至关重要。

（三）强调的是 IRM 与公司战略的深度融合

IRM 转型中另一个关键方面是它与公司战略的深度融合，这种融合超越了简单的策略层面的结合，扩展到了资源和流程的整合。这意味着 IRM 不再是一个独立运作的部门，而是公司整体战略的一个有机组成部分，其活动和目标与公司的总体方向与目标紧密相连。

这种深度的融合要求 IRM 团队跨越传统的部门界限，与公司内的各个部门如财务、市场、运营以及人力资源等紧密合作。通过这样的跨部门合作，IRM 能够获取更全面、更深入的企业信息，包括财务数据、市场动态、产品发展、企业文化等各个方面的信息。这些信息的综合和整合，使 IRM 更准确、更全面地向外界展现公司的整体状况和未来发展的愿景。

在这个过程中，IRM 成为一个信息的枢纽，不仅仅是收集和传递信息，更重要的是分析和解读这些信息，将其转化为对投资者有价值的洞察。这种洞察不仅是关于公司当前的经营状况，还是关于公司的长期战略和发展前景。通过提供这样的深度信息，IRM 能够帮助投资者更好地理解企业，从而建立起长期的信任和忠诚度。

此外,这种跨部门的合作和流程整合也使 IRM 更有效地参与公司战略的制定和实施过程。IRM 团队在理解外部市场和投资者需求的基础上,能够为公司的战略决策提供有价值的输入,确保公司的战略满足市场的需求,同时也反映了投资者的期望。

因此,IRM 转型中与公司战略的深度融合不仅是一种策略上的结合,还是在资源和流程上的整合。这种整合使 IRM 成为公司战略的一个关键组成部分,不仅提升了 IRM 的效能和重要性,也使公司能够更好地与投资者沟通,建立长期的信任。

（四）IRM 转型的重要价值

IRM 转型给企业在市场适应力、风险管理和价值创造方面带来了显著的增强作用。这一转型使得 IRM 不再局限于传统的信息传递角色,而是成为企业适应市场、管理风险以及创造价值的重要力量。

（1）在市场适应性方面,主动的 IRM 起着至关重要的作用。随着市场环境的不断变化,企业需要灵活地调整其战略以保持竞争力。在这个过程中,IRM 团队通过对市场动态的深入了解和分析,能够提供宝贵的洞察,帮助企业及时作出战略调整。例如,IRM 通过跟踪投资者反馈和市场趋势,能够识别新的机遇和潜在的威胁,从而使企业更快地适应市场变化,抓住新的增长机会。

（2）在风险管理方面,IRM 的作用同样不可小觑。有效的投资者沟通是降低市场对企业不确定性的关键。IRM 团队通过与投资者的开放和透明沟通,能够有效减少误解和减小预期差异,从而降低企业在市场上的不确定性。这种沟通不仅包括财务和业绩信息,还包括公司战略、市场定位、风险管理策略等方面的信息。通过这样的沟通,投资者能够更好地理解企业的经营状况和发展策略,从而降低因信息不对称而产生的风险。

（3）在价值创造方面,IRM 的作用体现在提高企业透明度和吸引力方面。一个有效的 IRM 可以通过确保信息的准确性和及时性,提高企业在投资者心中的信誉度,吸引更多的投资。此外,通过展示企业的长期发展计划和战略愿景,IRM 有助于突显企业的增长潜力和竞争优势,从而提升企业的市场价值。这种价值的提升不仅体现在股价上升,还体现在更好的融资条件、更广泛的投资者基础以及更强的市场影响力。

所以,IRM 的这种转型为企业在适应市场、管理风险以及创造价值方面提供了强大的支持。这不仅使企业更好地应对市场的挑战,还有助于实现可持续发展。

IRM 转型的目标是"通过战略引领和资源整合,提高投资者关系管理的战略性、适应性和价值创造能力,以促进公司的长期稳健发展和市值提升"。

一、重新定义和加强 IRM 在现代企业中的作用

IRM 转型的目标在于重新定义和加强其在现代企业中的作用,将其从一个被动的信息传递和反应机制转变为一个积极的、战略性的管理工具。这一转型的核心是对 IRM 职能的重新思考,不再将其视为仅仅处理财务报告和投资者咨询的部门,而是将其作为企业战略规划和执行的一个关键组成部分。

在这种新的视角下,IRM 的角色扩展到了直接参与公司的战略制定和实施过程中。这意味着 IRM 团队不仅要处理日常的投资者沟通,还要深入理解公司的业务目标、市场定位和长期愿景。这种理解使得 IRM 更加有效地将公司的战略目标和愿景传达给投资者,确保他们对公司的方向和决策有清晰的认识。

更重要的是,这种转型强调了 IRM 活动与公司整体战略的紧密结合。IRM 不再是孤立的、独立运作的职能,而是要与公司的其他部门,如市场营销、财务、产品开发等紧密协作,使所有对外的沟通和信息披露都与公司的整体战略保持一致。这种整合确保了公司对外传递的信息是统一的,有助于投资者对公司战略的信任和支持。

此外,IRM 转型还意味着更加重视与投资者的双向沟通。这不仅是将公司信息传递给投资者,还包括收集和分析投资者的反馈、关切和期望,然后将这些信息带回公司,作为改进战略和决策的依据。这种双向沟通机制有助于建立更强的投资者关系,增加投资者对公司决策的信任和支持。

二、构建一个 IRM 支持和增强公司战略的框架

在现代企业管理中,IRM 的转型已经成为一个关键议题。这种转型的主要目标是在战略引领下创建一个框架,确保投资者关系活动有效地支持和增强公司的整体战略。

在这个框架下,IRM 的角色超越了传统的信息传播职能,转变为一个战略沟通的角色。IRM 团队通过与公司高层紧密合作,使其沟通活动与公司的整体战略保持一致。这种一致性对于建立和维护投资者的信任至关重要,因为投资者不仅仅关注公司当前的表现,更关注公司的未来发展和潜力。通过有效的战略沟通,IRM 可以帮助投资者更好地理解公司的长期价值和潜力,从而促进投资者的长期承诺和投资。

此外,战略对齐还意味着 IRM 团队需要对公司内外的环境变化保持敏感和反应灵活。这包括对市场趋势、竞争对手的动作、监管变化等因素的持续关注,以确保公司的战略沟通是及时和相关的。这种环境的敏感性和灵活的应对能力可以帮助公司及时调整其战略沟通,确保公司在不断变化的市场环境中保持竞争力。

最终,这种战略引领下的 IRM 框架不仅增强了投资者对公司发展方向的信心,还为公司的长期成功打下了坚实的基础。通过确保投资者关系活动与公司的整体战略紧密相连,IRM 可以帮助企业建立一个更加稳定和积极的投资者基础,这对于企业在市场上的长期表现和持续增长至关重要。

(三) 升级公司的资源整合

资源整合是 IRM 转型过程中的一个至关重要的方面,它的核心在于通过跨部门合作,实现信息和策略的一致性。在这个转型目标下,财务、市场营销、运营等关键部门之间不仅需要共享信息,还需要紧密协作,以确保公司对外传递的信息是统一且全面的。这种整合的重要性不仅体现在提升内部运作的效率上,更重要的是它在确保对外沟通一致性方面的作用,这对于建立和维护公司的正面形象和信誉至关重要。

在 IRM 转型的背景下,资源整合意味着打破传统的部门壁垒,促进不同部门间的信息流动和策略一致性。例如,财务部门提供的财务数据需要与市场营销部门的市场分析和运营部门的业务更新紧密相连,以形成一个统一的、全面的企业形象。这种跨部门的协作和信息共享不仅提高了决策的质量,还有助于确保公司在与投资者、客户和公众的沟通中呈现出一致的信息和立场。

同时,资源整合还涉及更高效的内部流程和决策制定。通过跨部门合作,各部门可以更好地理解公司的整体战略目标,从而在各自的职能范围内作出更加有针对性和一致的决策。这种高效的内部协调和决策过程不仅加速了公司对市场变化的响应,还增强了公司在危机管理和机遇把握方面的能力。

此外,有效的资源整合还有助于建立公司的正面形象和信誉。当公司能够对外呈现一致的信息和立场时,它更容易获得投资者和市场的信任。这种信任是公司长期成功的基石,特别是在竞争激烈和快速变化的市场环境中。

由此可见,资源整合在 IRM 转型中扮演着关键角色。通过打破部门间的壁垒,促进信息和策略的一致性,不仅可以提升公司内部运作的效率,还能确保对外沟通的一致性,从而有助于建立和维护公司的正面形象和信誉。这对于任何寻求在市场上长期发展和成功的企业来说,都是至关重要的。

IRM 转型在现代企业管理中的重要性不仅在于提高内部资源整合和沟通一致性，还在于提升对市场动态和投资者需求的适应性。在如今这个快速变化的市场环境中，企业的成功在很大程度上取决于其对市场变化的敏感度和对投资者需求的响应能力。这种环境要求 IRM 团队不仅有坚实的信息基础和深入的业务理解，还具备高度的灵活性和敏锐度，以便迅速识别和利用市场机会，同时有效应对潜在的市场挑战。

在 IRM 转型的背景下，适应市场动态成为 IRM 团队的一个核心职能。这意味着 IRM 团队需要持续监控市场趋势、行业动态、竞争对手的行为以及宏观经济环境的变化。通过这种持续的监控和分析，IRM 团队能够及时地为企业管理层提供关键的市场洞察，帮助企业在策略上作出及时和有效的调整。例如，对新兴市场的变化敏感，可以帮助企业抓住新的增长机会；而对潜在风险的早期识别，则可以使企业更好地准备应对市场波动。

同时，IRM 转型还意味着更加注重对投资者需求的理解和响应。在多元化和复杂的投资环境中，投资者的需求和期望可能会迅速变化。IRM 团队需要与投资者保持紧密的沟通，理解他们的关切和预期。通过这种沟通，IRM 不仅可以更有效地传递公司的信息和战略，还能及时收集投资者的反馈，将其作为改善公司战略和操作的重要输入。这种对投资者需求的敏感和响应能力，是建立和维护长期投资者关系的关键。

为了实现这种适应性，IRM 团队需要具备高度的灵活性，在沟通策略和方法上能够快速调整。这可能涉及采用新的沟通渠道，如社交媒体或数字平台，或者是调整沟通的内容和频率，以更好地符合市场和投资者的需求。

IRM 转型的最终目标是通过一系列的努力来显著提升公司的整体价值和市值。这种转型过程不仅涉及改善内部的资源整合和提高对市场动态的适应性，还包括建立更有效的投资者关系。通过这些努力，公司能够更好地吸引和保持投资者，提升市场对公司未来发展的信心，从而为股价的稳定和增长提供支持。

有效的投资者关系管理在建立市场信心方面起着至关重要的作用。通过清晰、一致和透明的沟通，公司能够向市场展示其业务战略、财务状况和市场定位。这种沟通有助于减少市场的不确定性，使投资者对公司的未来发展有更明确的理解和预期。在这种理解和信任的基础上，投资者更可能长期持有公司的股票，支持公司的战略决策，从而有助于股价的稳定和增长。

此外,IRM 转型还强调了对长期可持续发展的重视。这不仅关乎短期的股价表现,而且关乎公司长期的市场地位和竞争力。在这个过程中,IRM 团队不仅要关注当前的业绩,还要关注公司如何通过创新、市场扩展和社会责任等方面实现长期的增长和发展。通过向投资者传递这种长期价值的视角,公司能够吸引更多寻求长期投资回报的投资者,从而为公司的长期发展打下坚实的基础。

第三节　IRM 转型的三大支柱

根据战略统领观的思路,战略统领、公司治理和管理创新构成了 IRM 转型的三大支柱,这些要素共同支撑起企业与投资者之间的有效沟通和关系维护。以下是这三大支柱的详细阐述。①

一、战略统领：形成企业战略与企业价值的共振

战略统领是 IRM 转型的一个核心支柱,特别是在形成企业战略与企业价值的共振方面。以下内容详细介绍了这一过程。

(1) 分析市场和行业动态：与中央企业不同,一般上市公司需要更加关注其所处市场和行业的具体情况。公司应深入研究市场趋势、竞争环境、客户需求和技术发展,以此为基础制定企业战略。这种分析有助于企业明确其在市场中的定位,识别增长机会,并制订相应的战略计划。

(2) 明确企业价值定位：上市公司需要清晰界定其核心竞争力和市场定位。这包括评估公司的产品和服务特色、品牌价值、客户基础和技术优势。通过明确企业价值定位,公司可以更有效地制定符合自身优势和市场需求的战略。

(3) 制定具有竞争力的企业战略：在充分了解市场和行业情况的基础上,上市公司应制定具有竞争力的企业战略。这涉及设置具体、可衡量的目标,识别关键业务驱动因素,以及确定达成这些目标所需的资源和行动计划。

(4) 注重战略的执行和落地：战略的成功取决于其有效执行。上市公司需要建立强有力的执行机制,确保战略目标转化为具体行动。这包括分配适当的

---

① 本章的部分内容曾发表于：①牛建波."中特估"：上市公司价值创造提升新路径[N/OL].上海证券报,2023-06-01. https://paper.cnstock.com/html/2023-06/01/node_11.htm. 在发表首日,新华社客户端转载文章的阅读量超过 100 万人次；②牛建波.市值管理之道：战略统领观引领央企走向卓越[J].董事会,2023(7)：54-65.

资源、明确责任和时间表，以及建立监控和评估系统来追踪进展。

（5）与投资者沟通战略：在IRM中，与投资者沟通公司的战略至关重要。上市公司应定期通过投资者简报、年报、股东大会等渠道，向投资者介绍其战略计划、进展和成果。透明和持续的沟通有助于建立投资者信任，提升公司在资本市场中的形象。

通过上述步骤，上市公司能够确保其战略与市场需求、内部能力和企业价值观相协调，从而在激烈的市场竞争中脱颖而出。有效的战略制定和执行对于提升企业市值、吸引和维持投资者关系至关重要。

二、公司治理：建立以价值创造和价值传播为中心的治理体系

构建一个以价值创造和价值传播为中心的治理体系是IRM转型的第二大支柱。这种治理体系强调透明度、责任感以及与所有利益相关者的有效沟通，从而在提升企业价值的同时，增强投资者信心和提高市场声誉。

（1）明确治理结构和职责分工：上市公司需要确立清晰的治理结构，包括董事会、监事会和高管团队。董事会应专注于战略制定和监督，确保公司沿着既定方向发展。监事会的职责是监督公司的合规性和风险管理，保障公司稳健运营。高管团队负责日常运营和战略的执行，确保公司目标的实现。

（2）优化股权结构和激励机制：合理的股权结构和激励机制对于激发管理层和员工的积极性至关重要。公司应考虑引入不同类型的股东，如战略投资者，以增加公司的资源和视角。同时，通过绩效考核和奖励体系，激励员工和管理层实现公司长期目标。

（3）加强内部审计和风险管理：强有力的内部审计系统和风险管理措施能有效保护公司和股东的利益。这包括定期的财务审计、运营风险评估以及合规性检查，确保公司的稳定和可持续发展。

（4）加强信息披露和提高信息透明度：上市公司应提供准确、及时和全面的信息给所有股东与市场参与者。这包括定期的财务报告、重大决策的披露以及管理层的说明和分析。良好的信息透明度有助于建立投资者信任和市场的正面形象。

（5）与利益相关者的有效沟通：公司应积极与股东、投资者、员工、客户、供应商和社区等利益相关者进行沟通。通过听取不同声音，公司可以更好地了解各方的需求和期望，同时有效地传播公司的价值和战略。

通过这些步骤，上市公司不仅能够提高其治理水平，而且能够通过有效的沟通和提高信息透明度，建立一个以价值创造和价值传播为核心的治理体系，

从而更好地管理与投资者的关系，实现 IRM 转型，提升企业的市场价值和竞争力。

三、管理创新：提高战略统领下的执行力

对于 IRM 转型而言，有效管理创新是其第三大支柱。这意味着通过创新管理方法、流程和组织结构来提升执行力，确保战略目标得以实现，从而真正实现 IRM 转型、提高市值管理的效果。

（1）强化组织协同能力：上市公司需重视内部沟通与合作，以打破部门间的障碍，实现资源的有效共享和优化配置。这种协同能力不仅提高了组织的灵活性和响应速度，而且促进了部门间的理解和支持，为执行战略目标创造了有利条件。

（2）创新管理方法和流程：引入精益管理、敏捷管理等现代管理理念，优化公司流程，减少无效工作，提高整体效率。建立一种持续改进的企业文化，鼓励员工积极参与改进活动，形成自主学习和持续发展的良性循环。

（3）关注人才培养和激励：人才是公司成功的关键。上市公司应通过有效的选拔、培训和激励机制来提升员工的专业素质与创新能力。为表现出色的员工提供有竞争力的薪酬激励和晋升机会，以激发他们的工作热情和创造力。

（4）构建科学的绩效评价体系：绩效评价体系应与公司战略紧密结合，强调结果导向和过程导向。设定合理的绩效指标，确保员工的工作目标与公司的长期战略目标一致，从而促进公司整体效率和绩效的提升。

（5）有效利用数字化技术：数字化技术在提升企业决策效率和管理水平方面发挥着至关重要的作用。公司应充分利用数字化技术实现信息共享、实时监控和数据驱动决策。在数字化转型过程中，管理层应关注这些技术在战略执行、组织协同和人才激励等方面的应用。

通过上述措施，上市公司可以显著提高其管理效率和执行力，从而更好地实现战略目标，增强公司的市场竞争力和投资者信心。管理创新不仅关系到公司的内部运营，也直接影响外部投资者对公司的看法和投资决策，是 IRM 转型不可忽视的重要组成部分。

第四节　IRM 转型的六大领域

本节内容提炼了实现 IRM 转型的六大关键策略，即价值驱动、财务优化、人才激活、品牌打造、创新生态和产业链整合，如图 10-1 所示。价值驱动关注

核心竞争力的挖掘,财务优化旨在平衡风险与收益,人才激活致力于构建人力资本价值链。品牌打造专注于提升企业形象与价值,创新生态促进企业持续发展活力,产业链整合关注提升运营效率与市场竞争力。

价值驱动

财务优化　　　　　　　　　　　　　　　人才激活

品牌打造　　　　　　　　　　　　　　　产业链整合

价值创造
财务、人才支撑
反馈作用

创新生态

首先,价值驱动要求公司深入挖掘和优化核心竞争力,包括明确优劣势、关注技术创新、优化资源配置、提升产品质量与服务,以及加强与利益相关者的沟通与协作。其次,财务优化强调平衡风险与收益,涵盖资本结构优化、现金流管理、风险控制、投资决策和财务信息透明度提升。人才激活着重于构建人力资本价值链,从招聘、培训、激励到晋升体系全方位强化员工的积极性和忠诚度。品牌打造关注提升企业形象和价值,通过明确品牌定位、塑造一致品牌形象、实施品牌战略、创新品牌传播和重视社会责任来增强市场竞争力。创新生态强调创新引擎的建设,包括构建创新文化、加强技术研发、打造创新生态链、培养创新人才和加强知识产权保护。最后,产业链整合通过横向和纵向整合提升效率与竞争力,同时注重风险评估和合规性。

通过六个领域的协调和互动,企业可以通过全新的 IRM 实现高效市值管理的目标。

一、价值驱动:挖掘核心竞争力

价值驱动是 IRM 转型的关键。这意味着公司需深入挖掘和优化其核心竞争力,通过有效策略提升市场竞争力,从而在投资者关系管理中实现成功转型。

价值驱动首先要求上市公司明确自身的优势和劣势,从而准确定位其在市场中的核心竞争力。这包括进行深入的市场调研和竞争对手分析,确保公司准确地理解自身在产业链中的定位并充分发挥其特长。此外,公司还需密切关注国家政策导向、行业趋势和市场需求,以此为基础制定符合实际情况的发展战略。

资源的优化配置是实现价值持续增长的另一个关键点。上市公司需要在内部整合(如优化组织结构、提升管理效率、降低成本)和外部拓展(如兼并收购、产业链延伸、跨界合作)方面下功夫,以提高市场份额和盈利能力。

提高生产效率也至关重要。这意味着上市公司应关注技术创新、管理创新和模式创新,通过引入先进的生产技术和设备、优化生产流程、提高资源利用率,从而降低成本并减少浪费和环境污染。

同时,产品和服务的质量与创新是保持竞争优势的重要方面。公司应不断提升产品质量、拓展产品线、优化服务体系,以满足客户需求并提升客户满意度。加大研发投入,推动技术和产品创新,是保持竞争优势的关键。

最后,加强与利益相关者(如政府、投资者、供应商、客户等)的沟通与协作,对于获取政策支持、资金投入和市场资源至关重要。优化利益相关者关系,对于实现价值的持续增长和构建良好的投资者关系非常有帮助。

二、财务优化：平衡风险与收益

稳定的财务状况不仅是公司健康运营的基础,也是建立和维护投资者信任的关键。因此,上市公司需要在 IRM 转型过程中精心优化其财务结构,并平衡风险与收益。

(1)上市公司需关注资本结构的优化。这包括合理配置自有资本与外部融资的比例,以及平衡负债与权益的结构。通过严格控制负债规模和降低负债成本,公司能够保证其财务的稳健性。同时,利用多种融资渠道,如发行债券和股票,可以有效降低融资成本,为公司提供充足的资金支持。

(2)加强现金流管理对于维持公司日常运营和投资需求至关重要。公司需有效监控和预测现金流,优化现金流结构,提高收款效率,同时延长付款周期,以降低资金占用和经营风险。

(3)强化风险管理是确保公司财务稳健的重要环节。上市公司应建立完善的风险管理体系,识别、评估并控制各类风险,如市场风险、信用风险和操作风险。运用风险分散和对冲策略,可以有效降低风险。

（4）上市公司在进行投资决策时，必须充分考虑项目的风险与收益。通过严格的投资分析和评估，确保投资项目带来合理的收益，同时避免承担过高的风险。

（5）加强财务监控和信息披露对于维护企业信誉与市场形象至关重要。建立健全的财务监控体系，实时监测财务状况，及时发现并纠正潜在问题。同时，注重信息披露的透明度和及时性，为投资者和监管部门提供准确、全面的财务信息，是维护投资者信任的关键。

在 IRM 转型过程中，优秀的人才队伍能够有效地沟通企业价值，吸引和维系投资者关系，进而提升企业市值。

（1）人才激活的起点在于招聘。对于 IRM 来说，招聘不仅是吸引人才的手段，也是塑造公司品牌形象的重要环节。上市公司需要建立科学的招聘体系，通过多渠道、多层次的策略吸引具备专业知识和创新能力的人才。在此过程中，确保招聘流程的公平性和透明度，有助于构建正面的公司形象，增强投资者对企业文化和治理的信任。

（2）培训是激活人才潜力的关键环节。系统的培训体系不仅能提升员工的专业技能，也能增强他们对企业战略和市场趋势的理解，这对于有效地进行投资者沟通至关重要。通过提供多样化的培训课程，并利用内外部培训资源，上市公司可以提升员工的专业素养和市值管理能力。

（3）激励机制在 IRM 中扮演着重要角色。合理的薪酬体系和多元化激励措施，如提供晋升机会、职业发展规划和丰富的员工福利，不仅能提升员工的工作满意度和忠诚度，也能激发他们在 IRM 转型中的积极性和创造性。

（4）晋升机制是留住人才和激发其潜力的重要保障。通过建立公平、透明的晋升机制，上市公司能够为员工提供清晰的职业发展路径。这样的做法不仅有助于留住关键人才，也鼓励员工积极参与 IRM 转型，进而为公司的市值增长作出贡献。

品牌打造是上市公司增强市场竞争力和投资者信心的关键因素，对实现IRM 转型、提升市值具有显著影响。对于上市公司而言，有效的品牌打造不仅能提升企业形象和价值，还能在资本市场上树立公司的独特地位。

（1）明确品牌定位是品牌打造的基础。上市公司需要通过深入分析市场趋势、用户需求和竞争对手来确定自己的核心竞争力和独特卖点。这样的品牌定位不仅有助于公司在市场中脱颖而出，也是建立投资者信任和提升认知度的重要手段。

（2）塑造一致且专业的品牌形象对于提升公司的公众形象至关重要。这包括统一的品牌名称、标识、口号等视觉元素的设计，以及通过公关活动、媒体宣传等方式向外界传递公司的价值观和经营理念。良好的企业形象可以增加投资者对公司的好感和信任。

（3）制定并实施详细的品牌战略对于提高品牌知名度和市场份额非常重要。这包括产品策略、渠道策略和价格策略等，确保品牌战略与公司的整体目标和市值增长相一致。

（4）在品牌传播方面，上市公司需要采取创新的传播策略，如结合线上线下活动、广告投放和社交媒体传播，扩大品牌的影响力。同时，注重用户体验和口碑传播，让消费者自然而然地成为品牌的传播者。

（5）重视社会责任对于构建企业形象和品牌口碑至关重要。上市公司在IRM转型的同时，应积极承担环保、公益活动和提升员工福利等社会责任。这不仅有助于塑造企业的正面形象，还能增强投资者和市场对公司的认可和支持。

五、创新生态：建设创新引擎

将创新视为IRM转型的核心驱动力是至关重要的。这不仅激发企业的持续发展活力，而且在IRM转型中起到了关键作用。

（1）构建以创新为核心的组织文化是上市公司必须关注的重点。这意味着公司不仅要在其企业文化中植入创新的种子，还需要通过激励机制和评价制度来鼓励与奖励创新行为。营造一种鼓励创新、尝试和学习的氛围，对于培养员工的创新意识和能力至关重要。这样的文化将直接影响公司的IRM转型。

（2）加强技术研发对于上市公司来说同样重要。这包括投入充足的研发资源，专注于研究前沿技术和行业趋势。上市公司应建立专业的研发团队，并与高校、科研机构等进行合作，以提升自身的技术研发实力。强大的技术研发能力不仅是公司市值增长的关键，也是推动IRM转型的重要因素。

（3）打造创新生态链是实现协同创新的重要步骤。这意味着将创新融入产品开发、生产、销售等各个环节，并与合作伙伴及产业链上下游企业建立合作关系。这样的协同创新生态系统不仅能推动行业进步，也能增强公司在投资者眼中的吸引力。

（4）培养创新人才是上市公司不可或缺的策略。这包括建立完善的人才选拔、培训、激励机制，以吸引和留住优秀的创新人才。通过人才交流、实习生计划等方式培养具有创新精神和实践能力的人才，对于提升公司的创新能力和市值管理水平至关重要。

（5）搭建创新平台是促进内外部创新资源整合的关键。这包括建立创新孵化器、开展产学研合作、加入产业创新联盟等，以构建完善的创新生态体系。这些平台不仅能提升公司的创新能力，也是向投资者公司展示创新实力和市值潜力的有效方式。

（6）加强知识产权保护对于保障公司创新成果至关重要。上市公司应重视通过申请专利、商标等方式来保护自己的创新成果，同时遵守知识产权法规，尊重他人知识产权。这不仅有助于维护良好的市场秩序，也是提升投资者信心的重要因素。

六、产业链整合：提升效率与竞争力

产业链整合是提升运营效率和市场竞争力的重要策略，对于增强投资者信心和促进 IRM 转型尤为关键。

产业链整合，包括横向整合和纵向整合，为上市公司提供优化运营流程和扩大市场份额的机会。横向整合，例如，通过兼并竞争对手或收购产业链中的其他企业，可以帮助公司扩大其在特定市场中的影响力，增强其市场地位。这种整合通常通过规模经济来降低成本，并提高效率，从而增加市值。纵向整合，如整合供应链和增强与下游客户的合作，可以使公司更好地控制原材料供应和产品销售，降低生产成本，提高产品质量和交货效率。

除了传统的整合方式，上市公司还可以通过产业协同、产业互联网等新型模式进行产业链整合。共建产业互联网平台，实现信息共享、资源互补和协同创新，能显著提高产业链的运营效率，降低交易成本，增强公司在市场中的竞争力。

然而，在进行产业链整合时，上市公司需要充分评估相关风险。例如，兼并收购可能引发的企业文化冲突、组织结构调整问题，以及市场垄断或反垄断调查的潜在风险。只有在充分了解并准备应对这些风险的基础上，公司才能有效地实施产业链整合，实现 IRM 转型，稳步提升市值。

第五节　IRM 转型的五大利益相关者协奏

在 IRM 转型的舞台上，上市公司的五大利益相关者——实际控制人（以下简称"实控人"）、董事会、高管团队、独立董事和员工——扮演着协同且关键的角色。他们的紧密合作不仅展示了责任和职能的明确划分，也深刻体现在如何共同推进企业持续增长和发展的战略方向上。

实控人作为公司战略和长期目标的守护者，其决策和指导对公司治理、风险控制、创新发展，乃至企业社会责任产生深远影响。董事会则扮演战略导向的角色，监督管理层的执行情况，并在重大企业决策中发挥关键作用，确保公司发展方向与市场环境的同步和长期目标的一致性。

高管团队作为战略落地的核心力量，肩负着将董事会的战略方向转化为具体的 IRM 行动计划的责任，并在管理实践中注入创新的魂魄。他们的工作确保了战略的高效执行和组织的顺畅运营。

独立董事则在保障公司治理的公正性和透明度方面起到了至关重要的作用。他们以其独立的视角为公司提出关键的战略和财务建议，极大地提升了 IRM 转型的效果和投资者信心。

最后，员工是 IRM 成功的基石，他们在战略制定和执行中积极贡献，在创新和专业技能上提升公司整体价值。同时，员工在与外部利益相关者的沟通中发挥着桥梁作用，影响公司的外部形象和声誉。

这五大利益相关者的相互协作和协同作用是推动上市公司 IRM 成功转型和市值持续增长的关键所在。他们共同确保了公司在面临市场挑战时的稳定性、适应性和竞争力。

一、实控人：确保公司战略与长远利益一致

实控人的决策和行动直接影响公司的 IRM 与长期稳定性。在 IRM 转型过程中，实控人的作用不仅限于直接的经济决策，还包括对公司治理、风险管理、创新发展和社会责任的全面关注。通过这些方面的综合管理，实控人可以有效地促进公司市值的稳定增长，并建立强大的投资者信任。

（1）实控人需确保公司战略与长远利益一致。他们负责制定和执行符合公司和股东整体利益的战略，以促进市值的持续增长。这包括对公司发展方向的精准把握，以及确保战略决策与市场趋势和行业发展相适应。

（2）在公司治理方面，实控人扮演着至关重要的角色。他们需重视公司治理结构的优化，提高治理效率和透明度。这涉及选择合适的董事会成员、建立独立董事制度等措施，以降低潜在风险，并提升市值管理水平。

（3）风险控制也是实控人的重要职责。在追求市值增长的同时，实控人应有效控制和降低各类风险，维护公司的长期稳健发展和市场信誉。通过有效的风险管理策略，实控人可以保障公司面对不确定性时的稳定性和适应性。

（4）创新与发展是推动公司市值增长的关键。实控人应关注企业的创新能力和技术研发，推动产品和服务的持续改进，以满足市场需求和提升竞争力。这不仅提高公司在市场中的地位，也增强投资者对公司前景的信心。

（5）实控人在履行企业社会责任方面扮演着至关重要的角色。他们需认识，在追求市值增长的过程中，公司对环境、社会和员工的责任不容忽视。积极的企业社会责任实践能够为公司的长期发展和市值管理创造有利条件，同时在投资者和公众中树立积极的企业形象。

作为公司治理的关键环节，董事会负责明确企业的战略发展方向，并提供决策上的清晰指导。董事会在上市公司的 IRM 转型中发挥着至关重要的作用，不仅在战略制定和监督执行上扮演关键角色，而且在与各利益相关者的沟通和关系管理中也起着重要作用。通过这些努力，董事会能够有效地推动公司市值的持续增长和稳定发展。

（1）董事会的主要职责是确保企业战略与公司的长期目标和市场变化一致。这包括审议和更新企业战略，以确保公司在迅速变化的市场环境中保持竞争力。董事会还需及时识别外部环境的变化，以便适时调整战略，确保公司灵活应对市场的挑战。

（2）对于管理层的监督是董事会的另一个重要职责。董事会需确保管理层能有效地执行企业战略，并将其转化为具体的市值管理措施。这涉及定期审查战略执行情况，对管理层的表现进行评估，并提供必要的改进意见和建议。

（3）在重大投资、兼并和重组等决策时，董事会需要从长远的角度出发，权衡决策带来的利益和风险。这要求董事会具备深远的洞察力和战略思维，以确保这些决策能够对企业市值产生积极的影响。

（4）董事会在市值管理中还需关注与各利益相关者的关系建设。这包括与政府、投资者、员工、客户等建立良好的沟通和合作关系。通过有效的沟通机制，董事会能够倾听和协调各方的意见和需求，从而帮助公司在多元化的市场环境中实现可持续发展。

高管团队在 IRM 中起到了将董事会战略决策落实到实际操作中的桥梁作用，其在确保计划的有效性和适应性、推动管理创新以及与董事会和利益相关者的沟通中发挥着关键作用。通过这些努力，高管团队能够有效地推动公司市值的持续增长。

（1）高管团队需要根据董事会确定的战略方向，制订具体的市值管理计划。这些计划应涵盖具体目标、战略措施、时间节点和预期效果。在制订计划时，高管团队必须充分考虑公司的内外部环境、可用资源和能力，以确保计划的可行性和有效性。

（2）执行市值管理计划是高管团队的另一重要职责。这包括明确各部门的职责和任务，制订详细的执行方案，并监控执行进度。高管团队需关注市场变化和企业发展需求，以便及时调整和优化市值管理方案。

（3）高管团队需要推动管理创新。这意味着引入新的理念、方法和技术来提高管理水平和市值管理的效果。管理创新可能涉及优化组织结构、提升决策效率、激发员工潜力等方面，从而有助于提高公司的竞争力和市场价值。

（4）高管团队应与董事会保持紧密沟通和配合。定期向董事会汇报工作进展，听取其意见和建议，确保战略的有效执行。

（5）关注和处理利益相关者的反馈是高管团队的重要职责之一。这包括优化市值管理计划，以及通过有效沟通确保企业价值的持续增长。

四、独立董事：保障治理公正与透明

独立董事在上市公司的 IRM 中扮演着至关重要的角色。他们确保公司治理的公正性和透明度，并提出独立的战略和财务建议，从而有助于提高公司的市值管理效果。

独立董事通过确保公司治理的公正性和透明度、提出专业建议、保护中小股东利益以及推动企业履行社会责任，对于提升上市公司的市值管理效果至关重要。他们的作用对于构建和维护投资者的信任以及促进公司长期稳定发展极为关键。

（1）独立董事的一个核心职责是确保公司治理的公正性和透明度。作为独立于管理层和控股股东的成员，独立董事通过客观监督企业治理，提供公正和透明的评估。他们参与重大决策的审议和风险管理的监督，从而提升公司治理水平，并增加投资者和社会的信任。

（2）独立董事负责提出独立的战略和财务建议。他们利用自己的经验和专业知识，对企业发展战略、财务规划、并购重组等重大事项提出建议。这些建议有助于企业避免利益输送和决策失误等问题，从而提高市值管理的效果。

（3）保护中小股东利益是独立董事的重要职责。他们参与企业重大事项的决策，确保公司治理过程的公平性和公正性。通过这种方式，独立董事维护

中小股东的合法权益,增强市场对企业的信心。

(4)独立董事在推动企业履行社会责任方面发挥着关键作用。他们关注企业在环境、社会和治理方面的表现,并推动企业在这些领域发展。这不仅有助于提升企业的可持续发展能力,而且能够提高企业的市值和声誉,吸引资本和人才。

三、员工:发挥积极主动的价值创造作用

员工在 IRM 中发挥着关键作用,他们通过参与公司战略的制定与执行、驱动创新、个人职业发展及与外部利益相关者的有效沟通,共同创造和提升企业价值。

员工对公司战略的参与至关重要。他们对企业内部运作和市场动态有深入的了解,他们的意见和建议能够帮助企业制订出更符合市场和实际需求的战略方案。员工参与战略的制定不仅可以提高战略的实施效果,也能有效提升公司市值。

员工作为战略执行的主体,在提高工作效率、质量和创新力方面发挥着至关重要的作用。通过关注员工的工作状态并制定合理的激励政策,企业可以大幅提升员工的工作积极性和战略执行力。

创新是推动企业竞争力提高和市值增长的关键因素,而员工在技术创新、管理创新和商业模式创新方面的贡献具有不可估量的价值。鼓励员工创新,并提供必要的支持和培训,可以营造一个促进创新的工作环境,从而推动公司市值的提升。

为了吸引和留住优秀人才,企业需要提供具有竞争力的薪酬待遇、完善的职业发展机制和良好的工作环境。优秀的人才是市值增长的关键,他们的专业技能和经验对于企业创造更大价值至关重要。

此外,员工在与客户、供应商等外部利益相关方的互动中扮演着重要的角色。他们的态度和行为直接影响企业的声誉和市值。加强内部沟通,建立健康的企业文化,确保员工能够传递出公司的正面形象,这对于维护和提升公司市值至关重要。

第十章　IRM 转型的行动路线图和 PDCI 循环

IRM 转型的行动路线图从战略统领角度出发,包括九个关键环节,涉及战略目标制定、组织结构优化、财务与资本结构调整等。参照 PDCA(计划、执行、检查、处理)循环工具的思路,我们将 IRM 转型划分为四个阶段,构成一个完整的循环,即 PDCI 循环。这四个阶段分别为:规划阶段(明确目标和战略)、实施阶段(按照战略进行实际操作)、技术与协同阶段(引入新技术、关注创新,与利

益相关者协同合作)和监督与持续改进阶段(对市值管理执行过程中的成果进行监督、检查和评估,持续优化战略和执行方案)。IRM 转型需要紧密结合企业特点和市场环境,持续优化策略,以实现市值的持续增长。

一、IRM 转型的行动路线图

IRM 转型的行动路线图可以被视为一套全面的战略框架,涵盖战略目标制定、组织结构优化、财务与资本结构调整、人才激活与价值创造、创新与品牌价值提升、数字化技术应用、多元利益相关者协同推进、监督与评估以及持续改进与发展的多个环节。这个框架可以被分解为以下几个关键组成部分。

(1)明确战略目标和发展方向是 IRM 转型成功的关键。上市公司必须根据自身优势、行业趋势和市场定位,制订清晰且具体的 IRM 目标。这包括:识别公司的核心竞争力并对其进行强化,探索在产品和服务上的创新机会,以及制定长远的市场和增长战略。通过这样的过程,公司不仅可以更好地了解自身在市场中的定位,还能够识别和把握新的市场机会,从而在竞争中保持优势。

(2)优化组织结构以支持 IRM 战略的实施至关重要。这意味着上市公司需要重新评估并明确其实控人、董事会、独立董事、高管团队以及员工的各自职责。在这个过程中,关键在于建立一套有效的激励和约束机制,确保各层级不仅清晰地了解自己的角色和职责,而且能够积极地为实现公司的长期目标而努力。例如,对于高管团队和员工,激励机制可能包括与公司业绩相关的奖励,而约束机制则涉及严格的绩效评估和责任追究。这样的组织结构优化,能够提升整体的执行力和协同效果,为 IRM 战略的成功实施打下坚实基础。

(3)调整财务和资本结构对于降低财务风险和提升资本效率同样重要。上市公司应该根据自身的财务状况和市场环境,审慎地调整其债务结构和控制负债水平。例如,通过债务重组或重新安排贷款条件,公司可以有效降低财务成本,提高财务灵活性。此外,积极参与资本市场活动,如通过股权融资或并购活动,也是优化资本结构的重要手段。这些措施不仅有助于优化公司的财务健康状况,还能提高公司对投资者的吸引力,增强市场竞争力。

(4)激活人才和价值创造对于任何上市公司来说都是至关重要的。人才是公司最宝贵的资源,他们的创造力、热情和专业技能是推动公司发展的关键。因此,上市公司应该重视人力资源管理,通过有效的招聘、培训、激励和晋升制度来激发员工的潜能。这意味着公司需要创建一个既能吸引人才又能留住他们的环境。例如,公司可以提供竞争力的薪酬和福利,开展丰富多样的职业发展和培训项目,以及实施公正、透明的晋升机制。通过这些措施,公司不仅能提升员工的满意度和忠诚度,也能增强其整体的创新能力和竞争力。

(5)推动创新和品牌价值的提升同样至关重要。在快速变化的市场环境中,持续的技术创新和产品开发是保持竞争优势的关键。公司应该专注于研究和开发新技术,创新产品设计,以及改革管理流程。例如,公司可以投资于研发新技术,探索新的业务模式,或者改善现有产品和服务。同时,公司还需要强化其品牌建设,通过有效的市场传播策略来提升其市场知名度和企业形象。这不仅包括传统的广告和公关活动,也包括利用数字营销和社交媒体平台来加强与消费者和投资者的互动。通过这些努力,公司能够在市场中建立一个强有力的品牌,吸引更多的客户和投资者。

(6)运用数字化技术如大数据和 AI 在提高决策效率和准确性方面发挥着关键作用。大数据的应用使公司能够收集和分析大量的内部信息与外部信息,从而获得深入的市场洞察和客户行为分析。这些数据的分析结果能够帮助公司预测市场趋势,更好地理解投资者需求,从而作出有信息支持的决策。同时,AI 技术的应用使得这些复杂的数据分析更加高效和精确,尤其是在处理大规模数据集时,AI 能够快速识别模式和趋势,为决策者提供即时的洞察和建议。

(7)与多元利益相关者的协同合作对于实现 IRM 目标至关重要。这包括与政府、投资者、供应商、客户等建立良好的沟通和合作关系。例如,与政府的良好关系可以帮助公司更好地了解和适应监管环境,而与投资者的有效沟通则能提升透明度,增强投资者信心。此外,与供应商和客户的紧密合作不仅有助于优化供应链、提高效率,也能够提供更多创新的机会和更好的市场洞察。

(8)建立有效的 IRM 监督和评估机制是确保战略目标得以有效实施的关键。这个过程涉及对公司各项战略执行情况的定期评估,这不仅包括检查目标的完成情况,还涉及分析实施过程中的问题和挑战。定期的执行情况评估允许公司及时发现并解决可能影响战略实施的问题,确保战略的顺利执行。此外,对战略方向的不断调整也是必要的,这有助于公司灵活应对市场变化和内部变动。例如,公司可能需要调整其市场定位、产品开发策略或者客户服务方法,以应对新的竞争挑战或市场机遇。同时,建立有效的激励机制和约束机制也是至关重要的。激励机制鼓励员工和管理层积极实现公司目标,而约束机制则确保他们的行为符合公司的长期利益和价值观。

(9)持续的改进和发展对于上市公司来说同样重要。这要求公司不断关注 IRM 领域的新思维、新技术和新管理方法。随着市场环境的变化和新技术的出现,公司的 IRM 战略可能需要进行相应的调整和更新。例如,随着大数据和人工智能技术的发展,公司可以利用这些技术来更有效地分析市场趋势和投资者行为,从而制定更有针对性的沟通策略和市值管理计划。此外,公司还需要不断寻找新的管理方法和实践,以提高其运营效率和市场反应速度。例如,采用敏捷管理方法可以帮助公司更快地适应市场变化,同时提高团队的协作效率和创新能力。通过这些持续的改进和发展,公司可以保持其在市场中的领先地位,同时为长期的增长和成功奠定坚实的基础。

二、IRM 转型的 PDCI 循环

IRM 转型可以采用一种类似于 PDCA 循环的方法,我们称之为 PDCI 循环,即规划(Plan)、实施(Do)、协作创新(Collaborative Innovation)和持续改进(Continuous Improvement),如表 10-1 所示。这种循环方法能够帮助企业更加高效地管理与投资者的关系,并有效提升市值。

表 10-1　IRM 转型的 PDCI 循环

阶段	步　骤	内　容
规划	1. 明确战略目标和发展方向	结合自身优势、行业趋势和市场定位,制定明确的 IRM 目标,包括强化核心竞争力,探索创新机会,确定长期市场和增长战略
	2. 构建战略导向的组织结构	优化组织结构以支持 IRM 战略实施,明确实控人、董事会、独立董事、高管团体和员工的职责,建立有效的激励机制和约束机制
实施	3. 优化财务和资本结构	调整财务和资本结构以降低财务风险,提升资本效率,包括调整债务结构、控制负债水平、降低财务成本,参与资本市场活动如融资和并购
	4. 激活人才和价值创造	重视人力资源管理,通过有效的招聘、培训、激励和晋升制度激发员工积极性和创新能力,作为市值增长的关键因素
	5. 推动创新和品牌价值提升	专注于技术创新、产品开发和管理改革以增强市场竞争力,加强品牌建设,通过有效的品牌传播策略提升市场知名度和企业形象
协作创新	6. 运用数字化技术	利用数字化技术如大数据和 AI 提高决策效率和准确性,包括收集和分析内外部数据以支持市值管理决策
	7. 多元利益相关者的协同合作	与政府、投资者、供应商、客户等多元利益相关者建立良好的沟通和合作关系,以获取外部支持,实现市值管理目标
持续改进	8. 监督和评估	建立有效的市值管理监督机制和评估机制,包括定期执行情况评估、战略方向调整、激励机制和约束机制建立,以确保战略目标的有效实施
	9. 持续改进和发展	关注市值管理领域的新思维、新技术和新管理方法,不断调整和完善策略,适应市场环境和企业发展需求,以保持市场竞争力和实现长期市值增长

（1）规划阶段。这一阶段是 IRM 转型的基础,要求上市公司设定清晰的 IRM 目标,并对市场环境、竞争状态、公司的优势和劣势进行深入分析。企业需要制定一套既符合实际情况又有前瞻性的市值管理战略。同时,公司应优化组织结构,确保资源配置的有效性,并制定适当的激励机制和人才培养方案来支持战略的实现。

（2）实施阶段。在此阶段,公司需要按照既定的 IRM 战略执行具体操作。这包括财务结构的优化、生产效率的提升、成本控制、研发投入的增加和市场份额的扩大等。通过这些措施,企业应致力于实现其市值的持续增长,并确保战略目标得以实现。

（3）协作创新阶段。在此阶段,公司应探索并采用新的技术和方法,如大数据分析和人工智能,以提高 IRM 的成效。同时,应重视技术创新和管理创新,加强与研究机构和产业链合作伙伴的合作。此外,建立与董事会、高管团队、独立董事和员工等多元利益相关者的良好协作关系,是确保 IRM 顺利推进的关键。

（4）持续改进阶段。在此阶段,公司需要对 IRM 的执行成果进行监督、检查和评估。定期收集和分析市场数据、财务数据和关键绩效指标,以评估市值管理的效果。同时,需密切关注行业动态和市场变化,以便及时调整战略。根据评估结果,公司应持续改进和优化其市值管理战略和执行方案,包括修正目标、调整资源分配和改进管理流程。

综上所述,上市公司可以通过实施 PDCI 循环来有效管理与投资者的关系,提升市值。这不仅要求公司在规划和执行市值管理策略时保持前瞻性和灵活性,还要求公司在整个过程中注重与各方的协作和持续的自我完善。

在 IRM 的领域中,大数据和人工智能的融合发挥着核心作用。大数据通过对市场的实时监测与深入洞察投资者行为,极大地优化了沟通策略的制定。与此同时,AI 的应用通过智能聊天机器人和高效的自动化工具,为投资者提供无缝且即时的服务体验,从而显著提高沟通的效率和质量。这些先进技术的结合不仅强化了风险管理与决策过程,而且深化了企业与投资者之间的紧密联系,帮助企业在激烈的市场竞争中持续保持领先地位。

大数据在 IRM 的领域中扮演了一个多维度且深刻的角色,成为当代商业环境下企业成功的核心驱动力。在 IRM 领域,这种数据驱动的策略显得尤为关键。

（1）大数据技术赋予企业实时监控市场变化的能力,深化了对市场趋势、行业动态和竞争环境的洞察。这些洞察对于精准理解投资者行为、预测市场走势以及策划高效的投资者沟通策略至关重要。利用大量数据的深入分析,企业得以更准确地把握投资者的关注点和兴趣,进而在与投资者的互动中取得更好的成效。

（2）大数据的应用显著提升了企业对投资者需求和行为的理解与预测能力。通过深入挖掘和分析投资者数据,如交易模式、沟通历史及市场反应等,企业可设计出更加个性化的沟通方案和服务策略,以满足不同投资者群体的独特需求。

（3）大数据在风险管理和决策支持方面提供了强有力的工具。企业利用大数据进行全面的市场和运营风险评估,如股价波动、市场动态、合规风险等,为公司管理层和 IRM 团队提供了更为审慎且信息充分的决策支持。

（4）在内部管理领域,大数据同样发挥着关键作用。通过分析内部运营数据,企业能够有效地优化资源分配、运营流程,从而提升整体运营效率。这不仅增强了公司的运营性能,还提升了企业在投资者眼中的吸引力。

（5）大数据技术在企业的社会责任和可持续发展方面提供了巨大助力。通过对相关数据的深入分析,企业能够更全面地理解和应对环境、社会和治理方面的挑战,这是当前投资者日益关注的重点。

综合来看,大数据在 IRM 中的作用远超过单纯的信息提供和洞察。它在增强企业与投资者之间的互动、优化风险管理和决策流程、提升内部运营效率,以及推动企业社会责任和可持续性的发展等多个方面,发挥着至关重要的作用。这些共同构成了现代上市公司在激烈的市场竞争中获得优势的关键因素。

二、人工智能在 IRM 中的未来应用

AI 在 IRM 中的应用可以明显提升企业与投资者之间沟通的效率、准确性和个性化程度。AI 技术的应用不仅加强了企业与投资者的关系,还帮助企业在竞争激烈的市场中保持领先优势。随着 AI 技术的不断发展和深入应用,预计它将在 IRM 领域发挥更大的作用,为企业与投资者之间的交流和互动提供更高效、更智能的方式。

（一）AI 在投资数据处理与解读方面的作用

AI 的高级数据分析能力能够处理和解读海量的市场趋势、投资者行为、竞

争动态等信息,为企业提供深度的数据洞察。这种能力使得企业能够精准地把握投资者的需求和预期,进而制定有效的沟通和关系维护策略。

举例来说,AI可以分析投资者的交易模式、历史交互数据以及对市场的反应,帮助企业洞察投资者的行为模式和偏好。这种洞察能力使企业能够设计出个性化的投资者交流计划,不仅提高投资者满意度,也提高他们的忠诚度。这是因为,通过 AI 技术,企业可以有效地传递信息,更好地响应投资者的疑虑和需求,从而构建起更稳固的投资者关系。

此外,AI 在企业市值管理中的应用不仅限于投资者关系维护。通过对市场数据的深入分析,AI 能够帮助企业预测市场趋势,识别潜在的风险和机遇,进而制定更加科学合理的市值管理战略。例如,AI 可以通过分析不同市场指标和宏观经济数据,为企业提供关于未来市场变化的预测,帮助企业在复杂多变的市场环境中作出更为明智的决策。

AI 可以帮助企业实时监控与预警可能影响市场的信息

AI 的高级数据分析和处理能力使得企业及时识别和响应市场的波动、政策调整以及其他可能影响投资者情绪和股价的关键事件。通过这种实时监控,企业可以在第一时间内采取有效的应对措施,从而有效地管理和缓解潜在的负面影响,保护企业的声誉和市值。

AI 技术在投资者关系管理中的应用,为企业提供了一个强大的工具,使得企业能够通过实时数据分析及时捕捉市场动态。例如,AI 系统可以连续监控股市动态、新闻报道、社交媒体讨论等,以识别可能影响投资者信心的趋势和事件。一旦发现潜在的风险因素或不利的市场消息,AI 系统便可以迅速通知相关部门,使企业能够及时作出反应,调整其投资者沟通策略,甚至是整体的市场策略。

此外,AI 的实时监控和预警能力不仅限于市场和投资者情绪的跟踪。它还可以帮助企业监控内部数据,比如财务报表、运营效率和员工表现等,以预测可能对投资者信心产生影响的内部问题。这种全面的监控能力使得企业能够从多方面维护其市值和声誉。

在危机管理方面,AI 的实时预警功能尤其关键。在市场不确定性或潜在的负面事件发生时,及时的预警和应对措施对于维护企业声誉和投资者信心至关重要。AI 技术可以帮助企业快速识别风险并制定有效的应对策略,如及时发布公告、调整市场策略或进行投资者沟通,以减小负面事件对企业市值和声誉的影响。

（三）AI 在提高 IRM 团队工作效率方面的作用

AI 的技术创新不仅局限于数据处理和分析领域，它还在自动化日常任务、提高决策质量和效率方面发挥着重要作用。通过将 AI 技术整合到 IRM 团队的工作流程中，企业能够显著提高团队的工作效率和效果，从而更好地管理和维护与投资者的关系。

AI 技术的一个显著优势在于其能够自动化许多日常的、重复性的任务。例如，对于投资者的查询，AI 可以通过自然语言处理（NLP）技术自动回应，提供即时且准确的信息，这样不仅提高了响应速度，也确保了信息的准确性和一致性。同样地，在数据报告生成方面，AI 能够自动收集、整理和分析来自不同源的大量数据，快速生成详细且易于理解的报告。这不仅减少了人工编制报告的时间和精力消耗，而且提高了报告的质量和可靠性。

此外，AI 在趋势分析和市场洞察方面的应用也极大地提高了 IRM 团队的工作效率。通过深度学习和机器学习算法，AI 可以从海量数据中提取出有价值的趋势和模式，为 IRM 团队提供关于市场动态、投资者行为和竞争情况的深入洞察。这样的信息不仅有助于团队作出更准确的市场预测和策略调整，也使得 IRM 团队能够有效地制订和执行投资者关系计划。

此外，AI 的预测建模功能对于理解和预测投资者行为模式至关重要。利用机器学习和算法模型，企业可以预测特定的市场事件或企业公告对投资者行为的可能影响，从而更加主动和策略性地管理投资者期望和反应。

（四）AI 在增强投资者体验方面的作用

通过利用智能聊天机器人和自动化客户服务工具，企业能够为投资者提供全天候、即时的响应服务，显著提升投资者的满意度和互动质量。

智能聊天机器人的应用是 AI 在增强投资者体验方面的一个重要例证。这些基于 AI 的聊天机器人能够提供快速、准确的信息响应，满足投资者对即时信息的需求。无论是股票价格查询、市场动态更新还是企业财务报告的解读，聊天机器人都能以高效和互动的方式满足投资者的各种查询需求。这种即时响应不仅减少了投资者等待时间，也提高了服务质量，从而增强了投资者的整体体验。

此外，自动化客户服务工具在处理常规查询和事务方面的能力，也大大提升了投资者的满意度。这些工具可以自动处理大量的常规查询，如投资账户状态、交易确认以及股息支付等问题，从而为 IRM 团队释放出宝贵的时间，使他们能够专注于处理更复杂的咨询和建立更深层次的投资者关系。这种自动化的处理不仅提高了响应速度和效率，也减小了人为错误的可能性，进一步增加了投资者对企业服务的信任。

AI 技术还能帮助企业更好地理解和分析投资者的行为和偏好。通过对投资者互动数据的分析,AI 可以帮助企业识别投资者的需求和兴趣点,从而提供更加个性化的服务和信息。例如,基于投资者过往的查询和互动记录,AI 可以推荐相关的市场报告、投资机会或者教育资源,从而提升投资者的参与度和忠诚度。

在危机管理和沟通方面,AI 能够提供及时的支持。在市场不确定性或企业特定事件(如并购、管理层变动等)发生时,AI 可以帮助企业迅速识别投资者的关切点,并提供相应的信息和反馈。这种及时和针对性的沟通能够有效地减轻投资者的不确定感和焦虑,维护企业与投资者之间的良好关系。

第十一章

以OpenAI为镜，探索AI时代的治理新境界

在现代企业的发展史中，OpenAI 公司无疑是一个独特且引人注目的案例。作为人工智能领域的先锋，OpenAI 不仅因其创新的技术和产品而闻名，而且因其独特的管理结构和企业文化备受瞩目。公司领导层在 2023 年的变动，尤其是萨姆·奥特曼(Sam Altman)重新担任 CEO，不仅引起了业界的广泛关注，也在某种程度上揭示了当代公司治理和人工智能发展的新趋势。

OpenAI 成立于 2015 年，由伊隆·马斯克(Elon Musk)、奥特曼等知名人物共同创办，其成立的初衷是推动友好人工智能的研究和开发，确保人工智能技术的发展惠及全人类。作为非营利性质的研究机构，OpenAI 在短短几年内迅速成长为全球领先的人工智能研发中心之一，其研发的多种 AI 模型和技术，在全球范围内都产生了深远影响。

然而，2023 年年底发生的领导层变动，尤其是奥特曼重新担任 CEO 一职，不仅标志着公司战略方向的可能调整，也反映了企业治理结构的重要变化。作为 OpenAI 的联合创始人之一，奥特曼此前一直是公司的董事长，他的重新上任引起了外界对于公司未来发展方向和策略的广泛猜测。这一变动不仅关乎公司内部的经营管理，更涉及对外的市场定位和人类社会的发展。

本章旨在深入探讨这一事件背后的深层含义。我们将通过剖析 OpenAI 案例，重新审视董事会在现代企业治理中的实际角色和作用。针对 OpenAI 着力发展的通用人工智能(AGI)，本章从公司治理的角度提出对 AGI 进行有效管理和控制的一般性思路与基本框架。①

---

① 本章的部分内容曾发表于：牛建波. OpenAI 事件对董事会治理的启示[N/OL]. 上海证券报，2023-11-08. https://h. xinhuaxmt. com/vh512/share/11800657? d＝134b428&channel＝weixin. 在发表首日，新华社客户端转载文章的阅读量超过 100 万人次。

OpenAI 在 2023 年年底的领导层变动可以说是其发展历程中的一次重大转折。奥特曼重新担任 CEO 一职,意味着公司可能会对其战略方向和运营模式进行重大调整。此外,公司董事会的新成员引入,如布雷特·泰勒(Bret Taylor)、拉里·萨默斯(Larry Summers)和亚当·德安吉洛(Adam D'Angelo)等,更加深了这一转变的意义。

泰勒,一位在科技行业内享有盛誉的人物,曾在 Google、Facebook 和 Salesforce 等知名公司担任要职,其丰富的行业经验和商业智慧对 OpenAI 的发展方向无疑将产生重大影响。萨默斯,美国财政部前部长和哈佛大学前校长,他在宏观经济和政策制定方面的深厚背景,将为公司在遵循法规和伦理方面提供坚实的支持。德安吉洛,作为 Facebook 的前首席技术官,他对技术发展和创新趋势有着深刻的理解,这对于引领 OpenAI 在 AI 技术领域的创新至关重要。

OpenAI 公司领导层的变动导致公司在发展方向上的重要调整,这些变化不仅限于公司内部,而且涉及更广泛的市场和技术变革。其中有三个方面变化尤为突出。

奥特曼的重返可能增强他对公司的控制力,使他在推动公司技术的商业化方面拥有更大自由度。这可能意味着在 AI 技术的开发和市场推广上,公司将采取更加灵活和创新的方法,同时可能减少内部制约,从而快速响应市场变化和机遇。鉴于 Microsoft 作为投资人在投资回报方面的约定,奥特曼的回归可能使 OpenAI 更加重视商业成果和盈利能力,这反映了公司在战略方向上的转变。这种策略可能导致公司在 AI 技术的研发和应用上更愿意冒险,探索新的收入来源和市场机会,同时可能更加关注短期的经济回报。

自 2019 年起,Microsoft 对 OpenAI 的投资已经进入第三阶段,这是一个多年期的投资计划,总额有数十亿美元。这次投资的目的是加速 AI 领域的突破,并确保这些成果能够广泛共享。2023 年 1 月,Microsoft 宣布对 OpenAI 进行高达 100 亿美元的投资,这一投资使 OpenAI 的估值约 290 亿美元。OpenAI 与 Microsoft 的合作关系在 OpenAI 领导层变动后得到了进一步加强,譬如:Microsoft 已经将 OpenAI 的技术,特别是 ChatGPT 功能集成到用于搜索、协作、工作和学习的工具中。Microsoft 正在加速深入 AI 技术的开发,同时重构云基础设施,以确保硬件和软件堆栈的每一层都得到优化。Microsoft 的 CEO 萨提亚·纳德拉(Satya Nadella)对 OpenAI 的领导层变动表示支持,他还表示,Microsoft 对与 OpenAI 的合作持续致力,并对产品路线图和创新能力充满信心。

这些事实表明,OpenAI 与 Microsoft 之间的合作关系在领导层变动后变得更加紧密,这种合作可能会对 OpenAI 的技术发展和市场策略产生重要影响。特别是,Microsoft 的大规模投资显示了其对 OpenAI 技术的信心,以及双方在推进 AI 技术的商业化和应用方面的共同兴趣。

三、OpenAI 在 AGI 方面的态度

OpenAI 在首席执行官奥特曼的领导下,采取了积极主动、致力于推进 AGI 的方法。这一战略方向从几个关键的发展和举措中可以明显看出。

（1）为 AGI 寻求额外资金。OpenAI 正在积极寻求 Microsoft 等主要利益相关者的进一步投资,以支持 AGI 的发展。这包括解决构建先进人工智能模型的成本以及通用人工智能开发所需的巨大计算能力。此前,Microsoft 向 OpenAI 投资了 100 亿美元,体现了其对这一愿景的巨额财务承诺。

（2）推出新工具和技术。在首次开发者大会上,OpenAI 推出了新工具,如 GPT-4 Turbo 和 Assistant API,以及 GPT Store。虽然这些工具和功能很重要,但奥特曼澄清它们不是公司的主要产品。相反,重点仍然是研究超级智能和扩展计算能力,最终愿景是让 AGI 安全且有益。

（3）下一代人工智能模型的开发。OpenAI 积极致力于 GPT-5,即其人工智能模型的迭代。奥特曼承认预测这些未来模型的具体功能存在挑战,但对其发展仍持乐观态度。对推进 AGI 的关注凸显了 OpenAI 不仅致力于在生成式 AI 领域表现出色(如 ChatGPT 所示),而且致力于将 AI 技术的边界推向更广泛的应用。

OpenAI 及其首席执行官的这些行动和声明表明了其对推进 AGI 的明确而专注的承诺。该公司正在利用大量投资、新技术和战略合作伙伴关系来实现这一目标。

在 OpenAI 这一具有标志性的公司治理案例中,董事会的角色和作用值得深入分析与讨论。这不仅有助于去除董事会周围的神秘光环,还能真实地展现其在现代企业治理中的实际功能和本质。

一、去除神秘:董事会的实质功能

董事会在传统观念中往往被赋予几乎无所不能的印象,被视为公司战略的制定者和未来发展的引领者。然而,OpenAI 的案例向我们展示了,董事会更多的是作为股东的代理人,其核心职责是代表股东监督管理层的工作,确保企业战略的执行符合股东的利益。董事会的成员通常由股东选举产生,他们的主要任务是监控公司的经营活动、评估管理层的绩效,并为重大决策提供指导。

在 OpenAI 的情形中,董事会的角色尤为明显。新任董事成员的引入,不仅反映了股东对公司未来战略方向的期望,也是股东监督和指导公司经营的具体体现。这些成员的专业背景和经验,将直接影响公司的决策过程和战略方向,这从侧面反映了董事会在实际公司治理中的责任和限制。

二、董事会的责任与行动的限制

董事会在企业决策中所承担的责任是巨大的,但其行动同样受到多方面的限制。

(1)董事会的决策必须符合公司的最佳利益,这要求董事在决策时须平衡各方面的利益,包括股东、员工、客户利益以及更广泛的社会利益。这种平衡的实现往往是复杂且富有挑战性的,尤其是在面对诸如 AGI 等新兴技术领域的决策时。

(2)董事会的决策过程受到法律法规、公司章程以及市场环境的限制。董事必须在法律框架内行事,并遵守各种法规和公司的治理规范。此外,董事会的决策还受到市场环境和企业内外部情况的影响,这要求董事必须具备前瞻性和适应性,能够迅速应对各种突发情况。

在现代企业治理中,董事会面临的挑战日益增多。这不仅包括如何在快速变化的市场环境中制定有效的战略,还包括如何处理好与管理层的关系,以及如何响应社会公众和监管机构的期望与要求。在 AGI 等新兴技术领域,董事会的角色尤为关键,其决策不仅影响公司的未来发展,也可能对整个社会产生深远影响。因此,理解董事会的实际功能和所面临的责任与限制,对于确保企业健康发展和应对未来挑战至关重要。

第四节 AI时代的人、企业和自然

自2018年上市以来,拼多多迅速成为电商市值巨头,吸引了业界广泛关注,但其低价策略可能误导消费者对产品质量的认知,压缩供应商利润并抑制创新。此外,拼多多的运营可能导致环境污染和增加产品安全与工作环境的问题,负面影响消费者幸福感。尽管追求市值增长是目标之一,但企业发展也应平衡社会责任和环境责任。因此,拼多多的快速成长背后隐藏的问题需要通过企业、消费者和社会的共同努力来解决,以实现真正以人为本的发展。

一、对拼多多等电商平台企业飞速发展的谨慎思考

拼多多自2018年上市以来,市值迅速增长,一度超过京东、阿里巴巴等行业巨头,成为美股市值最高的中国概念股。这一成就引发了电商行业对拼多多模式的广泛关注和学习。然而,这种成功背后隐藏着一些值得深思的突出问题。

(1)拼多多以低价策略吸引消费者,这在一定程度上造成了消费者对产品质量和价格关系的误解。由于信息不对称,低价商品对消费者具有巨大诱惑力,但这种诱惑可能掩盖了产品质量和安全性的问题。此外,平台的垄断竞争优势导致对供应商的压力增大,许多生产企业在利润被压缩的同时,创新动力也随之减弱。

(2)拼多多的商业模式对环境和社会产生了潜在的负面影响。生产过程中可能伴随着环境污染和资源过度开发,而产品安全问题、工作环境的压力和生活质量的下降,都在一定程度上影响了消费者的幸福感。

(3)市值的增长虽然是企业追求的目标之一,但应该和企业的社会责任、环境责任相平衡。企业不应仅仅追求市值最大化,而忽视对社会和环境的长期影响。

因此,拼多多的快速成长和市场影响力背后,确实存在需要企业、消费者甚至整个社会共同反思和解决的迫切问题。企业的发展不应仅仅局限于对经济利益的追求,而应以人为本,妥善处理社会和环境的长远影响。

二、AGI时代的人、企业和自然

AGI的发展正在开启一个新时代,其潜力与挑战同样巨大。AGI技术的特殊性在于其综合性和适应性。与传统的人工智能系统相比,AGI能够在更广

泛的领域内学习和解决问题,表现出更接近人类智能的能力。这种全面性使得AGI不仅能够执行特定任务,还能够理解复杂的概念、进行抽象思考,甚至具备创造力。

AGI的这些特点使其在多个领域具有广泛的应用前景,从医疗健康到金融服务,再到教育和创意产业,AGI的应用可能彻底改变这些领域的运作方式。然而,随之而来的挑战也不容忽视。首先,AGI的决策过程可能非常复杂,人类可能难以完全理解或预测其行为,这就带来了控制和安全方面的问题。其次,AGI的发展可能导致就业市场的巨大变动,对社会结构和经济发展产生深远的影响。

随着AI和AGI技术的发展,人与企业和自然的关系会发生明显的变化,也会呈现出一些新的特征。概括而言,以下三个方面应该成为AGI发展的目标和基本原则。

(1)人是技术和社会变革的起点与终点。在技术发展和社会变革的过程中,人类始终是核心参与者和最终受益者。这些变革的目的是满足人类的需求,提高人们的生活质量。因此,技术进步和社会结构的演变,其根本目标都是增加人类的福祉和实现人类的愿景。这强调了在任何创新和改革中,以人为中心的价值观和目标的重要性。

(2)理性与非理性——人类特权的体现。人类的心理和认知结构极为复杂,能够展现出理性(如逻辑思维和决策能力)和非理性(如情感和直觉)的特点。这种理性与非理性的结合不仅体现了人类行为和决策的多样性,而且是人类多维思考能力的显著标志。这种特权使人类能够在复杂的环境中作出全面和多元的选择。

(3)尊重个体差异——符合人的本性和自然。在人类社会中,多样性和包容性是其发展的关键。尊重每个个体的差异性,不仅是迎合人的本性和自然的表现,也是社会和谐与进步的必要条件。每个人的独特性和个体价值构成了人类社会的重要部分,其被尊重和保护是现代文明的一个重要标志。在现代社会中,这种对差异化的尊重不仅体现在尊重个人的选择和自由上,也体现在为每个人提供平等的机会和条件上。

表11-1概括了有效控制AGI发展的治理策略,重点在于内部董事会治理的加强、出资方的自律,以及外部系统的动态监管等三个方面。

表 11-1　有效控制 AGI 发展的治理策略

策略类型	具体内容
内部董事会治理的针对性强化	☐ 强化风险评估机制 ☐ 确立伦理和合规框架 ☐ 增加透明度和公众沟通 ☐ 跨界合作与监管对话 ☐ 安全和隐私保障 ☐ 定期审计和评价 ☐ 应对策略和紧急响应计划
出资方的自律：缓解对资本逐利性的担忧	☐ 建立多层监督体系 ☐ 制定严格的伦理准则 ☐ 增加合作与透明度 ☐ 实施风险评估和应急计划 ☐ 资本使用的社会责任监管
外部系统的动态监管	☐ 明确发展目标和边界 ☐ 建立跨部门监管机构 ☐ 公开透明的发展过程 ☐ 强化伦理教育和公众参与

（一）内部董事会治理的针对性强化

考虑到 OpenAI 领导层的最新变化和公司在 AGI 方面的目标，以及 AGI 可能对人类安全造成的重大影响，以下是从董事会监管的角度出发的系统化建议。

（1）强化风险评估机制。董事会应确保公司拥有全面的风险评估机制，专门针对 AGI 技术可能带来的风险，包括伦理、安全和社会影响。

（2）确立伦理和合规框架。开发 AGI 时，公司应制定明确的伦理指导原则和合规标准，确保技术发展与社会伦理相符合。

（3）增加透明度和公众沟通。董事会应推动公司提高 AGI 研发过程的透明度，定期向公众汇报进展和挑战，增强公众对 AGI 技术的理解和信任。

（4）跨界合作与监管对话。董事会应倡导与政府、学术界、行业和公共利益团体的合作，共同探讨 AGI 发展的监管框架和标准。

（5）安全和隐私保障。确保 AGI 技术在设计和实施阶段严格遵循数据安全与隐私保护的最佳实践。

（6）定期审计和评价。定期对 AGI 项目进行审计和评价，确保其符合设定的目标和伦理标准。

（7）应对策略和紧急响应计划。制定有效的应对策略和紧急响应计划，以应对 AGI 技术可能出现的不可预见风险和负面影响。

为了增强 AGI 的安全性并缓解对资本逐利性的担忧,以下五个措施至关重要。

(1)建立多层监督体系。AGI 的安全监督应该包括多个层面,既包括技术层面的自动监控系统,也包括人类专家的定期评估。不同层级的 AGI 将负责不同任务,一些层级专注于监控其他系统的行为,确保其符合标准和伦理指南。同时由人类专家进行最终的审查和决策,可能需要成立专门组织,由人类专家监督 AGI 系统,制定规则,评估表现,并在必要时进行干预,确保 AGI 的行为与人类价值观和目标一致。这种结合了技术和人类智慧的监督体系可以及时发现和响应 AGI 行为中的异常或潜在风险。

(2)制定严格的伦理准则。制定一套针对 AGI 的严格伦理准则至关重要。这包括保障个人隐私、确保决策公正无歧视、保护用户数据等。这些准则不仅应体现在 AGI 的设计和开发阶段,还应贯穿其整个使用周期。AGI 的开发者和运营者需要确保这些伦理标准得到严格遵守。

(3)增加合作与透明度。AGI 的安全发展需要跨领域的合作。政府、监管机构、学术界和民间组织等应该共同参与 AGI 的监督与评估。同时,AGI 项目的运行和结果应对公众保持透明,让社会各界都能了解 AGI 的发展进程和潜在影响。

(4)实施风险评估和应急计划。AGI 的研发和应用应伴随全面的风险评估,包括技术、伦理和社会风险。基于这些评估,需要制订相应的应急计划,以便在 AGI 行为出现不可预见的问题时能够迅速有效地响应。

(5)资本使用的社会责任监管。为缓解对资本逐利性的担忧,AGI 项目的资本投入和回报应受到严格的社会责任监管。例如,可以要求投资者将一定比例的投资回报用于支持 AGI 安全研究、社会福利项目或解决由 AGI 带来的社会问题。

随着大量商业资本推动 AGI 发展,公众对于 AI 未来可能产生的深远影响感到忧虑。有效控制 AGI 发展,确保其符合人类社会的长远利益是缓解这些忧虑的关键。

(1)明确发展目标和边界。首先需要明确 AGI 发展的目标和边界。这包括确定 AGI 技术应用的领域、禁止领域,以及期望达成的具体成果。这样做可以避免盲目发展,确保 AGI 技术的应用符合社会价值观和伦理标准。

(2)建立跨部门监管机构。建立一个跨部门、跨学科的监管机构,负责监督 AGI 的研发和应用。这个机构应包括技术专家、伦理学家、法律专家等,确保从多角度对 AGI 的发展进行评估和监督。

（3）公开透明的发展过程。确保 AGI 技术的开发和应用过程是公开、透明的。定期公布研发进展、实验结果以及可能的风险，让公众能够了解 AGI 技术的真实情况，减少由于信息不对称产生的不必要恐慌。

（4）强化伦理教育和公众参与。通过加强伦理教育和提高公众参与度，让社会各界更好地理解 AGI 技术，参与相关讨论和决策。举办公开论坛、研讨会，鼓励公众、学者和行业专家就 AGI 的发展提出意见和建议。

二、积极应对：建立正确态度

为迎接 AGI 时代，公众需要树立积极负责的心态。以下建议可以帮助公众更好地理解和接受 AGI 技术。

（1）普及 AI 和 AGI 知识。通过教育和宣传活动，普及 AI 和 AGI 的基础知识。让公众了解 AGI 技术的潜力和局限，消除对未知的恐惧。

（2）鼓励创新思维和适应性。鼓励公众拥抱变化，发展创新思维和适应性。随着 AGI 时代的到来，许多行业和职业可能会发生变化。培养持续学习和适应新环境的能力对个人发展至关重要。

（3）参与社会讨论和决策。鼓励公众积极参与有关 AGI 的社会讨论和政策制定。民众的声音和意见是影响 AGI 发展方向的重要因素。

（4）强化个人道德和社会责任感。在 AGI 时代，个人道德和社会责任感显得尤为重要。公众应意识到，技术虽然强大，但如何使用技术是由人决定的。每个人都应对自己的行为和选择承担责任。

（5）面向未来的职业规划。随着 AGI 技术的发展，某些工作可能会被自动化，而新的职业也会出现。公众应积极规划自己的职业发展，掌握未来市场需要的技能。

上述策略和思路，可以帮助公众减少对 AGI 发展的忧虑，以更加积极和负责任的态度迎接 AGI 时代的到来。同时，这也为企业、政府和社会提供了有效应对 AGI 挑战的指导。

第六节　结论：正确理解董事会角色和有效管理 AGI 的重要性

在本章中，我们在对 OpenAI 近期的领导层变动的分析中揭示了董事会在现代企业治理中的实际角色和功能。通过这个案例，我们看到董事会并非神秘而不可触及的决策机构,而是股东的代理人,承担着平衡各方利益和指导公司战略方向的责任。OpenAI 的案例强调了在快速发展的 AI 行业中,董事会的决策和监管对于公司的健康发展与社会责任是至关重要的。

同时,本章还讨论了 AGI 的特殊性及其治理的复杂性。AGI 技术的发展不仅是技术领域的突破,还是社会和经济层面的重大挑战。我们提出了一系列治理建议,以确保 AGI 的发展既符合技术创新的需求,又不脱离伦理和社会责任的轨道。

展望未来,OpenAI 及整个 AI 行业都将面临不断变化和挑战。随着 AI 技术的深入发展,我们可以预见到新的创新和应用将不断涌现,从而推动社会和经济转型。特别是 AGI 的发展,将成为未来几十年科技领域最引人注目的事件之一。

OpenAI 的领导层变动和 AGI 技术的发展提醒我们,正确理解和应对 AI 时代的挑战是未来发展的关键。只有在确保技术创新与社会责任并重的基础上,我们才能更好地利用 AI 技术,推动社会向更加智能、高效和可持续的未来迈进。

第十二章

AI的科学治理体系

本章的核心内容是阴阳理论在 AI 科学治理体系中的应用。首先,阴阳理论作为中国古代哲学的核心概念,起源于西周和春秋时期,后在《易经》和庄子的作品中得到进一步发展。该理论强调事物的对立统一性,影响了中医学、政治理论等多个领域。

接着,本章探讨了欧盟、美国和中国在 AI 治理方面的实践。欧盟的 AI 治理强调全面性、安全、透明、无歧视,并有对高风险 AI 系统的严格评估。美国平衡创新与安全,强调公私合作和国际合作的重要性。中国则涵盖科技伦理治理、企业治理和全球治理倡议,强调科技伦理的重要性。

本章还分析了将阴阳理论应用于 AI 治理的优势。阴阳理论提供了在技术发展与伦理、法律、社会价值之间寻找平衡的新视角。从"阴"的角度来看,重点是伦理和价值观的考量;而"阳"则侧重于技术层面的考虑,如法律规范和监测评估。

最后,本章提出了基于阴阳理论的 AI 科学治理框架。这个框架包括:"阴"的内在指导,如尊重人类尊严、公平、隐私保护等;"阳"的外显实践,如技术和分析、法律和规范、监测和评估等。这种阴阳平衡的治理方式为构建全面和均衡的 AI 治理体系提供了重要理论基础。

本章所构建的 AI 科学治理体系,深植于阴阳理论之中,展现了多层面、立体化的重要价值。

(1)平衡技术发展与伦理道德。该体系在 AI 技术迅速发展的背景下,强调了平衡技术发展与伦理道德的必要性。它通过考虑"阴"的方面,如尊重人类尊严和保护隐私,确保技术进步不会损害这些核心价值观。同时,体系中的"阳"元素,包括法律规范和技术监测,保证技术应用在社会规范和法律界限内进行。

（2）促进技术与社会的和谐共生。该治理体系促进了技术创新与社会价值观的和谐融合，避免了技术孤立或社会抵触，从而实现了技术与社会环境的和谐共生。这种平衡不仅有利于技术的健康发展，也有助于社会的稳定进步。

（3）增强适应性与灵活性。在应对技术和社会环境不断变化的过程中，这一基于阴阳理论的治理体系展现出了增强的适应性与灵活性。它鼓励对新情况的灵活应对和持续学习，使政策和实践能够及时更新，以应对不断出现的新挑战。

（4）提升公众参与意识。此体系还重视提升公众参与意识。通过提升公众对 AI 技术的理解，它促进了更广泛的社会讨论和参与，确保 AI 技术的发展方向与公众利益相一致。

（5）鼓励国际合作和标准制定。在全球层面，该治理体系鼓励国际合作和标准制定。这种跨国界的合作有助于确保 AI 技术的安全、公正和高效应用，同时解决了国家间在伦理和监管方面可能出现的差异。

综上所述，基于阴阳理论的 AI 科学治理体系为 AI 技术的健康发展和社会整合提供了一个全面、平衡的框架。它不仅考虑了技术发展的需求，也充分考虑了社会伦理、法律规范和公众参与，从而构建了一个坚实的基础，服务于 AI 技术可持续和负责任地发展。

第　　章　　阴阳理论的起源、主要观点和优势

阴阳理论，作为中国古代哲学的一个核心概念，源自古人对自然界中事物对立统一性的深刻观察与体悟。这一理论的历史渊源可以追溯到西周和春秋时期，其在战国至汉代得到了进一步的发展和完善，形成了一套较为系统的哲学思想。

"阴阳"二字最初用来描述山的阴面和阳面，后来逐渐发展成为一种哲学概念，用以说明事物之间相互对立而又相互联系的关系。在《易经》中，阴阳理论的应用达到了顶峰，它通过"阴""阳"两个基本概念来解释卦象与爻象，形成了一套解释世界的独特方法。《易经》认为，阴阳是构成万物的基本属性，它们互相对立、互相补充，通过不断的变化和转化，实现万物的生成和发展。

庄子在《庄子·人间世》中进一步阐述了阴阳理论，提出阴阳失衡会导致自然界和人类社会的种种问题，如疾病的产生。而《管子》的《幼官》篇则将阴阳理论与五行理论相结合，构建了一个更加完整的自然哲学体系。这些经典著作及

其作者对阴阳理论的发展作出了重要贡献,使其成为中国古代哲学的一个重要组成部分。

在实际应用方面,阴阳理论对中医学、政治理论、哲学思想等多个领域产生了深远的影响。在中医学中,阴阳理论被用来解释和指导疾病的诊断与治疗;在政治领域,这一理论则被用来阐释君主与臣民、国家与社会之间的关系;在哲学方面,它帮助人们理解世界的多样性和复杂性。

一、阴阳的渊源

(一)早期迹象

阴阳的概念最初出现在中国古代,约在公元前 3000 年。这一时期的甲骨文和铜器文化中已有阴阳的简单象征。在这个时期,中国社会处于早期的青铜时代,这是一个文明和文化迅速发展的时期。在这一时期,人们开始尝试解释自然现象和社会秩序。

1. 甲骨文中的阴阳迹象

甲骨文中阴阳迹象的出现,标志着中国古代文化和哲学思想的一个重要阶段。甲骨文是中国最古老的文字形式之一,主要用于记录卜辞,这些卜辞通常刻在龟甲或兽骨上。它们不仅用于记录各种占卜活动,还涵盖了各种日常事件和王朝大事。在这些古老的文字中,我们可以看到阴阳概念的雏形。

甲骨文中的阴阳象征,虽然没有直接使用"阴"和"阳"这样的术语,但它们体现了人们对自然界对立和互补现象的早期认识。例如,这些文本中描述了日与夜的更替、季节的变化、天气的冷热以及干湿的对比等自然现象。这些描述,虽然初步,却反映了一种试图理解和解释自然界中这些对立现象的思维方式。

这些甲骨文中的对立现象,代表了人类对自然界规律的早期探索和理解。古代的人们通过观察这些自然现象,开始尝试解释和预测它们。例如,通过观察日夜更替和季节变化,他们可能会尝试预测天气和农业时机。这种对自然界的观察和理解,逐渐演化为更为复杂和系统化的阴阳理论。这一理论后来不仅在自然科学领域得到应用,还深刻影响了中国的哲学、医学、政治和文学。

因此,甲骨文中的这些早期阴阳象征,不仅是文字发展的见证,也是中国古代思想和文化演化的重要证据。它们展示了古代中国人如何通过观察和思考自然界的基本现象,逐步发展出一套深刻的哲学理论。

2. 铜器文化中的阴阳象征

在中国古代,铜器不仅是用于日常生活的工具,还承载着深厚的宗教和仪式意义。这一时期的铜器,尤其是那些用于祭祀和宫廷仪式的精致器物,不仅反映了当时的工艺水平,也展现了当时文化和宗教信仰的深层面貌。在这些铜器上,我们可以发现许多装饰和符号,这些不仅是美学上的追求,还包含了对阴阳概念的早期诠释。

铜器上的这些装饰和符号,如太阳、月亮、云彩和水流等图案,不仅仅是装饰性的。它们实际上可能代表着自然界中的阴阳对立和互补元素。例如,太阳常常被视为阳的象征,代表着光明、活力和生命力;而月亮则象征阴,代表着宁静、冷静和再生。这些符号的组合和设计,不仅展示了古人对自然界的观察和理解,也反映了他们如何通过艺术来表达对宇宙原理的认识。

更重要的是,通过这些铜器文化的传承,阴阳的概念得以在中国文化中发展和深化。随着时间的推移,这些初步的、通过艺术表达的阴阳象征逐渐被纳入更为系统化的哲学和文化理论中。它们不仅影响了后来的宗教观念和哲学思想,也深深地植根于中国人的世界观和生活方式中。

因此,铜器上的阴阳象征不仅是古代工艺和美学的展现,也是中国古代思想和文化发展的重要组成部分。这些铜器不仅见证了古代中国人对自然界的理解,也展示了阴阳概念如何从艺术和宗教的层面逐渐转化为深刻的哲学思想,最终成为中国文化中不可或缺的一部分。

阴阳理论的系统化始于西周晚期,尤其在《易经》中得到了深入的阐述。《易经》将宇宙万物的变化归结为阴阳的互动。

阴阳理论在《易经》中的发展是中国哲学史上的一个重要里程碑。西周晚期,随着文化和思想的成熟,阴阳理论开始系统化,并在《易经》中得到了深入的阐述。《易经》是一个复杂且深奥的文本,它不仅是一本占卜书,也是一本哲学和宇宙观的大全。

在《易经》中,宇宙万物的变化被归结为阴阳动态互动。这本书通过六十四卦(每卦由六个阴或阳的线组成)来描绘世界万物的变化无常。每一卦都是对阴阳平衡状态的一种表达,反映了宇宙中的各种可能性和变化。这些卦象不仅预示着未来的吉凶,而且深刻地揭示了阴阳之间的相互作用和转换。

《易经》中的阴阳不仅仅是简单的对立,它们是相互依存、相互转化的。例如,一个卦象中的阴线(表示为断开的线)可以转化为阳线(表示为完整的线);反之亦然。这种转化揭示了一个更深层次的真理:变化是宇宙的本质,而阴阳是驱动这种变化的基本力量。

此外,《易经》强调阴阳之间的平衡对于达成和谐和稳定至关重要。在这个框架下,世界不是静止不变的,而是一个不断变化和发展的过程,这个过程是由阴阳的相互作用和平衡推动的。因此,《易经》不仅是对阴阳理论的描述,还是对这个理论在宇宙和人类生活中应用的深刻探讨。

总的来说,《易经》通过其复杂的象征系统和哲学深度,不仅将阴阳理论系统化,而且极大地丰富了这一理论的内涵,使其成为中国文化和思想的一个重要组成部分。

(三)哲学与宗教的融合

春秋战国时期,道家和儒家等哲学流派将阴阳理论吸收并发展,使其成为中国哲学和宗教思想的核心部分。

春秋战国时期,中国哲学和宗教思想经历了一次深刻的变革,其中阴阳理论扮演了关键角色。这一时期,随着诸多哲学流派的兴起,尤其是道家和儒家,阴阳理论得到了进一步的吸收、发展和普及。

道家,以老子和庄子为代表,深刻地探讨了阴阳理论。道家哲学中的"道"被视为宇宙万物生成的根本原理,而阴阳则是这一原理在自然界和人类生活中的体现。道家将阴阳视为宇宙自然和谐与平衡的象征,强调顺应自然规律、达到阴阳和谐的重要性。此外,道家还探讨了阴阳之间的相互转化,认为这是达到灵性和物质世界平衡的关键。

儒家,以孔子和孟子为代表,也将阴阳理论纳入其教义。儒家更多地将阴阳理论应用于社会伦理和政治治理中,强调阴阳和谐对于社会秩序和道德规范的重要性。在儒家看来,阴阳的平衡不仅体现在自然界中,也体现在人际关系和社会结构中。例如,皇帝被视为阴阳和谐的中心,他的统治应当反映天地之间的和谐。

这一时期,阴阳理论不仅在哲学上得到了深入发展,在宗教领域也有所体现。道教,作为以道家思想为基础的宗教,广泛采纳了阴阳理论,将其融入宗教仪式、修行方法和世界观中。在道教中,阴阳理论被用于解释生命、宇宙和灵魂的本质,也被用于指导修行者如何通过调和阴阳达到身心和谐。

综上所述,春秋战国时期是阴阳理论融入中国哲学和宗教思想的关键时期。通过道家和儒家的发展与传播,阴阳理论不仅深化了其哲学内涵,也扩展到了宗教和社会实践的各个方面,成为中国文化不可或缺的部分。

二、阴阳理论的主要观点

(一)相互依存

阴阳理论的一个核心观点是相互依存,这一概念深深植根于中国传统哲学的土壤中。在这一理论框架下,阴和阳被视为宇宙中两种基本且相对的力量。这两种力量虽然在本质上是对立的,但它们之间存在一种深刻的相互依存关系,正是这种依存关系维系了宇宙的平衡与和谐。

这种相互依存的关系体现在无数自然现象和生活实践中。以日常生活中最直观的例子——白天与夜晚的更替来说,白天代表阳,夜晚代表阴。阳代表光明、活力和热烈,而阴则代表黑暗、宁静和冷静。这两者虽然截然不同,但却是时间连续性的两个方面,不可分割。没有白天的阳光,就无法体验夜晚的宁静;没有夜晚的阴影,白天的阳光也就失去了对比和意义。

在阴阳理论中,这种相互依存并非简单的对立关系,而是一种更深层次的互补和互生关系。阴中有阳,阳中有阴,它们在不断的交流和转换中维持动态平衡。例如,在一年四季的更迭中,春夏属阳,秋冬属阴,它们相互转换,共同推动了自然界的循环和生命的延续。

因此,阴阳的相互依存不仅是一种哲学观点,也是对自然界和人类生活中普遍现象的深刻洞察。这一观点强调了万物间的关联性和平衡,指导人们在生活中寻找和维持这种平衡,以达到和谐与稳定的状态。

阴阳理论中的另一个核心观点是相互转化,这个概念深刻地揭示了宇宙万物变化无常的本质。在这个理论框架下,阴与阳不仅是相互依存的,还具有在特定条件下相互转化的特性。这种转化不是静止不变的,而是一个持续的、动态的过程,反映了事物内在的生长、衰亡和再生的循环。

阴阳的相互转化在自然界和人类生活中无处不在。例如,一天之内,清晨的阳光逐渐强烈,中午时分达到顶峰,然后又逐渐衰退,转入夜晚的阴凉。这个过程不仅体现了时间的流逝,也展示了阳转阴的自然循环。同样地,一年四季的变化也遵循着类似的阴阳转换规律——从春季的生长(阳生)到夏季的成熟(阳盛),再到秋季的收获(阳消阴长)和冬季的休息(阴盛)。

这种转化是动态的,意味着万物都处于不断的变化之中。阴阳理论通过这个观点强调了变化是宇宙的基本特性。事物不会永远停留在某一状态,而是随着环境和条件的变化而转化。这种转化不是随机的,而是遵循着内在的规律和秩序。在人类生活中,这种理解帮助人们认识到变化是生命的常态,教导人们学会适应和利用这些变化,而不是抵抗它们。

总体而言,阴阳的相互转化是一个关于时间、变化和循环的深刻哲学观点。它不仅揭示了自然界的运作方式,也提供了一种理解和应对人生各种变化的智慧。通过理解阴阳的转化,人们可以更好地理解生活的节奏,学会在变化中寻找平衡,从而达到更和谐的生活状态。

（三）动态平衡

阴阳理论中的动态平衡观点是对宇宙和生命本质的深刻理解。在这个观点中,阴阳之间的平衡被视为维持万物健康发展的关键。然而,这种平衡并非静止不变的状态,而是一个不断变化和调整的过程,反映了生命和宇宙的动态本质。

动态平衡的概念意味着,尽管阴阳两种力量可能在某一时刻或某一方面占据优势,但它们总是在不断寻求新的平衡点。这不仅适用于自然界的现象,如季节的变换、潮汐的涨落,也适用于人的身心状态和社会关系。例如,在人体健康中,阴阳平衡被视为健康的关键。过多的阳可能导致过热或过度兴奋,而阴的过剩则可能导致寒冷或抑郁。在社会和文化层面,阴阳平衡体现在性别角色、社会结构和文化价值观的相互作用中。

阴阳的动态平衡也强调了适应和变化的重要性。在变化的环境中保持平衡,需要不断地调整和适应。例如,在不同的生活阶段或面对不同的挑战时,人们可能需要调整自己的行为和态度,以维持内在的平衡与和谐。

此外,动态平衡的观点还提供了一种看待问题和冲突的方式。在阴阳理论中,冲突和问题常常被视为平衡失调的表现,解决问题的办法在于恢复平衡,而不是单方面压制或增强某一方。这种思维方式催生了一种寻求共同点与和谐的解决策略,而不是对立和冲突。

总之,阴阳理论中的动态平衡观点提供了一个理解和应对复杂世界的框架。它强调了变化是生命的本质,而在这种变化中寻找和维持平衡是达到和谐、健康和繁荣的关键。这一观点不仅在自然科学和医学上有着深远的影响,也在人类社会和文化的各个方面展示了其智慧和实用价值。

（四）五行相生相克

阴阳理论与五行学说的结合,构成了中国传统文化中对自然界和人类事物变化规律的深刻理解。五行,即金、木、水、火、土,代表了自然界的五种基本元素和力量。这些元素不仅相互独立,而且通过相生和相克的关系,形成了一个复杂的动态系统,解释了自然和社会现象的生成、发展和消亡。

相生和相克是五行理论的两大核心原则。相生指的是一种促进和生长的关系,其中每个元素都能够促进另一个元素的生成。具体来说,木生火,火生土,土生金,金生水,水生木。这种连锁反应形象地说明了自然界中各种力量和现象是如何相互依存、相互促进的。

相克则是一种制约和克制的关系,其中一个元素可以抑制或克制另一个元素。在五行相克的规律中,木克土,土克水,水克火,火克金,金克木。这反映了自然界中各种力量之间的竞争和制约关系,说明了事物之间不仅有合作和促进的一面,也有冲突和克制的一面。

将五行理论与阴阳理论结合起来,提供了一个更为全面和动态的解释框架。在这个框架下,阴阳作为两种基本的力量,贯穿于五行的相生相克过程之中,形成了一个连续的、动态变化的循环。例如,阳可以与火相联系,阴则与水相联系,而五行的相生相克则进一步阐释了阴阳力量如何在自然界和人类社会中具体表现和运作。

通过这种方式,阴阳和五行的结合不仅用于解释自然现象,比如气候变化、季节更替和生物的生长,也用于解释人类社会的各种现象,包括健康状况、心理状态甚至政治和社会变迁。这种综合性的理论体系展示了中国古代智慧对世界的深刻洞察,并对后世的医学、哲学、艺术和日常生活产生了深远的影响。

阴阳理论因其全面性、实用性和哲学深度而具有深远影响。它不仅适用于自然界现象,还涵盖社会、文化、心理和政治等领域。在自然界,阴阳理论解释了从天体运行到气候变化等现象,而在社会文化层面,它提供了理解人类行为、社会结构和文化差异的方法。在心理学方面,该理论有助于理解个体的情感和性格,而在政治和哲学领域,它强调了平衡与和谐的重要性。此外,阴阳理论在中医、农业、建筑和武术等实践领域中也有广泛应用,它不仅是一种理论指导,也是实际操作和实践的重要工具。总的来说,阴阳理论以其哲学深度和广泛应用,成为东方哲学的核心组成部分,深刻影响了世界各地的哲学思想。

阴阳理论之所以历经千年而依然影响深远,很大程度上得益于其提供的全面性分析框架。这个理论不仅仅是对自然界现象的解释,它同样适用于社会、文化、心理甚至政治等多个领域。通过阴阳理论,我们能够从一个更广阔、更宏观的视角来理解事物的发展和变化。

(1) 在自然界的层面上,阴阳理论解释了从天体运行到气候变化,再到植物生长和动物行为等各种自然现象。它认为这些现象都是由阴阳两种基本力量的互动和平衡所驱动的。这种视角帮助人们超越了对单一现象的片面理解,能够看到不同现象之间的内在联系和相互作用。

(2) 在社会和文化层面,阴阳理论提供了一种理解人类行为、社会结构、文化差异以及历史变迁的方法。例如,在家庭和社会关系中,阴阳理论可以解释性别角色的分配、领导与服从的关系以及社会秩序的维持。它还被用来分析文化产物,如文学、艺术和建筑中阴阳平衡的体现。

(3)在心理学方面,阴阳理论也为理解人类情感、性格和心理健康提供了框架。它认为个体的心理状态是阴阳力量在心理层面的反映,通过调和这些力量可以达到心理的健康和平衡。

(4)在政治和哲学领域,阴阳理论为理解政治制度的变迁、权力关系的动态以及哲学思想的发展提供了重要视角。它强调了在政治和思想领域寻求平衡与和谐的重要性。

因此,阴阳理论的全面性在于它提供了一种跨越自然界和人类社会的综合性视角,使我们能够全面地理解和解释世界的复杂性和动态性。这种理论框架不仅丰富了我们的知识体系,还为我们提供了一种深刻理解世界的方式。

(二)指导实践

阴阳理论的实用性体现在它对各个实践领域的深远影响,尤其是在中医、农业、建筑和武术等方面。这一理论不仅是一种哲学思想,也是指导实际操作和实践的重要工具。

(1)在中医领域,阴阳理论是理解人体健康和疾病本质的基石。中医认为,人体健康状态是体内阴阳平衡的结果,而疾病则是阴阳失衡所导致。医生通过调节患者体内的阴阳平衡来治疗各种疾病。例如,如果一个人体内的阳气过盛,可能表现为发热、口渴等症状,中医会采用清凉、滋阴的治疗方法来恢复平衡。这种治疗方法不仅限于草药和食疗,还包括针灸、按摩和气功等多种手段。

(2)在农业领域,阴阳理论同样发挥着重要作用。古代农民根据阴阳理论来决定播种和收获的时机,以及选择适合种植的作物。例如,认为阳气主导的季节适合种植阳性作物,如小麦和玉米;而阴气主导的季节则适合种植阴性作物,如水稻和蔬菜。

(3)在建筑领域,阴阳理论被用来指导房屋的设计和布局。传统的中国建筑强调建筑与自然环境和谐共处,利用阴阳理论来确定建筑的方向、结构和布局,以确保居住者的健康和福祉。

(4)在武术领域,阴阳理论被用来指导训练和实战技巧。武术训练强调阴阳力量的平衡,如刚柔并济、动静结合。实战中,武术家通过理解和运用阴阳原则来预测对手的动作并作出相应的反应。

在这些领域中,阴阳理论不仅是理论指导,也是实践中不可或缺的一部分。它帮助人们理解和应对复杂的现象,提供了有效的方法和策略来改善生活和工作。通过这些实践的应用,阴阳理论证明了它不仅是一种哲学思想,也是一种生活的艺术和智慧。

阴阳理论在哲学上的深度和影响力体现在它如何深刻地阐释了对立统一这一概念。这一理论不仅是对自然现象的简单分类,也提出了一种深刻的哲学观点,即世界上所有事物都是由相互对立却又不可分割的力量构成的。这些力量,即阴和阳,虽然在表面上看似相反,但实际上是紧密相连的,共同构成了世界的整体。

阴阳理论的这种对立统一观点强调了事物之间内在的联系和互动。它认为,世界上没有绝对的、孤立的存在,一切事物都是通过它们之间的关系和相互作用而存在的。这种理解使得阴阳理论超越了简单的二元对立,进而揭示了事物发展和变化的动态过程。

此外,阴阳理论还深刻地影响了东方哲学的许多其他方面,包括伦理学、逻辑学和认识论。在伦理学上,它促使人们追求一种动态的和谐,而不是单纯的道德绝对主义。在逻辑学上,阴阳理论提供了一种非线性的思考方式,强调了矛盾和变化的重要性。在认识论上,它认为真理是多面的,依赖于观察者的视角和事物之间的相互关系。

阴阳理论以其哲学深度和广泛的应用领域,不仅深刻影响了中国哲学的发展,还为理解和解释复杂的世界现象提供了一种独特而深邃的视角。通过强调对立统一和事物之间的内在联系,阴阳理论成为东方哲学不可或缺的一部分,对世界各地的哲学思想产生了深远的影响。

在欧盟、美国和中国的 AI 治理实践中,各自的 AI 治理策略展现了独特的特点和挑战。欧盟强调了 AI 治理的全面性,通过《人工智能法案》确保 AI 系统的安全、透明、无歧视,以及环境友好。法案中还包含对"不可接受风险"的 AI 系统的禁用,以及对高风险 AI 系统的严格评估和监管。

美国的 AI 治理重点在于平衡创新与安全,透明性和负责任使用。从奥巴马政府到拜登政府,美国通过各种政策、行政命令和法案推动了 AI 的发展,并强调了公私合作伙伴关系和国际合作的重要性。美国联邦贸易委员会(FTC)和国家标准与技术研究所(NIST)在 AI 监管方面也发挥了关键作用。

中国则展现了全面而深入的 AI 治理思考,涵盖科技伦理治理、AI 企业治理、全球治理倡议及法律和政策框架。中国特别强调了科技伦理的重要性，发布了多项政策和指导文件，以确保 AI 治理的合法性和规范性，同时坚持发展与安全并重的原则。

总的来说，三方在 AI 治理方面都显示出独特的方法和挑战，反映了它们在 AI 发展方面的不同焦点和优先级。

一、欧盟的 AI 治理

作为其数字战略的一部分，欧盟希望对人工智能进行监管，以确保这一创新技术的开发和使用条件更加优越。人工智能能够带来诸多益处，比如改善医疗保健、实现更安全和更清洁的交通、提高制造业效率，以及降低能源成本并提高可持续性。

2021 年 4 月，欧盟委员会提出了欧盟首个人工智能监管框架，2023 年 6 月，正式发布《人工智能法案》。这一法案一经批准，成为全球首个全面的人工智能相关法律。欧洲议会首要任务是确保在欧盟使用的人工智能系统安全、透明、可追溯、无歧视并且环境友好。人工智能系统应由人类而非自动化程序监督，以预防可能产生的有害后果。

欧洲议会还希望建立一个技术中性、统一的人工智能定义，适用于未来的 AI 系统。新规则根据人工智能的风险等级，为提供者和用户设定了不同的义务。虽然许多人工智能系统风险较低，但仍需要进行评估。

在欧盟新颁布的人工智能法案中，被定义为"不可接受风险"的人工智能系统将会被禁止使用，因为这些系统被认为对人类构成威胁。这类系统包括几个主要领域：首先是对人或特定弱势群体的认知行为操纵系统，这类系统可能会导致不良后果。例如，一些声控玩具可能会鼓励儿童进行危险行为，这种影响特别值得关注。其次是社会评分系统，这类系统通过评估个人的行为、社会经济地位或其他个人特征来进行分类。这种做法可能会导致歧视和社会不公，因此在欧盟的新规中被视为不可接受的风险。最后，实时和远程的生物识别系统，尤其是面部识别技术，也被列入不可接受风险的范畴。这主要是因为这类技术可能会侵犯个人隐私，引发大规模监控的担忧。

高风险的人工智能系统分为两类：第一类是用于欧盟产品安全立法下的产品（如玩具、航空、汽车、医疗设备和电梯）；第二类是涉及八个特定领域的系统，需在欧盟数据库中注册，包括自然人的生物识别和分类、关键基础设施的管理和运营、教育和职业培训、就业、工人管理和自雇、享受基本私人服务和公共服务和权益、执法、移民、避难和边境控制管理、法律解释和法律适用的协助等。

所有高风险 AI 系统在上市前及其生命周期内都将接受评估。

《人工智能法案》规定，生成式人工智能（如 ChatGPT）需遵守透明度要求，包括披露内容由 AI 生成、设计模型以防止生成非法内容、发布用于训练的有版权数据的摘要。有限风险 AI 系统则需遵守最低透明度要求，以便用户作出知情决策。用户在与应用程序互动后可以决定是否继续使用。

美国在人工智能治理方面的主要理念和方法包括立法、政策制定以及技术标准的发展。美国政府在 AI 的监管中强调创新与安全、透明性和负责任使用的平衡。

在奥巴马政府时期，美国开始勾勒出联邦 AI 战略的初步轮廓，这主要体现在国家科学技术委员会于 2016 年发布的《为人工智能的未来做好准备》报告中。报告总结了当时联邦政府和经济体中 AI 的状态，并涉及公平性、安全性、治理和全球安全等问题。此外，2019 年更新的《国家人工智能研发战略计划》强调了公私合作伙伴关系和国际合作的重要性。

特朗普政府时期，2019 年签署的《维护美国在人工智能领域的领导地位》的行政命令推动了《美国 AI 倡议》的实施，导致了进一步的指导和技术标准的制定。

拜登政府进一步发展了美国的 AI 治理政策。2022 年 10 月，美国政府发布了《人工智能权利法案蓝图》，该蓝图提出了五项原则，用于指导 AI 系统的设计、使用和部署。这些原则包括安全和有效性、防止算法歧视、数据隐私、通知和解释以及人类在决策中的参与。拜登政府还发布了行政命令，强调与美国合作伙伴和盟友在多边组织中的参与，以及在全球范围内解决 AI 的影响和风险。

美国国会也在 AI 法律和政策制定方面采取了渐进式的方法。例如，2020 年通过的《国家人工智能倡议法案》专注于扩大 AI 研究和发展，并进一步协调国防/情报社区和民用联邦机构间的 AI 研发活动。该法案还立法创建了国家人工智能倡议办公室，负责监督和实施美国的国家 AI 战略。

此外，FTC 在 AI 监管方面也发挥着重要作用。FTC 发布的多份公告预示着对 AI 监管的增加关注，包括确保 AI 使用代表性数据集进行培训、在部署前和定期之后测试 AI、确保 AI 结果可解释，以及建立负责任开发、部署和使用 AI 的问责和治理机制。

NIST 也开始制定标准化 AI 风险的方法，并以"可信赖"方式管理这些风险。NIST 发布的 AI 风险管理框架（AI RMF）旨在为 AI 产品、服务和系统的设计、开发、使用和评估中的风险管理提供指导。尽管这些框架目前不具有约束力,但它们可能会发展成为行业标准。

美国关于"安全、可靠和值得信赖的人工智能发展和使用"的行政命令,由总统拜登于 2023 年 10 月 30 日签署,代表了美国政府对人工智能领域的最全面的治理措施。这项行政命令旨在促进人工智能的"安全、可靠和值得信赖的发展和使用",并涉及多个重要领域,包括隐私保护、国家安全、移民政策、劳动力和知识产权等,概括阐述如下。

(1)公平与民权。该命令强调 AI 政策必须符合政府推动公平和民权的承诺,确保 AI 不会加剧歧视和偏见,特别关注在招聘、住房、医疗等领域的应用。政府将采取措施确保 AI 符合所有联邦法律,促进技术评估、仔细监管和与受影响社区的互动,并制定严格的监管规定。

(2)消费者保护。行政命令强调,新技术的使用,如 AI,不应影响现有的消费者保护法律。政府将强化对欺诈、无意偏见、歧视、侵犯隐私等 AI 带来的风险的保护措施,尤其在医疗、金融服务、教育、住房、法律和交通等关键领域。

(3)隐私与公民自由。行政命令还着重于随着 AI 的发展而日益增长的隐私和公民自由问题。政府将确保数据的收集、使用和保留是合法的,并减轻隐私和保密风险。

(4)国家安全与移民。命令要求美国总统国家安全事务助理和政策副总统办公室主任领导跨机构程序,以发展并提交关于 AI 在国家安全系统中使用的国家安全备忘录。同时,行政命令还专注于通过移民政策吸引 AI 领域的人才到美国。

(5)劳动力与劳工。行政命令要求能源部长创建试点项目,以培训能够满足 AI 人才需求的新研究员。同时,劳工部必须就如何支持被 AI 取代的工人进行报告,并制定和发布雇主减轻 AI 对员工潜在伤害的原则和最佳实践。

(6)版权与知识产权。行政命令试图在版权和发明者问题上给出指导,特别是美国专利商标局(USPTO)和商务部知识产权局长必须向总统发表有关版权和 AI 的建议。

(7)医疗保健。行政命令鼓励卫生与公共服务部与私营部门合作,支持 AI 工具的发展,特别强调利用 AI 系统解决为弱势群体、退伍军人和小企业提供医疗保健的挑战。

(8)能源与环境。能源部必须与私营部门和学术界合作,支持开发 AI 工具以缓解气候变化风险。此外,部长还将扩大与私营部门的合作,利用美国能源部的计算能力和 AI 测试床,以建立基础模型,支持科学、能源和国家安全等新应用,并重点关注气候变化风险的准备、清洁能源的部署(包括解决环境许可的延误)以及提高电网的可靠性和弹性。

中国在人工智能治理方面展现了全面而深入的思考,其主要理念和方法涵盖了科技伦理治理、AI企业治理、全球治理倡议、法律和政策框架,以及发展与安全并重的原则。这些方面共同构成了中国AI治理的全景图。

在科技伦理治理方面,中国政府的重视程度可见一斑。2022年3月,中共中央办公厅和国务院办公厅发布的《关于加强科技伦理治理的意见》强调了科研和技术开发中科技伦理的核心地位。此外,2020年7月发布的《国家新一代人工智能标准体系建设指南》进一步明确了AI领域的标准化设计,包括安全和伦理标准,为科技伦理的实践提供了具体的指导和框架。

AI企业治理方面的进展同样值得关注。2023年7月,国家互联网信息办公室与其他六个部门联合发布的《生成式人工智能服务管理暂行办法》正式生效。这是中国首个针对生成式人工智能产业的规范性政策。该政策旨在规范生成式AI服务提供者的活动,明确了合规要求、内部规范和外部监管,以推动产业健康发展。同时,其强调了监督检查和法律责任的落实,解决生成式AI技术可能带来的法律风险。此外,其鼓励技术在各行业的创新应用,并支持基础设施和数据资源建设,有助于产业发展和规范。

在2023年10月的第三届"一带一路"国际合作高峰论坛上,中国提出了《全球人工智能治理倡议》,这是一项旨在推动人工智能的健康发展和全球治理的重要举措。该倡议着重强调了几个关键领域,体现了中国在全球AI治理中的独特视角。第一,倡议强调全球间知识成果的共享,旨在促进AI领域的发展和创新。通过鼓励开放和共享的知识体系,该倡议旨在加速全球AI技术的进步和应用。第二,提倡开源AI技术的使用,使全球范围内更多的人能够接触和应用这些技术。这一点有助于人工智能技术的普及和多元化发展,促进全球各地区在AI领域的均衡进步。第三,中国在该倡议中还明确表示反对任何形式的排他性集团和恶意阻挠。这一点旨在消除将AI技术用作意识形态界限划分的做法,强调了AI技术发展的开放性和包容性。第四,倡议涉及敏捷治理和分类分级管理,建立风险等级测试评估体系,以快速有效地应对AI领域的挑战。这表明中国在AI治理上追求灵活、高效的方法,同时强调对风险的合理评估和应对。第五,中国特别提出增强发展中国家在全球AI治理中的代表性和发言权。这一点着眼于全球治理体系的公正性和平等性,旨在确保全球范围内各国在 AI 发展中都有一席之地。

在法律和政策框架方面,中国通过实施《互联网信息服务算法推荐管理规定》和《中华人民共和国数据安全法》等关键法规,确保了 AI 治理的合法性和规范性。这些法规自 2022 年 3 月 1 日起施行,旨在规范互联网信息服务算法推荐活动,保护国家安全和社会公共利益,同时强调了算法推荐服务提供者应遵守的法律法规及伦理道德。

最后,中国在 AI 治理中坚持发展与安全并重的原则,体现在 2023 年 5 月工业和信息化部成立的科技伦理委员会和科技伦理专家委员会上。工业和信息化部科技伦理委员会负责统筹规范和指导协调工业和信息化领域科技伦理治理工作,研究提出工业和信息化领域科技伦理治理制度规范,建立健全工业和信息化领域科技伦理审查监督体系,组织开展工业和信息化领域重大科技伦理案件调查处理,组织开展工业和信息化领域科技伦理重大问题研究,组织开展科技伦理宣传教育,推动重点领域科技伦理治理国际合作与交流。这一举措进一步加强了科技伦理治理的机制和实践,确保在推动技术发展的同时不忽视安全问题。

四、欧盟、美国和中国已有 AI 治理的不足

(一)欧盟的 AI 治理不足

在分析欧盟的 AI 治理不足时,我们可以从三个主要方面进行探讨:创新与管制之间的平衡问题、法规的灵活性和适应性不足,以及监管范围和定义的模糊性。

(1)关于创新与管制之间的平衡问题,欧盟在 AI 治理中显著倾向于风险管理和严格监管。这种做法虽然能有效控制 AI 带来的潜在风险,但同时可能限制 AI 技术的创新和应用。特别是在被定义为高风险的 AI 应用领域,过度的管制可能阻碍新技术的开发和试验,从而影响 AI 技术的整体进步和应用领域的拓展。在追求安全和伦理的同时,如何更好地促进和保护创新成为欧盟 AI 治理亟须解决的问题。

(2)法规的灵活性和适应性不足也是欧盟 AI 治理的一个关键问题。AI 技术的发展日新月异,但欧盟现有的 AI 法规可能在处理这些快速变化时显得僵硬和落后。法规的更新和调整速度可能跟不上技术发展的步伐,导致制定的政策和措施难以有效应对新出现的技术形态和应用场景。此外,欧盟的法规在面对跨国界、多领域的 AI 应用时,可能缺乏足够的适应性和灵活性,难以有效应对跨境数据流动和国际合作中的复杂问题。

（3）监管范围和定义的模糊性是欧盟 AI 治理中的另一个难题。在确定 AI 系统的风险等级和制定相应的监管措施时，欧盟可能面临标准和定义上的不清晰，这导致在执行和实施过程中出现困难和不确定性。例如，在区分高风险和低风险 AI 应用时，缺乏明确的标准可能导致监管决策的主观性和不一致性。这不仅增加了企业和开发者的合规成本，也可能影响公众对 AI 应用的信任和接受度。

欧盟在 AI 治理上面临创新与管制之间平衡的挑战、法规适应性的不足，以及监管范围和标准的模糊性等问题。解决这些问题需要欧盟在制定和执行 AI 政策时更加注重灵活性、适应性和明确性，同时在保障安全和伦理的基础上，更好地促进 AI 技术的创新和应用。

美国在 AI 治理方面所面临的挑战可以从三个主要方面进行探讨：伦理和社会责任的考量不足、国际合作和全球标准的缺乏，以及监管一致性和协调性的不足。

（1）美国的 AI 治理策略可能过于集中于技术创新和商业发展，而相对忽视了 AI 技术对社会、伦理和隐私的潜在影响。这种偏重可能导致重要的社会和伦理问题被忽视或未能得到适当的处理。例如，在数据隐私保护、算法偏见和公平性方面，美国的 AI 治理可能未能充分反映这些问题的重要性。随着 AI 技术在各行各业的广泛应用，这种忽视可能导致重大的社会问题，如加剧不平等、侵犯个人隐私，甚至影响民主过程。

（2）美国在 AI 治理中可能缺乏对国际合作和全球治理框架的足够重视。在全球化的背景下，AI 技术的发展和应用不仅是国内问题，也是全球性问题。缺乏国际视角和合作可能限制美国在全球 AI 治理中的领导作用，使其难以有效应对跨国界的 AI 挑战，如国际数据流动、跨境 AI 应用的伦理和监管问题。此外，这种局限可能导致国际社会在制定全球 AI 标准和规范时缺乏美国的贡献和领导。

（3）美国 AI 的监管一致性和协调性不足也是一个显著问题。在美国，AI 的监管可能因不同州和联邦层面的法规不一致而变得复杂。这种法规上的差异和不一致性可能给企业带来合规挑战，尤其是对于跨州运营的企业而言。此外，这种不一致性也可能导致用户在理解和应对 AI 应用时面临困惑。例如，一个州可能对某 AI 应用有严格的隐私保护要求，而另一个州则可能完全没有相关规定。这种情况不仅增加了企业的运营成本，也可能影响公众对 AI 应用的信任和接受度。

美国的 AI 治理面临伦理和社会责任的考量不足、国际合作和全球治理参与不足,以及监管一致性和协调性不足等关键问题。这些问题的存在可能影响 AI 技术的健康发展,限制美国在全球 AI 领域的领导地位,也可能对企业和社会造成更广泛的负面影响。解决这些问题需要美国在 AI 治理中更加重视伦理和社会责任,加强国际合作和协调,以及构建更加一致和协调的监管框架。

(三)中国的 AI 治理不足

在分析中国的 AI 治理不足时,我们可以从三个主要方面进行探讨:过度集中和控制的问题,国际协作和透明度的不足,技术伦理和社会影响的考量。

(1)中国的 AI 治理在某种程度上可能过于强调国家控制和统一标准,这在一定程度上可能限制 AI 技术的多样化发展和创新。国家层面的严格监管和统一的政策制定可能使得 AI 企业和研究机构在探索新技术和应用时受到限制。尽管这种做法有助于确保 AI 技术的安全和符合国家利益,但过度的集中和控制可能抑制创新精神和市场驱动的发展,导致 AI 技术发展的多样性和创造性受限。此外,这种集中控制的做法可能不利于形成多元化的 AI 发展生态,从而影响中国 AI 技术的国际竞争力。

(2)中国在 AI 治理方面可能面临国际协作和透明度不足的问题。在全球化的背景下,AI 技术的发展和治理需要国际合作和交流。中国可能在国际 AI 治理框架中参与度不足,导致其在全球 AI 治理中的影响力有限。这种局限不仅影响了中国在国际舞台上的话语权,也可能限制了中国 AI 企业在国际市场的拓展和合作机会。此外,透明度不足可能导致国际社会对中国 AI 技术的疑虑和误解,影响中国 AI 技术的全球接受度和信任度。

(3)中国在 AI 治理中虽然强调技术伦理,但在实际应用中对 AI 技术的社会影响和伦理问题的考量仍有待加强。随着 AI 技术在社会各领域的广泛应用,如何确保 AI 技术的发展不仅符合技术标准,也符合社会伦理和公共利益,成为一个重要问题。例如,在处理个人数据隐私、算法透明度和公平性等问题时,可能需要更多的关注和细致的政策制定。此外,中国 AI 技术的快速发展也带来了新的社会挑战,如就业结构变化、数字鸿沟等,这些问题需要在 AI 治理中得到更全面的考量和应对。

中国的 AI 治理面临过度集中和控制、国际协作和透明度不足,以及对技术伦理和社会影响考量不足等问题。解决这些问题需要中国在 AI 治理中寻求更多的平衡,加强国际合作和提高透明度,在确保技术创新的同时,更多地关注 AI 技术的社会伦理和公共利益。

阴阳理论作为中国传统文化的关键概念,其在描述自然界和社会现象的相互关联和作用方面具有独特价值。当将这一理论应用于 AI 治理时,它提供了一种寻找技术发展与伦理、法律、社会价值之间平衡的新视角。阴阳理论认为,所有事物都蕴含着相反但互补的元素,并在不断的变化中追求平衡。这种理念在 AI 治理中的应用,意味着对 AI 技术的不同方面进行全面而细致的关注。

　　从"阴"的视角来看,AI 治理的重点是伦理和价值观的考量。这包括关注个人自由、隐私保护以及尊重人类尊严等原则。这种关注确保了 AI 技术的发展不仅是基于技术性能和商业价值的追求,而且考虑到其对个人和社会的深远影响。这意味着在推动 AI 技术发展的同时,也要确保这种发展是负责任的,符合人类的伦理道德标准。

　　从"阳"的角度来看,AI 治理更加侧重于技术层面的考虑,如法律规范、监测评估以及推动竞争和创新。这包括使用逻辑、分析和科学方法来处理 AI 技术所带来的潜在风险,比如算法偏见、数据隐私等问题,并确保法律规范能够与技术发展保持同步。这种关注点强调了技术治理的重要性,确保 AI 技术在发展过程中不脱离法律和伦理的约束。

　　通过将阴阳平衡理念应用于 AI 治理,我们不仅能够确保技术的科学性和可持续性,还能在追求技术进步的同时,兼顾人文关怀和社会责任。这种阴阳平衡的治理方式为构建一个更加全面和均衡的 AI 治理体系提供了理论基础,促进了技术发展和社会伦理的和谐共生,以下是将阴阳理论应用于 AI 治理体系的几个具体优势。

　　"平衡性和整体性"的核心在于将技术创新与伦理规范、人工智能的发展与人类利益紧密相连。这种平衡不仅涵盖技术的前沿探索,也包括对人文关怀的深刻理解。当我们强调平衡性和整体性时,我们在推动技术创新的同时,还要考虑到这些技术如何影响社会、影响个人的生活。例如,在开发新的 AI 应用时,同时考虑其对个人隐私的影响,以及它如何促进或可能阻碍社会公正。这种平衡性和整体性的思考方式,有助于构建一个负责任和可持续的 AI 发展环境。

二、动态适应性

"动态适应性"体现在治理体系对于技术变化和社会需求的快速响应能力。随着 AI 技术的迅猛发展,新的挑战和问题随之而来,如何有效应对这些变化成为关键。动态适应性意味着治理体系不是静态的,而是一个能够根据技术进步和社会变化进行自我调整的系统。这种灵活性和适应性使得治理体系能够及时更新其规则和指导原则,以应对新出现的风险和挑战。例如,对于新兴的 AI 技术如神经网络和自动决策系统,治理体系需要不断评估这些技术可能带来的伦理和法律问题,并相应地调整政策和规范。

三、对立统一的视角

"对立统一"的视角强调在 AI 治理中同时考虑 AI 带来的积极与消极影响。这种思维方式促使我们不仅关注 AI 技术本身的发展和创新,而且注重它们在社会中的实际影响和作用。例如,当 AI 技术在提高生产效率、优化资源配置等方面取得显著成效时,我们也需要关注它可能对就业市场、社会结构乃至伦理价值观的影响。这种视角促使治理体系在推动技术发展的同时,也必须审慎考虑并处理由此引发的社会、经济和伦理问题,以实现技术发展与社会利益的平衡。

四、多元共融

"多元共融"的理念进一步拓宽了 AI 治理的视野,强调考虑不同群体、不同利益和不同文化背景下的需求和观点。这种多元性的包容对于构建一个全面和有效的 AI 治理体系至关重要。不同群体和文化对 AI 技术的理解和需求各异,一个成功的治理体系应能反映并融合这些多样性,确保各方声音和利益能够得到合理的代表和考虑。这样,AI 治理不仅能更加贴近实际社会需求,而且能促进全球范围内对 AI 技术的公平访问和利用。

五、预防和调整

"预防和调整"的原则源自阴阳理论在中医中的应用,强调预防胜于治疗的思想。在 AI 治理的背景下,这意味着治理体系应当注重提前识别和解决可能出现的问题。这种预防性的方法论不仅有助于及早发现潜在的技术风险,如数据隐私侵犯、算法偏见或者不稳定的系统性能等,而且能够在这些问题变得严重之前采取措施进行纠正。这种前瞻性的治理策略能够有效地减少风险和成本，提高 AI 系统的整体稳定性和可靠性。同时，它也鼓励治理机构和组织保持对新技术动态的敏感性，从而在变化中保持领先。

"长远视角"基于阴阳理论中对事物发展长期性和循环性的理解。在 AI 治理中，这种长远视角尤为重要，因为它要求治理策略不仅应对当前的技术和社会挑战，还预见未来的发展趋势。这种视角促使决策者不仅关注短期的技术成果和市场反应，而且更加关注技术如何影响长期的社会结构、经济发展和文化变迁。例如，对于 AI 技术的发展，治理机构需要考虑到技术如何影响未来的劳动市场、教育需求和伦理规范。这样的长远视角能够帮助治理体系更好地适应不断变化的环境，同时为社会各界提供一个更加稳定和可预测的发展蓝图。

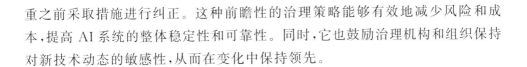

基于阴阳理论，我们把 AI 科学治理体系分为内在指导的"阴"和外显实践的"阳"两个方面。"阴"的方面包括尊重人类尊严、促进公平、保护隐私等核心伦理和价值观，以及合作与参与、适应性与灵活性、教育与公众意识。这些要素强调了 AI 治理中的伦理导向、多方合作、对技术和社会变化的适应性，以及促进公众对 AI 的理解和参与。"阳"的方面涵盖技术和分析、法律和规范、监测和评估、竞争和创新等实践层面的内容。这包括深入理解 AI 技术、确保其应用的合规性和负责任、持续监测 AI 技术及其社会影响，并在安全和伦理框架内鼓励技术创新和竞争，如表 12-1 所示。

AI 科学治理体系			描　述
AI 科学治理体系	内在指导（阴的方面）	伦理和价值观	强调 AI 治理中尊重人类尊严、促进公平、保护隐私等核心伦理和价值观
		合作和参与	需要政府、私营企业、学术界、公民社会的合作与参与，以整合更广泛的观点和经验
		适应性和灵活性	治理框架应具备适应技术和社会环境变化的能力，灵活调整策略和方法
		教育和公众意识	通过教育和提升公众意识加深对 AI 的理解，强调直觉和情感的重要性

续表

			描　述
AI科学治理体系	外显实践（阳的方面）	技术和分析	深入理解 AI 技术,使用逻辑、分析和科学方法评估和管理 AI 系统
		法律和规范	明确法律框架和规范,确保 AI 应用的合规性和负责任
		监测和评估	对 AI 技术进行持续监测和评估,以确保治理效果,需要系统的数据收集、分析和报告
		竞争和创新	鼓励在安全和伦理框架内的技术创新和竞争,促进技术发展的同时确保其符合社会和伦理标准

一、内在指导（阴的方面）

在 AI 治理中,伦理和价值观、合作和参与、适应性和灵活性以及教育和公众意识被视为关键因素。伦理和价值观在 AI 治理中起着核心作用,确保 AI 技术的发展和应用不仅遵循技术性能和商业价值,还要考虑对个体自由和隐私的影响。这包括尊重人类尊严、促进公平和公正、保护隐私等原则。

合作和参与强调政府、私营企业、学术界和公民社会在形成全面治理策略中的作用。政府机构负责制定法规和提供政策指导,而私营企业则在 AI 技术的开发和应用中起着关键作用。学术界提供研究和深入分析,而公民社会确保伦理和社会公正被考虑在内。

适应性和灵活性是面对 AI 技术快速发展和社会环境变化时的必要特质。这要求治理框架能够应对新技术和挑战,并根据社会价值观和法律环境的变化进行调整。直觉和创新思维在寻找新解决方案时至关重要。

教育和公众意识关乎提升社会对 AI 技术的整体理解。通过教育可以增加公众对 AI 的认识,促进公众参与,并形成对 AI 技术的广泛社会共识。这些因素共同构成了 AI 治理的多维框架,确保了 AI 技术的负责任和可持续使用。

（一）伦理和价值观

在 AI 治理中,伦理和价值观的角色至关重要,它们不仅构成了 AI 发展的道德和原则基础,而且对于确保技术的负责任和可持续使用具有决定性作用。以下是对伦理和价值观在 AI 治理中的作用的详细阐述。

1.尊重人类尊严

AI 系统的设计和应用必须尊重个人的尊严和权利。这意味着在开发 AI 技术时,不仅要考虑其技术性能和商业价值,还要考虑其对个体自由和隐私的影响。例如,面部识别技术虽然在安全和商业上有广泛应用,但同时可能侵犯个人隐私和监控社会。因此，在开发和部署这些技术时，必须进行仔细的伦理审查，确保它们不会侵犯个人的基本权利。

AI 技术应当公平服务于所有人群，避免加剧社会不平等。算法偏见是 AI 治理中一个重要的问题。例如，如果 AI 系统在数据集中的训练过程中暴露性别或种族偏见，那么它的决策可能会对某些群体产生不公正的影响。因此，确保数据集的多样性和代表性，以及对算法进行公正性测试，是防止这种偏见的关键步骤。

保护隐私是 AI 发展中的另一个关键领域。随着 AI 技术在数据分析和处理方面的能力日益增强，对个人隐私的潜在威胁也在增加。例如，AI 在医疗、金融等领域的应用可能涉及敏感的个人数据。因此，确保这些数据的安全和遵守相关的隐私法规是至关重要的。这要求制定严格的数据保护政策，以及采用加密和匿名化等技术手段来保护个人数据。

在实现这些伦理和价值观时，需要政策制定者、技术开发者和社会各界共同努力。政府应制定明确的法规和指导原则，监管 AI 技术的发展和应用；企业和开发者应采取自律措施，确保其产品和服务符合伦理标准；公众和民间组织应参与 AI 治理的讨论，提高社会对 AI 伦理和价值问题的认识。

合作和参与是 AI 治理中的核心要素，对于确保人工智能技术的负责任和有效使用至关重要。AI 治理是一个复杂的过程，涉及技术、社会、伦理和法律等多个方面的问题。这种复杂性要求不同的利益相关者之间进行深入的合作，以形成全面的治理策略和框架。

从多元视角的整合来看，AI 治理的有效实施需要政府、私营企业、学术界和公民社会等各方的协作。政府机构在制定法律法规、提供政策指导和监管框架方面发挥关键作用。它们的责任是确保 AI 技术的发展和应用符合国家和社会的长远利益，并保护公民的权利。

私营企业在 AI 技术的开发和应用方面扮演着重要角色。企业的创新能力和实践经验对于理解 AI 技术的潜力至关重要。企业不仅推动技术的发展，还通过其产品和服务影响社会的各个方面。因此，企业需要负责任地开发和部署 AI 技术，同时确保其产品和服务符合伦理和法律标准。

学术界提供了关于 AI 的最新研究和深入分析，为 AI 治理提供了必要的科学基础。研究人员通过探索 AI 的新方法和技术，可以预测未来的趋势和挑战。此外，学术界还在伦理和社会影响方面提供重要的洞见，帮助社会更好地理解和应对 AI 带来的挑战。

公民社会，包括非政府组织和公众团体，代表着社会各界的利益和担忧。它们在确保 AI 治理过程中考虑到伦理和社会公正方面发挥着重要作用。公民社会的参与有助于提高政策的透明度和公众的接受度，同时确保 AI 技术的发展符合公共利益。

2. 政策制定的民主化

在政策制定的民主化方面，让不同群体参与 AI 政策的制定过程是至关重要的。这种参与不仅可以提高政策的透明度，还能增强决策的责任性和有效性。公众参与有助于确保 AI 政策反映社会的广泛意见和需求，同时促进社会对 AI 技术的理解和接受。

3. 国际合作

国际合作在 AI 治理中扮演着关键角色。鉴于 AI 的全球性影响和跨境特性，国际社会需要共同努力，解决如数据保护、隐私、跨境数据流动等全球性问题。建立共同的标准、指南和最佳实践是制定有效全球治理策略的重要一步。跨国界的挑战要求国际社会在 AI 治理中采取协调一致的行动，以确保全球范围内 AI 技术安全和负责任地使用。

（三）适应性和灵活性

在 AI 治理领域，适应性和灵活性是确保有效管理和应对快速变化的技术和社会挑战的关键因素。一个强大的 AI 治理框架不仅要考虑当前的技术能力和社会环境，还要预见并适应未来的变化。这种适应性和灵活性的需求涉及多个方面，包括应对技术变革、适应社会环境的变化、利用直觉和创新思维，以及基于持续学习和迭代的原则进行调整。

1. 应对技术变革

AI 技术的快速发展和演变要求治理框架能够及时适应新的技术、应用和挑战。例如，随着深度学习和自然语言处理等领域的进步，AI 系统越来越能够执行复杂任务，从而带来新的伦理和社会挑战，如算法偏见、隐私保护、自动化带来的就业问题等。一个灵活的治理框架需要能够识别这些新挑战，并迅速调整策略来应对。这意味着政策制定者和监管机构必须持续关注技术发展趋势，及时更新法规和指导原则，以保证它们与最新的技术实践保持同步。

社会价值观、法律环境和市场需求的变化对 AI 治理提出了高度适应性的要求。社会对于 AI 技术的看法和期望不断变化，这在某种程度上影响了 AI 应用的接受度和推广范围。例如，隐私保护和数据安全要求 AI 系统在处理个人数据时更加谨慎和透明。因此，治理框架必须能够灵活反映这些社会环境的变化，调整策略以满足公众的期望和需求。

直觉和创新思维在不断变化的环境中寻找新解决方案方面发挥着关键作用。面对未知和不确定性，传统的基于规则和流程的方法可能不再适用。这时，直觉和创新思维成为探索未知、发现新方法的重要工具。例如，利用 AI 辅助决策的新方法，可以帮助政策制定者更好地理解复杂的社会问题，并找到有效的解决方案。同时，创新思维还鼓励在治理实践中尝试新的方法和技术，如使用模拟和预测工具来评估政策的潜在影响。

适应性治理框架应基于持续学习和迭代的原则。这意味着治理策略和实践应该是动态的，能够根据新的信息和反馈进行调整。持续学习和迭代的过程不仅涉及技术和政策的更新，还包括对治理实践的评估和改进。通过定期评估治理效果，并根据反馈进行调整，可以确保治理框架持续有效地应对新挑战。

在 AI 治理领域，教育和提升公众意识的重要性不容忽视。AI 技术的快速发展及其在日常生活中的广泛应用对社会各界提出了新的挑战。因此，确保公众对 AI 有充分的理解，不仅对于促进技术的健康发展至关重要，也对于实现有效的治理和监管机制非常必要。

教育在提高公众对 AI 技术及其潜在影响的理解方面起着核心作用。AI 的基本原理、潜在用途以及可能带来的社会影响是公众教育的关键内容。通过普及 AI 相关知识，公众能够更好地理解这些技术如何工作，以及它们可能对日常生活、工作和社会结构产生的影响。这种理解是公众能够对 AI 技术发表有根据的意见和参与决策过程的基础。

教育和提升公众意识能够促进公众更加积极地参与 AI 治理的讨论和决策

过程。公众的参与对于民主化 AI 治理至关重要。它不仅增加了治理过程的透明度，还能确保公众的关切和需求被充分考虑。此外，公众参与还有助于形成对 AI 技术的广泛社会共识，这对于制定平衡各方利益的政策至关重要。

3. 强调直觉和情感

教育不仅关乎逻辑和分析能力的提升，还包括对 AI 技术的直觉理解和情感认知的培养。这种全面的教育方法有助于公众形成对 AI 的深入理解。直觉和情感在评估 AI 技术的社会影响和道德考量方面发挥着关键作用。例如，理解 AI 决策过程的直觉认知可以帮助人们更好地评估 AI 技术在道德和社会正义方面的表现。

4. 创建知情社会

教育和公众意识提升对于建立一个知情社会至关重要。在一个知情的社会中，公众能够基于充分的信息和理解作出关于 AI 的决策和评价。这不仅有助于提高公众对 AI 技术的信任度，还能鼓励人们积极参与 AI 技术的未来发展。

二、外显实践（阳的方面）

在 AI 治理的阳的方面，技术和分析、法律和规范、监测和评估以及竞争和创新是关键因素。技术和分析包括对 AI 技术的深入理解和技术风险评估，强调使用逻辑、分析和科学方法来识别和处理 AI 技术的潜在风险，如算法偏见和数据隐私问题。数据驱动的决策是基于系统分析来指导 AI 政策和管理决策的重要环节。

法律和规范在 AI 治理中的角色不可或缺，它们为 AI 技术的发展和应用提供了必要的结构和界限。这包括制定和执行标准，确保 AI 技术的安全、有效和符合用户权益，以及持续监管，确保法律和规范与技术发展同步。

监测和评估是确保治理措施有效性和及时性的关键环节，涉及持续监测 AI 技术和应用、收集和分析数据，并根据所得结果调整治理策略。

竞争和创新在 AI 治理中促进了技术的发展和优化，强调在安全和伦理框架内的创新，创造健康的竞争环境，并强调伦理和社会责任。此外，反馈驱动的创新过程确保 AI 技术和应用真正满足社会需求和解决实际问题。

（一）技术和分析

在 AI 治理的阳面，技术和分析作为外显实践的关键组成部分，扮演着至关重要的角色。这一方面不仅涉及对 AI 技术的深入理解和技术风险评估，还包括基于数据分析的决策制定。以下是对这些方面的详细阐述。

深入理解 AI 技术是 AI 治理的基础。这意味着对机器学习、深度学习、神经网络等 AI 技术有一个全面的认识。了解这些技术如何工作，尤其是它们如何处理数据、作出决策，以及它们的局限性和潜在风险至关重要。例如，了解深度学习如何从海量数据中提取模式和作出预测可以帮助政策制定者和监管机构理解这些系统可能的偏差和错误。

技术风险评估是确保 AI 安全、可靠和公正的重要步骤。通过逻辑、分析和科学方法来识别和评估 AI 技术的潜在风险至关重要。这包括对算法偏见、数据隐私和安全漏洞等方面的评估。例如，通过分析不同人群在数据集中的代表性，可以评估 AI 系统是否可能因为数据偏差而产生歧视性结果。

数据驱动的决策是现代 AI 治理的另一个关键因素。在一个数据驱动的世界里，基于数据分析和科学研究来指导 AI 政策和管理决策显得尤为重要。这涉及对大量数据进行系统性分析，以了解 AI 系统的实际表现和社会影响。例如，通过分析用户互动数据和反馈，可以评估 AI 应用在实际环境中的效果，从而指导未来的政策制定和技术调整。

在人工智能治理中，法律和规范构成了一个至关重要的方面，它们为 AI 技术的发展和应用提供了必要的结构和边界。明确的法律框架和规范对于确保 AI 技术的负责任和伦理使用至关重要。以下是对这个话题的详细探讨。

AI 技术的快速发展要求相关的法律和规范必须跟上这一发展的步伐。制定明确的标准和规则不仅是为了确保技术的安全和有效，还要保护用户的权益。例如，算法透明度的标准旨在确保用户能够理解 AI 系统的决策过程，而数据保护和用户隐私的标准则是为了防止滥用个人数据和保护个人隐私。这些标准和规则的制定需要综合考虑技术的最新发展、社会伦理标准和用户的实际需求。

在 AI 治理中确保合规性和明确责任是非常重要的。这意味着 AI 系统的设计、开发和应用必须遵守现有的法律和伦理标准。例如,AI 系统在设计时必须考虑到公平性和非歧视性,以避免算法偏差。此外,明确责任机制对于处理由 AI 引起的问题至关重要。这包括确定在 AI 系统出现故障或误操作时负责的实体,以及制定相应的法律框架处理这些问题。

3. 持续监管

随着 AI 技术的不断进步和应用领域的扩大,持续的监管变得尤为重要。这不仅意味着必须定期审查和更新现有的法律和规范,以确保它们适用于新的技术和应用场景,还意味着监管机构需要与技术发展保持同步,以便及时识别和应对新出现的挑战和问题。例如,随着 AI 在医疗、交通和金融等领域的应用,监管机构需要不断评估这些应用领域的特定需求和潜在风险,并相应地调整规范。

(三)监测和评估

在 AI 治理的阳面,监测和评估是一个至关重要的环节,它们确保治理措施的有效性和及时性。监测和评估的目标是持续追踪 AI 技术的发展和应用,以及评估这些技术对社会的影响。以下是对这一领域的深入探讨。

1. 持续监测的重要性

持续监测 AI 技术和应用对于理解这些系统如何在现实世界中工作至关重要。监测内容包括算法性能、用户体验和社会影响。例如,通过监测可以发现某个 AI 系统是否在特定群体中表现出偏差,或者是否在某些情境中效果不佳。这种持续的观察过程对于早期识别和解决问题至关重要,从而避免潜在的负面影响扩大化。

2. 数据收集和分析的作用

系统地收集和分析数据是评估 AI 系统实际表现的关键。这包括从用户行为数据、系统性能指标到社会反馈的广泛信息。例如,分析用户如何与 AI 系统互动,可以揭示系统的可用性问题或用户体验的痛点。此外,通过分析社会反馈,可以理解 AI 技术在社会层面产生的影响,如就业、隐私和伦理问题。

3. 报告和反馈的价值

定期生成的监测和评估报告对于各方利益相关者来说是宝贵的资源。这些报告为政策制定者、开发者和公众提供关于 AI 系统表现和影响的透明信息,帮助他们作出更明智的决策。透明的报告机制还有助于提高公众对 AI 技术的信任,并促进更广泛的社会对话。

4. 不断调整的必要性

监测和评估的结果应用于指导治理策略和实践方法的调整。面对新出现的挑战和问题,及时的策略调整是确保 AI 治理持续有效的关键。这种灵活的调整方式允许治理体系适应技术进步和社会变化的需求,确保其能够应对不断演化的 AI 领域。

在 AI 治理中,竞争和创新扮演着关键角色,它们不仅促进了技术的发展和优化,还为 AI 领域的持续进步提供了动力。竞争和创新的关键在于平衡技术进步的需求与安全、伦理和社会责任的要求。

安全和伦理框架内的创新是推动 AI 技术进步的基石。这意味着在开发和应用 AI 技术时,必须考虑到其潜在的伦理影响和安全风险。例如,AI 在医疗诊断和治疗中的应用必须遵循严格的伦理标准,以确保患者的安全和隐私权益不受侵害。此外,创新不仅是技术性能的提升,也包括开发更高效、更智能且更人性化的 AI 解决方案,以解决现实世界中的复杂问题。

健康的竞争环境对于促进 AI 领域的技术创新至关重要。这种环境激励企业和研究机构在保证公平竞争的基础上推动技术进步。健康的竞争环境不仅促进技术和商业模式的创新,还鼓励技术的多样性和可持续性。然而,这也要求避免垄断和不公平竞争,确保小型和中型企业也能在 AI 领域中发挥作用,从而推动整个行业的进步。

伦理和社会责任在推动 AI 创新的同时必须被强调。在追求技术突破的同时,需要确保新技术的发展符合社会价值观和伦理标准。例如,使用 AI 技术进行人脸识别可能在提高安全性方面具有潜在价值,但同时需要考虑到隐私权和公民自由的问题。因此,技术创新应与对社会影响的深思熟虑相结合,确保新技术的发展和应用对社会产生积极影响。

反馈驱动的创新过程对于确保 AI 技术和应用的有效性至关重要。通过用户和社会的反馈,不断地优化和改进 AI 技术和应用,可以确保它们真正满足社会需求和解决实际问题。这种以用户为中心的创新方法有助于发现新的应用场景,同时确保 AI 技术的发展与社会需求和期望保持一致。

参 考 文 献

[1] BAE K, BAEK J, KANG J, et al. Do controlling shareholders' expropriation incentives imply a link between corporate governance and firm value? Theory and evidence[J]. Journal of financial economics, 2012, 105(2): 412-435.

[2] BARTKUS B, GLASSMAN M, MCAFEE R B. Mission statements: are they smoke and mirrors? [J]. Business horizons, 2000, 43(6): 23.

[3] BEBCHUK L A, FERRELL A. What matters in corporate governance? [J]. The review of financial studies, 2009, 22(2): 783-827.

[4] BECHT M, BOLTON P, RÖELL A. Chapter 1-corporate governance and control[M]// CONSTANTINIDES G M, HARRIS M, STULZ R M. Handbook of the economics of finance: Volume 1, Part A. Maryland Heights, MO: Elsevier, 2003: 1-109.

[5] BHAGAT S, BOLTON B. Corporate governance and firm performance: the sequel[J]. Journal of corporate finance, 2019, 58: 142-168.

[6] BOROKHOVICH K A, PARRINO R, TRAPANI T. Outside directors and CEO selection [J]. Journal of financial and quantitative analysis, 1996, 31(3): 337-355.

[7] BYRD J W, HICKMAN K A. Do outside directors monitor managers?: evidence from tender offer bids[J]. Journal of financial economics, 1992, 32(2): 195-221.

[8] CHEN S, CHEN Y, KANG J, et al. Board structure, director expertise, and advisory role of outside directors[J]. Journal of financial economics, 2020, 138(2): 483-503.

[9] DAHYA J, DIMITROV O, MCCONNELL J J. Dominant shareholders, corporate boards, and corporate value: a cross-country analysis[J]. Journal of financial economics, 2008, 87(1): 73-100.

[10] DI GIULI A, KOSTOVETSKY L. Are red or blue companies more likely to go green? Politics and corporate social responsibility[J]. Journal of financial economics, 2014, 111 (1): 158-180.

[11] DUCHIN R, MATSUSAKA J G, OZBAS O. When are outside directors effective? [J]. Journal of financial economics, 2010, 96(2): 195-214.

[12] EDWARDS J, NIBLER M. Corporate governance in germany: the role of banks and ownership concentration[J]. Economic policy, 2000, 15(31): 238-267.

[13] EDWARDS J S, NIBLER M. Corporate governance in Germany: the influence of banks and large equity holders[R]. Center for Economic Studies University of Munich, 1999.

[14] FIELD L, LOWRY M, MKRTCHYAN A. Are busy boards detrimental? [J]. Journal of financial economics, 2013, 109(1): 63-82.

[15] FREEMAN R E, REED D L. Stockholders and stakeholders: a new perspective on corporate governance[J]. California management review, 1983, 25(3): 88-106.

[16] JENSEN M C, MECKLING W H. Theory of the firm: managerial behavior, agency costs and ownership structure[J]. Journal of financial economics, 1976, 3(4): 305-360.

[17] JIANG F, KIM K A. Corporate governance in China: a modern perspective[J]. Journal of corporate finance, 2015, 32: 190-216.

[18] JIANG F,KIM K A. Corporate governance in China: a survey[J]. Review of finance, 2020,24(4): 733-772.

[19] KROLL M, WALTERS B A, WRIGHT P. Board vigilance, director experience, and corporate outcomes[J]. Strategic management journal,2008,29(4): 363-382.

[20] LARCKER D F,WATTS E M. Where's the greenium? [J]. Journal of accounting and economics,2020,69(2-3): 101312.

[21] LAU C,LU Y,LIANG Q. Corporate social responsibility in China: a corporate governance approach[J]. Journal of business ethics,2016,136(1): 73-87.

[22] LI S,PARK S H,BAO R S. The transition from relation-based to rule-based governance in East Asia: theories, evidence, and challenges [J]. International journal of emerging markets,2018,14(1): 171-186.

[23] LI S,ZHENG X,LIAO J,et al. Low-carbon city pilot policy and corporate environmental performance: evidence from a quasi-natural experiment[J/OL]. International review of economics & finance, 2024, 89: 1248-1266. https://doi.org/10.1016/j.iref.2023.08.007.

[24] LI W,XU Y,NIU J,et al. A survey of corporate governance: international trends and China's mode[J]. Nankai business review international,2012,3(1): 4-30.

[25] LICHT A N, GOLDSCHMIDT C, SCHWARTZ S H. Culture, law, and corporate governance[J]. International review of law and economics,2005,25(2): 229-255.

[26] MARITAN C A,PETERAF M A. Invited editorial: building a bridge between resource acquisition and resource accumulation [J]. Journal of management, 2011, 37 (5): 1374-1389.

[27] MASULIS R W,WANG C,XIE F. Agency problems at dual-class companies[J]. The journal of finance,2009,64(4): 1697-1727.

[28] MILOSEVIC D,ANDREI S,VISHNY R W. A survey of corporate governance[J]. The journal of finance,2015,52: 737-783.

[29] MOLITERNO T P, WIERSEMA M F. Firm performance,rent appropriation,and the strategic resource divestment capability[J]. Strategic management journal,2007,28(11): 1065-1087.

[30] MONKS R A,MINOW N. Corporate governance[M]. Hoboken,NJ: John Wiley & Sons, 2011.

[31] MORCK R, YEUNG B. Never waste a good crisis: an historical perspective on comparative corporate governance[J]. Annual review of financial economics,2009,1(1): 145-179.

[32] RAJGOPAL S. Has European corporatism delivered? A survey with preliminary evidence [J]. European financial management,2022,28(1): 3-58.

[33] SCHLEGELMILCH B B,DIAMANTOPOULOS A,KREUZ P. Strategic innovation: the construct,its drivers and its strategic outcomes[J]. Journal of strategic marketing,2003, 11(2): 117-132.

[34] SEO H. Peer effects in corporate disclosure decisions[J]. Journal of accounting and economics,2021,71(1): 101364.

[35] SHLEIFER A,VISHNY R W. A survey of corporate governance[J]. The journal of

finance,1997,52(2)：737-783.

[36] TUSCHKE A,SANDERS W G,HERNANDEZ E. Whose experience matters in the boardroom? The effects of experiential and vicarious learning on emerging market entry [J]. Strategic management journal,2014,35(3)：398-418.

[37] UEDA R. How is corporate governance in Japan changing?：developments in listed companies and roles of institutional investors[R]. 2015.

[38] YERMACK D. Do corporations award CEO stock options effectively? [J]. Journal of financial economics,1995,39(2-3)：237-269.

[39] ZAHRA S A. The virtuous cycle of discovery and creation of entrepreneurial opportunities [J]. Strategic entrepreneurship journal,2008,2(3)：243-257.

[40] 陈德球,胡晴.数字经济时代下的公司治理研究：范式创新与实践前沿[J].管理世界,2022(10)：19-47.

[41] 陈德球.公司治理研究重点文献导读[M].北京：中国人民大学出版社,2021.

[42] 陈仕华,王雅茹.企业并购依赖的缘由和后果：基于知识基础理论和成长压力理论的研究[J].管理世界,2022(5)：156-172.

[43] 陈仕华,张瑞彬.董事会非正式层级对董事异议的影响[J].管理世界,2020(10)：95-110.

[44] 约翰.董事会运作手册[M].李维安,李胜楠,牛建波,译.北京：中国财政经济出版社,2006.

[45] 姜付秀.公司治理：基本原理及中国特色[M].北京：中国人民大学出版社,2022.

[46] 李维安,郝臣,崔光耀,等.公司治理研究40年：脉络与展望[J].外国经济与管理,2019(12)：161-185.

[47] 李维安,李元祯.中国公司治理改革逻辑与趋势[J].董事会,2020(1)：30-35.

[48] 李维安,王世权.大学治理[M].北京：机械工业出版社,2013.

[49] 李维安,武立东.公司治理教程[M].上海：上海人民出版社,2002.

[50] 李维安,张耀伟,郑敏娜,等.中国上市公司绿色治理及其评价研究[J].管理世界,2019(5)：126-133,160.

[51] 李维安.中国公司治理原则与国际比较[M].北京：中国财政经济出版社,2001.

[52] 李维安,牛建波.CEO公司治理[M].北京：北京大学出版社,2023.

[53] 宁向东.共生的智慧[M].北京：中信出版社,2021.

[54] 牛建波,尹雅琪.中国董事胜任力模型的建构[J].董事会,2021(11)：88-97.

[55] 牛建波,李胜楠,杨育龙,等.高管薪酬差距、治理模式和企业创新[J].管理科学,2019(2)：77-93.

[56] 牛建波,李维安.董事会的程序理性、政治行为与企业双元创新[J].管理科学,2020(4)：1-18.

[57] 牛建波,吴岱蔚.为世界推进ESG理念贡献中国智慧[J].董事会,2020(4)：48-49.

[58] 牛建波,尹雅琪.通才型独董：制度变革的新方向和新思路[J].董事会,2021(8)：39-43.

[59] 牛建波."中特估"：上市公司价值创造提升新路径[N].上海证券报,2023-06-01.

[60] 牛建波.公司治理的冷思考[J].董事会,2021(6)：62-66.

[61] 牛建波.战略统领观：驱动公司长期发展的新理念和实践[J].董事会,2023(3)：42-45.

[62] 牛建波.重塑上市公司董事评价指标体系[J].董事会,2012(5)：60-61.

[63] 牛建波.独董制度从合规监督到价值创造的转型策略[N].上海证券报,2023-04-26.

[64] 牛建波.浅谈治理智慧如何推动企业高质量发展[N].上海证券报,2023-05-06.

［65］ 牛建波.市值管理之道：战略统领观引领央企走向卓越[J].董事会,2023(7)：54-65.

［66］ 牛建波.从热潮到实践的 ESG 转型之道：公司治理引领[J].董事会,2023(11)：90-97.

［67］ 牛建波.OpenAI 事件对董事会治理的启示[N].上海证券报,2023-11-08.

［68］ 牛建波.公司治理新模式：从合规到价值创造的转型[M].北京：北京大学出版社,2024.

［69］ 郑志刚.股票策略性更名：见不得光的"市值管理"[J].董事会,2022(3)：65-67.

［70］ 仲继银.董事会与公司治理[M].北京：企业管理出版社,2018.

董事会议案审议的关键问题示例

本专著附录中提供的董事会议案审议关键问题示例,旨在为公司治理高效实践提供一个全面的指导框架,同时凸显公司治理在提升公司管理进而创造价值方面的重要作用。

通过系统性地阐述各类议案的审议要点,本附录强调了公司治理在企业的战略决策、系统激励与高效监督方面的关键作用。它不仅提供了具体问题的范例,还突出了各类议案在企业运营中的重要性及其相互关联性。这种全面的视角有助于董事会成员更深入地理解每一个决策如何影响公司的整体运营和长远发展,从而作出更明智、更有效的决策。

然而,值得注意的是,这些议案示例仅是一个起点。每个企业都有其独特的运营环境、行业特点、公司文化和战略目标。因此,企业需要根据自身实际情况,对这些议案进行个性化的修改和完善。这意味着企业应结合自己的特定需求和挑战,调整这些建议的问题,确保它们更加贴合自己的业务模式和战略方向。

通过这种方式,本附录不仅提供了一个通用的框架,更鼓励企业根据自身特点进行灵活应用。这种方法有助于提高公司治理的质量,确保董事会更好地履行其战略指导和监督职责,从而推动企业的稳健成长和长期价值创造。

董事会在审议各类议案时需要关注的 12 类关键问题,涵盖了战略决策、激励和监督的核心方面,譬如战略制定、并购决策、风险管理、财务监督、薪酬激励、业务创新、审计监督、信息披露等,这些问题为董事履职提供了一个系统性的思考框架。

首先,这些问题强调了战略导向和长期价值创造。无论是审议战略、并购还是研发创新议案,都要求董事会从公司长远发展的角度出发,关注战略与公司使命愿景的一致性,评估对核心竞争力的提升作用,平衡短期业绩和长期价值。

其次,这些问题体现了全面风险管理的思维。在审议担保抵押、内部审计等议案时,要求董事会全面识别和评估各类风险,建立健全的风险管理机制。

第三,这些问题注重财务健康和合规运营。在审议财务报告、外部审计等议案时,强调了确保财务信息真实准确、遵守会计准则和监管要求的重要性。

第四,这些问题关注激励约束和人才发展。在审议薪酬制度、股权激励等议案时,要求董事会平衡激励与风险,将员工利益与公司长期发展相结合。

第五,这些问题重视创新发展和核心竞争力。在审议多元化经营、研发创新等议案时,强调了技术创新对公司竞争力的重要性。

第六,这些问题强调了 ESG 责任和可持续发展。在多个议题中都要求考虑环境、社会责任等因素,将 ESG 理念融入公司战略和运营。

最后,这些问题突出了信息透明和有效沟通。在审议年度报告等议案时,要求全面、准确披露信息,加强与利益相关者沟通。

以下为 12 类议案中,董事会和董事在审议时需特别关注的关键问题的综合性介绍。

在审议战略议案时,董事会需要重点关注企业战略与公司愿景、使命和价值观的一致性,确保战略明确公司的发展方向。同时,应深入分析市场趋势和竞争态势,评估公司的核心竞争力和资源配置。战略的创新性和执行力也是关键考量点,董事们需要审视战略是否提供了创新的市场定位和实施计划。此外,还要确保战略目标的合理性和可衡量性,考虑潜在风险及应对措施,并关注战略对公司社会责任和可持续发展的影响。战略的制定过程应充分征求各方意见,并建立有效的审查机制以适应市场变化。

并购议案的审议要求董事会全面评估并购目标与公司整体战略的契合度,以及对公司核心竞争力的提升效果。财务状况、估值定价的合理性是重点关注领域,同时也要深入分析潜在风险和应对策略。并购后的整合计划、对员工的影响、法律合规性等都需要仔细考虑。董事会还应关注并购对公司品牌形象和市场声誉的影响,以及如何与公司的长期发展战略和可持续发展目标相协调。建立有效的绩效评估和监控机制也是确保并购成功的关键。

在审议担保抵押议案时,董事会需要谨慎平衡风险与收益。首先要评估担保抵押是否符合公司的整体战略目标和业务需求,同时全面分析各类风险及应对策略。担保抵押的金额、期限和条件是否合理,与公司的财务状况和偿债能力是否匹配,都是需要仔细考虑的问题。资产评估的准确性、法律合规性、与相关方的沟通和协商也是关键点。此外,还要分析担保抵押对公司资本结构的影响,制订相应的资产管理和监控计划,以及应对潜在违约情况的应急预案。

财务报告议案的审议要求董事会关注财务信息的透明度和健康性。审计质量和独立性是首要考虑因素,同时要确保财务报告全面、准确地反映公司的经营状况和财务状况。董事会需要审查关键财务比率的表现,评估公司的资产负债结构和现金流状况。重要会计政策和估计的合理性也需要仔细审查。此外,还要关注财务报告如何反映宏观经济和行业趋势对公司的影响,以及公司的税务状况和风险。建立有效的财务信息质量控制和审查机制也是董事会的重要职责。

在审议高管薪酬制度议案时,董事会需要确保薪酬方案与公司的整体战略和业绩目标保持一致,同时平衡市场竞争力和内部公平性。薪酬结构应合理平衡固定薪酬、短期激励和长期激励,以确保高管的积极性和稳定性。绩效考核指标的设定需要科学合理,确保其明确性、可衡量性和公平性。董事会还需要评估薪酬制度对公司财务状况的影响,确保其可持续性。同时,要建立透明的薪酬决策过程,防范潜在的道德风险,并考虑薪酬制度如何体现公司的社会责任和可持续发展理念。定期审查和调整机制的建立也是确保薪酬制度长期有效性的关键。

多元化经营类议案的审议要求董事会从业务拓展和创新的角度进行全面评估。首先需要确保多元化经营策略与公司的愿景、使命和整体战略保持一致。对新进入市场的趋势、竞争态势和发展前景的深入分析是必要的,同时要评估公司是否具备多元化经营所需的关键资源和能力。董事会需要考虑新业务领域与现有业务的协同效应,以及多元化经营如何降低整体经营风险、提高盈利能力。制定详细的实施计划和时间表,设定清晰可衡量的目标,并建立有效的风险管理机制都是关键考量点。此外,还要关注多元化经营如何体现公司的社会责任和可持续发展理念,以及如何确保管理层的全面支持和有效执行。

研发创新类议案的审议聚焦于技术驱动与竞争力提升。董事会需要评估研发创新项目与公司战略目标和核心竞争力的匹配度,分析项目的市场潜力和技术可行性。项目的创新性和独特性是关键考量点,董事会需要评估其能为公司带来何种竞争优势。研发计划的具体阶段、里程碑和绩效指标需要明确设定,同时要确保项目的财务可行性和投资回报。风险管理也是重要环节,包括技术风险、市场风险和知识产权风险的识别和应对。此外,研发创新项目如何体现公司的社会责任和可持续发展理念也需要考虑。确保管理层的全面支持、建立有效的项目审查和调整机制也是董事会的重要职责。

内部审计类议案的审议重点在于监督与风险控制。董事会需要确保内部审计体系符合国际标准和行业最佳实践，同时保证内部审计部门的独立性和客观性。审计范围的全面性和针对性、审计计划的合理性、审计技术的先进性都是需要关注的要点。董事会还需要评估内部审计报告的质量，确保其能为决策提供有效支持。对审计发现问题的整改机制、内部审计与外部审计的协作机制也需要仔细审查。内部审计在公司风险管理、内部控制和公司治理中的作用需要得到充分发挥。建立有效的汇报机制和质量评估机制，确保内部审计工作的持续改进也是董事会的重要职责。

在审议外部审计机构聘任议案时，董事会需要重点关注审计质量与公信力。评估外部审计机构的专业能力、行业经验和声誉是首要任务，同时要确保其能满足公司特定的审计需求。独立性是另一个关键考量点，董事会需要制定措施防范潜在的利益冲突。审计费用的合理性和透明度也需要仔细审查。董事会还应关注外部审计计划的内容和时间安排，确保与公司的财务报告周期协调。建立有效的沟通机制，确保信息的及时性和有效性也很重要。内部审计与外部审计的协作机制需要明确，以避免工作重复并实现资源优化。此外，董事会还需要评估外部审计如何促进公司的治理、风险管理和内部控制的改善，并建立有效的质量评估机制，以持续改进审计工作。

股权激励计划类议案的审议重点在于平衡员工积极性与价值共享。董事会需要确保股权激励计划与公司的整体战略和发展目标一致，并能有效提升员工积极性和创造力。激励对象的选择标准和绩效考核指标需要科学合理，确保公平性和有效性。权益分配比例和解锁条件的设置需要平衡短期激励与长期激励。董事会还需要评估该计划对公司财务状况、股东权益和市场估值的潜在影响。风险管理也是重要环节，包括法律、税务和市场风险的识别和应对。计划的实施方案和时间表需要明确，同时要建立有效的内部控制和信息披露制度。在制定过程中，需要充分征集和平衡各利益相关者的意见。此外，还要考虑计划如何体现公司的社会责任和可持续发展理念，并建立有效的监测、评估和调整机制。

员工工资总额类议案的审议需要平衡员工福利与企业文化。董事会首先要确保工资总额方案与公司整体战略及各事业部具体目标一致。同时，要评估公司整体及各事业部的工资总额是否与其财务状况和盈利能力相匹配。平衡整体成本控制和重点业务单元的薪酬投入需求是关键。董事会还需要关注公司如何针对不同地区、不同业务部门进行差异化的市场薪酬调研。工资结构和分配制度的设计原则需要在保证整体公平的同时兼顾业务特性。工资总额与公司整体业绩及各事业部业绩的挂钩机制需要明确。董事会还需要考虑如何设计差异化的绩效考核和激励方案,以最大化不同部门的激励效果。在制定过程中,需要确保各层级和部门的意见得到充分考虑。风险管理、监测评估机制的设计以及对公司整体企业文化的影响评估也是重要考量点。

公司年度报告类议案的审议是对公司整体运营和发展的全面评估。董事会需要确保年度报告全面、准确地反映公司的经营状况、财务状况和市场竞争地位。财务报表的合规性和审计意见的质量是重点关注领域。年度报告应清晰阐述公司的核心竞争力、关键业务驱动因素和未来增长潜力。关键绩效指标(KPIs)的披露,包括财务和 ESG 指标,需要与长期价值创造相关联。公司治理在统筹环境、社会责任和经济目标中的战略性地位需要明确体现。风险管理和内部控制制度的有效性也需要评估。此外,董事会还需关注公司在创新、研发和技术投入方面的成果,人力资本策略,以及前瞻性信息如中长期发展规划。最后,年度报告应展示公司治理在结构、机制和文化层面如何确保公司使命和愿景的实现。

一、战略议案审议的关键问题:明确发展方向

本部分列出了董事会在审议企业战略议案时需要关注的 12 个关键问题。这些问题涵盖了战略制定和实施的核心要素,包括:战略与公司愿景、使命和价值观的一致性;市场和竞争环境的辩证分析;核心竞争力和资源的系统评估;优先发展领域的明确定位;战略的创新性和执行力;目标的合理性和可衡量性;风险因素的识别和应对;短期业绩与长期价值的平衡;管理层的支持和参与;利益相关者意见的征集;战略审查机制的设计;数字化转型的应对策略。这些问题旨在帮助董事会从系统性、创新性和辩证性的角度,全面评估企业战略的合理性、可行性和前瞻性,确保战略有效指导公司的长期发展,并在瞬息万变的商业环境中保持竞争优势。

1. 企业战略如何与公司愿景、使命和价值观保持一致,确保战略的合理性和目标明确性?

2. 该战略在考虑市场趋势、竞争态势及行业前景时,采用了哪些辩证分析方法?

3. 公司如何系统分析核心竞争力和整体资源,以确保战略能有效提升竞争地位?

4. 企业战略中如何明确优先发展领域及具体目标,体现系统性思维?

5. 该战略如何体现创新性,包括市场定位、组织结构调整和资源分配,并

如何确保有效执行?

6. 该战略中设定的目标如何体现合理性和可衡量性,以便跟踪、评估和调整?

7. 制定战略时如何充分考虑潜在风险因素及应对措施,体现辩证思维?

8. 企业战略如何平衡短期业绩和长期价值创造,确保可持续发展?

9. 如何确保公司管理层对战略的支持和参与,以促进有效执行和创新?

10. 战略制定过程中如何征求内外部利益相关者意见,提高可行性和接受度?

11. 战略审查机制的设计如何确保定期有效地评估和调整战略?

12. 企业战略如何应对数字化转型的挑战,并利用新技术创造竞争优势?

本部分列出了董事在审议公司并购议题时需关注的 12 个关键问题。这些问题全面涵盖了并购决策的核心要素,包括:并购与公司整体战略的契合度、对核心竞争力的提升效果、并购目标的财务评估、潜在风险识别及应对策略、交易估值与定价的合理性、资金来源与融资安排的充分性、并购后整合计划的详细程度、对员工影响的考量、法律合规性的保障、品牌声誉影响的评估、绩效监控机制的建立,以及并购与公司长期发展战略和可持续发展目标的协调性。这些问题旨在帮助董事会全面评估并购议案的战略价值、财务影响、运营挑战和长期效益,确保并购决策的科学性和价值创造。

1. 并购目标如何符合公司的整体战略目标,并有助于实现公司愿景和使命?

2. 此次并购将如何提升公司的核心竞争力和市场地位? 具体体现在哪些方面?

3. 对并购目标的财务状况、盈利能力和成长潜力的评估结果如何? 是否符合公司预期?

4. 并购交易的估值和定价依据是什么? 如何确保其合理性和公允性?

5. 并购所带来的潜在风险(如市场、法律、文化整合风险等)有哪些? 相应的风险应对策略是什么?

6. 并购的资金来源和融资安排是否充分? 会对公司的财务状况产生何种影响?

7. 并购后的整合计划(包括组织结构、管理团队、业务整合和成本控制等)的具体内容和时间表是什么?

8. 如何评估并购对公司员工的影响？有何措施来平衡内部员工与并购目标员工的利益和期望？

9. 并购交易在法律法规和监管要求方面可能面临哪些挑战？如何确保合规性？

10. 并购后,如何保护和提升公司的品牌形象、市场声誉以及与利益相关者的关系？

11. 并购后的绩效评估和监控机制是什么？如何确保并购目标的实现和整合效果的跟踪？

12. 此次并购如何与公司的长期发展战略和可持续发展目标相协调？是否考虑了行业未来趋势和技术变革？

三、担保抵押议案审议的关键问题：风险与收益平衡

本部分列出了董事在审议公司担保抵押议案时应关注的 12 个关键问题。这些问题全面涵盖了担保抵押决策的核心要素,包括战略契合性、风险评估与管理、财务影响分析、资产评估、法律合规性、利益相关方沟通、资本结构影响、资产管理与监控、应急预案制定、监控机制设计、声誉影响评估以及法律保障措施等方面。这些问题旨在帮助董事会全面评估担保抵押的必要性、潜在风险和预期收益,确保决策的审慎性和对公司利益的保护。通过系统考虑这些关键问题,董事会能够更好地平衡担保抵押带来的风险与收益,确保该决策符合公司的长期发展战略,同时有效管控潜在风险。这种全面的审视过程有助于提高公司治理的质量,增强决策的透明度和可问责性。

1. 担保抵押如何符合公司的整体战略目标和业务需求？它将如何促进公司发展目标的实现？

2. 对担保抵押涉及的各类风险(如信用风险、市场风险、法律风险)的评估结果如何？相应的风险应对策略是什么？

3. 担保抵押的金额、期限和条件是否合理,并与公司的财务状况和偿债能力相匹配？

4. 担保抵押所涉及的资产和权益的评估和审计结果如何？评估方法是否恰当？

5. 如何确保担保抵押符合相关法律法规和监管要求？有哪些具体的合规措施？

6. 与贷款方、抵押权人等相关方的沟通和谈判情况如何？如何确保协议的公平性和透明度？

7. 担保抵押对公司现有债务结构和资本结构的影响分析结果如何？有何资本结构优化计划？

8. 担保抵押所涉及资产的管理和监控计划是什么？如何确保资产价值的稳定性？

9. 针对可能出现的违约、资产损失等意外情况,制定了哪些应急预案？

10. 担保抵押的监控机制设计如何？包括哪些定期审查和调整机制？

11. 担保抵押可能对公司声誉、品牌形象及与利益相关者关系产生哪些影响？有何应对措施？

12. 担保抵押协议中关于违约责任和救济措施的具体条款是什么？如何保障公司的合法权益？

本部分列出了董事在审议公司财务报告时应关注的 12 个关键问题。这些问题全面涵盖了财务报告的核心要素,包括审计质量、信息披露完整性、会计准则合规性、财务指标表现、资产负债结构、现金流状况、风险识别与管理、会计政策合理性、内部控制有效性、外部环境影响、税务状况以及财务信息质量控制机制等方面。这些问题旨在帮助董事会深入评估公司的财务健康状况、经营业绩和潜在风险,确保财务报告的真实性、准确性和透明度。通过全面审视这些关键问题,董事会能够更好地理解公司的财务状况,识别潜在的财务风险和机遇,为公司的战略决策和可持续发展提供可靠的财务依据,同时也能够履行其对股东和其他利益相关者的受托责任,确保公司的财务管理符合最佳实践标准。

1. 独立审计的质量如何？审计师是否提出了重大问题或保留意见？

2. 财务报告是否全面披露了公司的财务状况、经营成果和现金流量？有无重大遗漏？

3. 财务报告在遵循会计准则和规定方面是否存在任何偏离或特殊处理？

4. 关键财务比率(如盈利能力、偿债能力、流动性)的表现如何？与行业标准和历史数据相比有何变化？

5. 资产负债结构是否合理？能否支持公司的发展战略和资本需求？

6. 现金流状况如何？是否足以支持日常运营、投资活动和债务偿还？

7. 财务报告中是否存在异常数据或潜在风险信号？如何解释和应对？

8. 重要会计政策和估计的合理性如何？是否有重大变更？变更的影响是什么？

9. 内部控制和风险管理系统的有效性如何？审计委员会的评估结果是

什么？

　　10. 财务报告如何反映宏观经济、行业趋势和市场竞争对公司的影响？

　　11. 公司的税务状况如何？是否存在重大税务风险或优惠政策变化？

　　12. 财务信息的质量控制和审查机制是什么？如何确保持续改进？

五、高管薪酬制度议案审议的关键问题：激励与绩效

　　本部分列出了董事会在审议高管薪酬制度时应关注的 12 个关键问题。这些问题全面涵盖了高管薪酬制度的核心要素，包括战略一致性、市场竞争力、薪酬结构设计、绩效考核机制、长期激励措施、财务可持续性、决策透明度、风险管理、人才发展、制度灵活性、社会责任协调以及利益相关者参与等方面。这些问题旨在帮助董事会设计和评估一个既能有效激励高管，又能确保公司长期健康发展的薪酬制度。通过系统考虑这些关键问题，董事会能够更好地平衡激励与约束、短期绩效与长期发展、个人利益与公司利益，从而构建一个科学、公平、透明的高管薪酬体系。这不仅有助于吸引和留住优秀人才，也能促进公司的可持续发展，同时满足各利益相关者的期望，提升公司治理水平。

　　1. 高管薪酬制度如何与公司的整体战略、业绩目标和价值观保持一致，以激励高管创造长期价值？

　　2. 薪酬水平如何平衡市场竞争力和内部公平性？如何考虑行业标准和公司规模？

　　3. 薪酬结构如何平衡固定薪酬、短期激励和长期激励，以确保高管的积极性和稳定性？

　　4. 高管绩效考核指标的设定依据是什么？如何确保这些指标的明确性、可衡量性和公平性？

　　5. 长期激励机制（如股票期权、限制性股票）的设计如何确保高管利益与公司及股东利益的一致性？

　　6. 薪酬制度如何考虑公司的财务状况和可持续发展能力？有哪些财务约束条件？

　　7. 薪酬决策过程的透明度和公正性如何保证？薪酬委员会的职责和运作机制是什么？

　　8. 如何防范薪酬制度可能带来的道德风险和不当行为？有哪些风险控制措施？

　　9. 薪酬制度如何与高管的个人发展和职业规划相结合，以提高其满意度和忠诚度？

10. 薪酬制度的审查和调整机制是什么？如何确保其与市场变化和公司发展需求保持一致？

11. 薪酬制度如何体现公司的社会责任、企业文化和可持续发展战略？

12. 在制定和修订薪酬制度时，如何征求和平衡各利益相关者的意见，提高制度的可行性和接受度？

本部分列出了董事会在审议多元化经营议案时应关注的 12 个关键问题。这些问题全面涵盖了多元化经营战略的核心要素，包括战略一致性、市场分析、资源评估、风险与收益平衡、业务协同、实施规划、目标设定、风险管理、社会责任、管理支持、利益相关者参与以及审查机制等方面。这些问题旨在帮助董事会全面评估多元化经营策略的可行性、潜在风险和预期收益，确保决策的审慎性和对公司长期发展的促进作用。通过系统考虑这些关键问题，董事会能够更好地评估多元化经营的战略价值，识别潜在机遇和挑战，确保新业务与现有业务的协同发展，并在业务拓展过程中平衡创新与风险。这种全面的审视过程有助于公司制定更加稳健和可持续的多元化经营策略，推动公司的长期增长和竞争力提升，同时满足各利益相关者的期望，提高公司的整体价值。

1. 多元化经营策略如何与公司的愿景、使命和整体战略保持一致，创造长期价值？

2. 对新进入市场的趋势、竞争态势和发展前景的评估结果如何？如何确保战略的可行性和竞争优势？

3. 公司如何评估和准备多元化经营所需的关键资源、核心技术和人才储备？

4. 多元化经营预期如何降低经营风险、提高盈利能力和实现业务增长？有何具体指标？

5. 新业务领域的目标市场和定位是什么？如何与现有业务产生协同效应？

6. 多元化经营的具体实施计划和时间表是什么？包括哪些关键里程碑？

7. 如何设定和衡量多元化经营的成功标准？有哪些具体的可衡量目标？

8. 多元化经营可能面临的主要风险有哪些？相应的风险应对措施是什么？

9. 多元化经营策略如何体现公司的社会责任和可持续发展理念？

10. 如何确保管理层对多元化经营策略的全面支持和有效执行？

11. 在制定多元化经营策略时，如何征集和整合内外部利益相关者的意见？

12. 多元化经营的审查和调整机制是什么？如何确保策略能够适应市场变化和公司发展需求？

七、研发创新类议案审议的关键问题：技术驱动与竞争力

本部分列出了董事会在审议研发创新议案时应关注的 12 个关键问题。这些问题全面涵盖了研发创新项目的核心要素，包括战略一致性、市场潜力评估、资源配置、创新价值、项目规划、财务可行性、目标设定、风险管理、社会责任、管理支持、利益相关者参与以及审查机制等方面。这些问题旨在帮助董事会全面评估研发创新项目的可行性、潜在风险和预期收益，确保决策的审慎性和对公司长期竞争力的提升作用。通过系统考虑这些关键问题，董事会能够更好地评估研发创新项目与公司整体战略的契合度，识别潜在的技术突破点和市场机会，确保资源的有效配置，并在创新过程中平衡风险与回报。这种全面的审视过程有助于公司制定更加稳健和富有前瞻性的研发创新策略，推动公司的技术进步和产品创新，增强公司的核心竞争力，同时兼顾社会责任和可持续发展，为公司创造长期价值。

1. 研发创新项目如何与公司的战略目标和核心竞争力相匹配，支持长期发展规划？

2. 对项目的市场潜力、技术可行性和与现有业务的协同效应的评估结果如何？

3. 公司如何确保具备实施该研发创新项目所需的关键资源、技术和人才？

4. 该项目的创新性和独特性体现在哪些方面？预期能为公司带来何种竞争优势？

5. 研发计划的具体阶段、关键里程碑和绩效指标是什么？时间表如何安排？

6. 项目的预算和资金分配方案是什么？如何确保财务可行性和投资回报？

7. 项目的具体目标和预期成果是什么？如何衡量和跟踪这些目标的实现程度？

8. 项目可能面临的主要风险（如技术、市场、知识产权风险）有哪些？应对措施是什么？

9. 该研发创新项目如何体现公司的社会责任和可持续发展理念？

10. 如何确保管理层对研发创新项目的全面支持和有效执行？

11. 在制定研发创新项目时,如何征集和整合内外部利益相关者的意见？

12. 研发创新项目的审查和调整机制是什么？如何确保项目能够适应市场变化和公司发展需求？

　　本部分列出了董事会在审议内部审计议案时应关注的 12 个关键问题。这些问题全面涵盖了内部审计体系的核心要素,包括审计标准合规性、独立性、资源配置、审计范围、计划制订、技术应用、报告质量、整改措施、外部协作、风险管理作用、董事会汇报机制以及质量评估等方面。这些问题旨在帮助董事会全面评估公司内部审计体系的有效性、独立性和对公司风险管理的贡献。通过系统考虑这些关键问题,董事会能够更好地理解和监督内部审计功能,确保其符合国际标准和最佳实践,同时满足公司特定需求。这种全面的审视过程有助于加强公司的风险管理和内部控制体系,提高公司治理水平,为公司的持续健康发展提供重要保障。此外,这些问题也强调了内部审计在支持董事会决策、促进公司透明度和问责制方面的关键作用,有助于董事会更好地履行其监督职责,保护公司和股东的利益。

1. 公司的内部审计体系如何与国际标准和行业最佳实践保持一致？有何具体措施确保审计质量和合规性？

2. 如何保证内部审计部门的独立性和客观性？有何制度和机制支持？

3. 内部审计部门的组织结构、人员配置和资源分配是否足以支持其有效运作？如何评估其专业能力？

4. 内部审计工作覆盖了哪些主要业务领域和关键风险？如何确保审计的全面性和针对性？

5. 年度内部审计计划的制定依据是什么？如何确定审计项目的优先级？

6. 公司在内部审计中如何运用数据分析和先进审计技术？这些技术应用带来了哪些改进？

7. 内部审计报告的质量如何？它们如何为董事会和管理层的决策提供支持？

8. 对内部审计发现问题的整改机制是什么？如何跟踪和评估整改效果？

9. 内部审计部门与外部审计机构、监管机构的协作机制是什么？如何确保信息共享和协同效应？

10. 内部审计如何在公司的风险管理、内部控制和公司治理中发挥作用？

有何具体案例？

11. 内部审计向董事会和审计委员会的汇报机制是什么？董事会如何监督和支持内部审计工作？

12. 内部审计质量评估机制的具体内容是什么？如何利用评估结果持续改进审计工作？

九、外部审议机构聘任议案审议的关键问题：审计质量与公信力

本部分列出了董事会在选择和审议外部审计机构时应考虑的 12 个关键问题。这些问题全面涵盖了外部审计机构选聘和合作的核心要素，包括专业能力、行业经验、独立性、费用合理性、审计计划、沟通机制、风险识别能力、公司治理贡献以及质量评估等方面。这些问题旨在帮助董事会选择最适合公司需求的外部审计机构，确保审计质量和公信力。通过系统考虑这些关键问题，董事会能够更好地评估潜在审计机构的资质和适合度，建立有效的合作和监督机制，并充分利用外部审计来加强公司的财务管理和风险控制。这种全面的审视过程不仅有助于确保财务报告的准确性和可靠性，还能提升公司整体的治理水平和市场信誉。同时，这些问题也强调了外部审计在支持董事会决策、促进公司透明度和问责制方面的重要作用，有助于董事会更好地履行其受托责任，保护公司和股东的长期利益。

1. 如何评估外部审计机构的专业能力和业界声誉？有何具体的评估标准？

2. 该审计机构在公司所处行业的经验和资源如何？能否满足公司特定的审计需求？

3. 选择过程中如何进行市场调研和比较分析？考虑了哪些关键因素？

4. 如何确保外部审计机构的独立性？有何具体措施防范潜在的利益冲突？

5. 审计费用的定价依据是什么？如何确保费用的合理性和透明度？

6. 外部审计计划的主要内容和时间安排是什么？如何确保与公司的财务报告周期协调？

7. 与外部审计机构的沟通机制是什么？如何确保信息的及时性和有效性？

8. 内部审计与外部审计的协作机制如何？如何避免工作重复并实现资源优化？

9. 外部审计机构如何识别和报告潜在的财务风险和内部控制问题？有何

具体案例?

10. 外部审计如何促进公司的治理、风险管理和内部控制的改善? 期望达到何种效果?

11. 外部审计机构向董事会和审计委员会的汇报机制是什么? 董事会如何有效监督外部审计工作?

12. 外部审计质量评估机制的具体内容是什么? 如何利用评估结果改进审计工作和决定是否续聘?

本部分列出了董事会在审议股权激励计划时应关注的 12 个关键问题。这些问题全面涵盖了股权激励计划的核心要素,包括战略一致性、计划设计、绩效考核、激励效果、财务影响、风险管理、实施流程、信息披露、利益相关者参与、社会责任、监测评估以及审查机制等方面。这些问题旨在帮助董事会设计和评估一个既能有效激励员工又能确保公司长期健康发展的股权激励计划。通过系统考虑这些关键问题,董事会能够更好地平衡短期激励与长期价值创造,确保激励计划与公司战略目标相一致,同时兼顾公平性、透明度和风险控制。这种全面的审视过程有助于制订出更加科学、合理和可持续的股权激励方案,不仅能够有效调动员工积极性,增强人才吸引力和保留力,还能促进公司与员工利益的长期绑定,推动公司持续健康发展。此外,这些问题也强调了股权激励在公司治理、风险管理和社会责任方面的重要性,有助于董事会在设计和实施激励计划时更全面地考虑各方利益,提升公司整体的治理水平。

1. 股权激励计划如何与公司的整体战略和发展目标保持一致? 它将如何提升员工积极性和创造力?

2. 计划的具体目标是什么? 其设计如何确保激励效果的最大化?

3. 激励对象的选择标准和绩效考核指标是什么? 如何确保公平性和有效性?

4. 权益分配比例和解锁条件的设置依据是什么? 如何平衡短期激励与长期激励?

5. 该计划对公司财务状况、股东权益和市场估值的潜在影响分析结果如何?

6. 计划实施可能面临的主要风险(如法律、税务、市场风险)有哪些? 应对措施是什么?

7. 股权激励计划的具体实施方案和时间表是什么？包括哪些关键里程碑？

8. 与计划相关的内部控制和信息披露制度的主要内容是什么？如何确保透明度和合规性？

9. 在制订计划过程中，如何征集和平衡各利益相关者（如股东、管理层、员工）的意见？

10. 该计划如何体现公司的社会责任和可持续发展理念？

11. 计划实施效果的监测和评估机制是什么？如何根据实际情况进行调整和优化？

12. 股权激励计划的定期审查机制如何设计？如何评估其长期有效性和对公司发展的贡献？

十一、员工工资总额类议案审议的关键问题：员工福利与企业文化

本部分列出了董事会审议员工工资总额议案时应关注的 12 个关键问题。这些问题涵盖了工资总额决策的核心要素，包括战略一致性、财务可行性、市场竞争力、内部公平性、绩效激励、风险管理和文化影响等方面。特别强调了在制订工资方案时需要兼顾公司整体战略和各事业部的特殊需求，平衡整体性与内部差异化政策。这些问题旨在帮助董事会制定既能有效激励员工又能确保公司长期健康发展的工资方案。通过系统考虑这些问题，董事会能够更好地平衡公司整体利益与各业务单元的具体需求，制定出科学、合理和灵活的工资政策。这不仅有助于激励和留住各层级人才，还能促进公司整体与各事业部的协调发展，为公司的可持续发展提供有力支持。

1. 工资总额方案如何与公司整体战略及各事业部具体目标保持一致？

2. 公司整体及各事业部的工资总额如何与其财务状况、盈利能力相匹配？

3. 工资总额方案如何平衡整体成本控制和重点业务单元的薪酬投入需求？

4. 公司如何针对不同地区、不同业务部门进行差异化的市场薪酬调研？

5. 工资结构和分配制度的整体设计原则是什么？如何在保证整体公平的同时兼顾业务特性？

6. 工资总额与公司整体业绩及各事业部业绩的挂钩机制是什么？

7. 如何设计差异化的绩效考核和激励方案以最大化不同部门的激励效果？

8. 在制订工资方案过程中，如何确保各层级和部门的意见得到充分考虑？

9. 与工资总额相关的内部控制和信息披露制度如何确保整体合规性和必要的灵活性？

10. 不同业务单元在实施工资方案时可能面临哪些特殊风险？整体和差异化的风险应对措施是什么？

11. 工资总额和方案的监测、评估和调整机制如何设计，以兼顾整体性和差异性？

12. 如何评估差异化薪酬政策对公司整体企业文化的影响？

本部分列出了董事会在审议公司年度报告时应关注的12个关键问题。这些问题涵盖了年度报告的核心内容，包括财务表现、战略方向、公司治理、风险管理、可持续发展、创新能力、人才战略和未来展望等方面。问题的排序遵循了从基本财务状况到长期发展战略，再到公司治理如何确保目标实现的逻辑顺序。这些问题旨在帮助董事会全面评估公司的年度表现和未来发展潜力。它们不仅关注了传统的财务指标和合规性要求，还强调了ESG（环境、社会和治理）因素与公司整体战略的融合，以及公司治理在平衡短期目标和长期可持续发展中的关键作用。通过系统考虑这些问题，董事会可以更好地理解公司的价值创造能力、风险管理水平、创新动力和长期发展前景。这种全面的审视过程有助于董事会更好地履行其受托责任，确保公司的长期健康发展，并为股东和其他利益相关者创造持续的价值。

1. 年度报告是否全面、准确地反映了公司过去一年的经营状况、财务状况和市场竞争地位？

2. 财务报表是否遵循适用的会计准则和审计标准，审计意见如何？是否存在重大保留意见或强调事项？

3. 年度报告是否清晰阐述了公司的核心竞争力、关键业务驱动因素和未来增长潜力？

4. 公司是否披露了关键绩效指标，包括财务和ESG指标？这些指标如何与长期价值创造相关联？

5. 公司治理结构如何体现其在统筹环境、社会责任和经济目标中的战略性地位？董事会在ESG决策中的角色是什么？

6. ESG或可持续发展内容如何与公司整体战略相融合？是否量化了可持

续发展对长期价值创造的贡献？

7. 公司的风险管理和内部控制制度是否充分考虑了长期发展风险，包括 ESG 相关风险，如何通过治理机制管理这些风险？

8. 年度报告是否充分展示了公司在创新、研发和技术投入方面的成果，以及这些投入如何提升公司的未来竞争力和可持续发展能力？

9. 报告是否提供了行业发展趋势分析，以及公司如何通过其治理结构和可持续发展战略把握未来机遇？

10. 年度报告是否阐述了公司的人力资本策略，包括如何通过公司文化和治理机制吸引、培养和保留人才？

11. 公司是否提供了前瞻性信息，如中长期发展规划？这些规划如何体现公司治理在平衡短期目标和长期可持续发展中的作用？

12. 报告是否展示了公司治理在结构、机制和文化层面如何确保公司使命和愿景的实现？

首先,我想衷心感谢您选择阅读本书。这段关于公司治理的探索之旅,充满了挑战和收获,也让我对公司治理的逻辑和力量有了更深刻的理解。

自 2002 年有幸师从李维安先生。二十余年来,我一直致力于公司治理领域的学习和研究,怀揣着为这一领域贡献力量的初心,不断探索前行。

得益于李维安先生以及众多前辈和同仁的指导与启示,我逐渐认识到公司治理不仅是一个研究课题,更是一个博大精深的学科,蕴含着丰富的理论和实践内容。这段旅程中,我参与了各种国际和国内项目,进行广泛的学术交流,并对不同公司治理模式进行了深入的研究,这让我对公司治理的重要性和挑战性有了更加深刻的体会。

盛唐,这个文化鼎盛的时代,给我提供了一扇关于公司治理的全新思考之窗。当我学习和研究李白和张旭等诗人的作品时,我被他们的创新精神深深震撼,他们代表了一种对传统束缚的大胆冲破和创新。我开始思考,盛唐文化中的这种创新和突破与当下众多企业在公司治理上的探索有何相似之处?中国古代文化中的这种创新思维,是否可以为现代公司治理提供一种崭新的视角和方法?与此同时,像杜甫和颜真卿这样的文化巨匠,他们确立的新的文化和艺术标准,为后人提供了一个可供借鉴的范例。这为我带来了启示:如何为公司治理建立一套更为系统、更具实用性的方法和标准?如何将这些古老的文化思维与现代的公司治理实践相融合,创造出一种既古老又现代、既理论又实用的新模式?正是这种思考和探索,为我在公司治理领域的研究提供了全新的方向和动力,促成了本书的写作,旨在为公司提供更有效的治理体系和方法,使其能够在竞争激烈的市场中脱颖而出。

《道德经》第四十七章言:"不出户,知天下;不窥牖,见天道。其出弥远,其知弥少。是以圣人不行而知，不见而明，不为而成。"这句话传达了一种深刻的智慧，强调了通过内在的觉察和思考，可以洞察天下事物的本质和道理。正如这句话所示，圣人不必亲自外出，就能了解天下的情况；不必窥视窗外，就能理解天道的真谛。他们不靠行动，却能深刻地理解，不靠亲眼所见，却能明了一切，不必亲自去做，却能完成一切。这句话也可以应用到公司治理的领域。在公司治理的实践中，我们常常需要作出决策、规划战略、解决问题。然而，有时候，不是一味地依赖外部的行动和表面的表现，而是通过深入的思考和内在的领悟，我们也许可以更好地理解公司治理的运行机制，洞察市场的趋势，找到解决问题的有效方法。在这种情况下，我们可以学习《道德经》的智慧，不仅关注外部的表象，还要培养内在的洞察力和智慧，以真正发挥公司治理的力量。

在多年的研究和实践中，我意识到只有真正理解公司治理的核心逻辑，才能够真正地为公司创造持续的价值。这就像《道德经》所言的，圣人不为而成。公司治理不仅是一系列的表面行动，更深层次地涉及组织文化、价值观念、战略规划等方面。只有通过内在的洞察和理解，才能真正地领会公司治理的本质，并为公司的长期发展作出贡献。

"夫运筹帷幄之中，决胜于千里之外。"这句名言强调了在决策中策略和智慧的重要性。新的公司治理模式就是这样的"帷幄"，它将指引公司走向更远大的未来。治理，不仅是表面的管理和指挥，更多地涉及对公司的深入了解，预见未来的挑战，为公司定下清晰的战略目标，并确保每一个决策都与这个目标紧密相连。公司治理不仅关乎外部的表现，而且关乎内在的智慧和策略，只有通过内外结合的方式，才能为公司的成功和可持续发展贡献力量。

因此，我鼓励各位读者，在公司治理的实践中，不仅要关注外在的行动和表象，而且要培养内在的智慧和领悟力，将《道德经》的智慧融入公司治理的实践中。通过深刻的思考和洞察，我们可以更好地理解公司治理的本质，实践高级公司治理，为公司的成功和可持续发展贡献力量。

在创作过程中，我通过长跑和辟谷两种方式来突破思维的障碍和瓶颈。长跑，作为心灵的绿洲，不仅锻炼了我的身体，也成为我与世界对话、重新认识人生的窗口。在参加和备战马拉松赛事的过程中，因身体疲惫而来的心灵启示，帮助我深化了对公司治理的理解。辟谷，这种古老的修行方式，为我提供了一个独特的思考空间。在身心的修炼中，我不仅对生活有了新的认识，也对公司治理产生了深刻的反思。在本书的创作过程中，我深刻认知到公司治理并非简单的理论和框架，而是与"人"的因素和文化背景密切相关。本书力图揭示公司治理的底层逻辑和强大力量，帮助企业在复杂的市场环境中寻找真正有效的治理方略。

最后，我衷心感谢每一位在我创作之旅中给予我灵感和支持的前辈、企业家、同事、学员，以及我的家人。你们的提问、反馈和真诚的分享，使我原本零散的思考得以凝聚成形，最终孕育出这部著作。感谢你们与我同行，共同书写了这段不平凡的旅程。

期待您在阅读之余，尝试将书中的某些理念和方法付诸实践，使其成为推动企业、社会乃至个人成长的强大力量。您的参与和实践，不仅对自身的发展至关重要，也将为行业和社会的进步贡献力量。让我们携手前行，在公司治理的道路上共同成长，创造出更加美好的未来。最后，欢迎您随时与我交流探讨。